科技部、教育部"高等学校学科创新引智计划"（111计划）"国外马克思主义经济学与中国特色社会主义政治经济学学科创新引智基地"资助项目

教育部人文社会科学重点研究基地——西北大学中国西部经济发展研究院资助项目

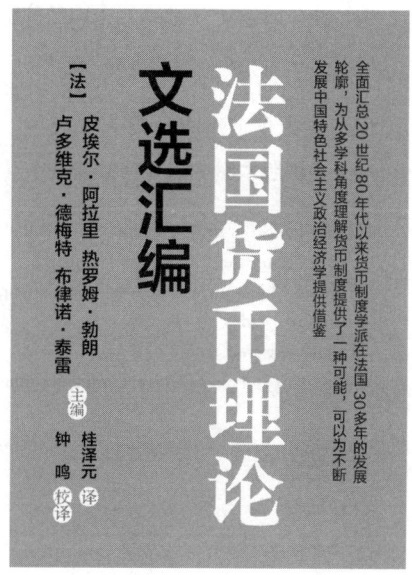

# 法国货币理论文选汇编

[法] 皮埃尔·阿拉里　热罗姆·勃朗
卢多维克·德梅特　布律诺·泰雷　主编
桂泽元　译
钟　鸣　校译

全面汇总20世纪80年代以来货币制度学派在法国30多年的发展轮廓，为从多学科角度理解货币制度提供了一种可能，可以为不断发展中国特色社会主义政治经济学提供借鉴

Théories françaises
de la
monnaie
Une
anthologie

中国经济出版社
CHINA ECONOMIC PUBLISHING HOUSE

北　京

图书在版编目（CIP）数据

法国货币理论文选汇编/（法）皮埃尔·阿拉里等主编；桂泽元译．——北京：中国经济出版社，2021.6
ISBN 978-7-5136-6504-9

Ⅰ.①法… Ⅱ.①皮… ②桂… Ⅲ.①货币理论–法国–文集 Ⅳ.①F820-53

中国版本图书馆 CIP 数据核字（2021）第 124935 号

Théories françaises de la monnaie. Une anthologie. by Pierre Alary, Jérôme Blanc, Ludovic Desmedt et Bruno Théret Copyright © 2016 by Presses Universitaires de France.
Simplified Chinese Translation edition Copyright © 2021 by China Economy Publishing House Co., Ltd
All rights reserved.
感谢原出版方 Presses Universitaires de France 授权出版。

| 责任编辑 | 贺　静 |
| 责任印制 | 巢新强 |
| 封面设计 | 任燕飞工作室 |

| 出版发行 | 中国经济出版社 |
|---|---|
| 印 刷 者 | 北京富泰印刷有限责任公司 |
| 经 销 者 | 各地新华书店 |
| 开　　本 | 880mm×1230mm　1/32 |
| 印　　张 | 13 |
| 字　　数 | 238 千字 |
| 版　　次 | 2021 年 6 月第 1 版 |
| 印　　次 | 2021 年 6 月第 1 次 |
| 定　　价 | 88.00 元 |

广告经营许可证　京西工商广字第 8179 号

中国经济出版社 网址 www.economyph.com 社址 北京市东城区安定门外大街 58 号 邮编 100011
本版图书如存在印装质量问题，请与本社销售中心联系调换（联系电话：010-57512564）

版权所有　盗版必究（举报电话：010-57512600）
国家版权局反盗版举报中心（举报电话：12390）　　服务热线：010-57512564

# 中文版序 | PREFACE

## 以法国调节学派为借鉴研究中国特色社会主义政治经济学

任保平

法国调节学派是欧美马克思主义经济思想流派之一,是马克思阶段理论发展的产物,其学说的目的在于解释资本主义危机的根源和走出危机的原因。20世纪90年代以来,调节学派的理论进一步发展,被广泛运用到对转型经济、发展中经济和经济全球化、亚洲金融危机及拉美经济危机、国际合作和区域经济一体化等新问题的研究之中。调节学派继承了马克思经济学中的核心理论与范畴,同时又从马克思理论中那些高度抽象的概念中分离出若干中间概念,来解释经济主体的相互作用及其规律。因此,系统地梳理和评析法国调节学派的经济理论,研究马克思主义政治经济学创新发展的规律,对中国特色社会主义政治经济学的研究具有重要意义。

## 一、调节学派的方法论与核心概念

自20世纪70年代中期以来,法国的一些经济学家通过对马克思、凯恩斯和卡尔多经济理论的独特结合,并从以布罗代尔等人为代表的法国年鉴学派和波拉尼、熊彼特的理论中汲取灵感,发展了一种研究资本主义经济长期演化的独特方法,在制度与演化经济学的发展中,形成了法国的"调节"学派。调节学派自20世纪70年代最早在法国形成以来,在世界范围内引起了广泛关注,并在理论和经验研究方面取得了很大进展。

### 1. 调节学派的方法论

调节学派的方法论特点是在对资本主义经济发展的研究中,运用历史的、理论的、比较的方法来探索积累体制和调节模式二者关系所表现出的规律性的东西。调节学派积极运用多学科方法,主张充分利用历史学、政治学、经济学、社会学和法学等各学科的研究成果,认为没有纯粹的经济现象,各种经济行为都是在密集的社会关系和政治规定的网络的框架中进行的。

### 2. 调节学派的核心概念

调节学派在继承马克思经济学核心概念、基本范畴和基本规律的基础上,发展出了一些新的概念来解释当代资本主义经济。这些核心概念有:①工业或科技生产范式。调节学派用这个概念来说明社会劳动分工的程度,其含义是劳动过程中的技术和分工,主要用于进行微观层面的经济分析。②积累体制。调节学派认为一个稳定的积累体制需要外在于经济的政治社会机制来调节,需要一种调节模式。积累体制是指维持稳定经济生产与消费平衡类型的模式,这个概念主要用于宏观经济层面的分析,针对市场的稳定而建立,调节学派认为稳定的积累体制的形成机制是大规模生产需要大批量消费来配合。③调节模式。这是一个融合规范、制度、传统、组织形式、社会网络、行为类型等于一体的复合体概念,其功能是使得行为人遵守规则,形成体制再生产的模式,从而维持一个积累体制的稳定。这个概念主要处于介于微观和宏观中间的社会制度层面。④发展模式。工业范式、积累体制和调节模式相互调整,互为补充,从而能够维持一段相当长时期的资本主义稳定发展,这样的发展可称之为发展模式。

### 3. 调节学派的理论框架

在调节学派的分析框架中,积累体制、调节模式和发展模式构成了其理论的概念基础。调节学派认为,社会经济结构中主要制度的组织一致性匹配能推动经济持续发展,而不匹配则产生了不稳定性、危机和宏观经济的衰退。在调节理论中,长期动态被看作是不连续的。当一种发展模式的潜力趋于耗尽时,从前各部分之间的连贯性就会消失,在新的连贯性出现之前,存在着不稳定和无序。在这种情况下,积累过程变得越来越与制度形式的稳定性不兼容,它无法完成在现有制度基础上的自我再生产,不平衡已达到这种情况:在给定的调节模式中,从前自我修正的机制变得无效了,发展模式陷于危机,经济增长缓慢,甚至出现停滞,从而产生了不得不进行制度变革的压力。

## 二、调节学派的理论渊源

(一)调节学派理论与马克思主义政治经济学的关系

调节学派坚持和继承马克思经济学,而不是马克思主义的政治经济学,也就是说,其学理基础是以《资本论》为基础的马克思经济学,而不是以《帝国主义论》为基础的马克思主义经济学。

**1. 调节学派理论对马克思政治经济学核心概念和范畴的继承**

(1)马克思关于生产力—生产关系以及社会再生产的论述。调节学派核心概念间相互作用的机理遵循了马克思关于生产力—生产关系以及社会再生产的论述。调节学派始终围绕马克思的生产方式概念进行分析,他们认为每一个稳定的积累体系都一定需要生产力与生产关系之间保持系统稳定性。在研究社会再生产理论时,马克思将生产关系的再生产问题放在非常重要的位置,认为生产关系的再生产是随着生产力的发展而不断完善的过程。在这一过程中,生产关系的再生产是对生产关系中不适应生产力发展的某些方面和环节进行改革，从而以新的内容和形式来代替。这些思想认识在法国调节学派的理论中都得到了继承。

（2）调节学派继承了马克思经济学中的核心理论与范畴。虽然他们创造了一些概念和范畴，但是基本的概念和理论基础仍然是马克思的，如资本积累、利润率下降等。

（3）调节学派坚持和继承了马克思的利润率下降趋势理论。调节学派认为马克思关于利润率下降趋势的规律是分析资本主义经济运行机制时最重要的理论工具；在坚持这一理论的同时，结合资本主义发展的历史和现实，从各种制度结构及其功能角度就资本积累的过程、动力、障碍因素及绩效进行了分析。

**2. 调节学派理论对马克思政治经济学的发展**

（1）调节学派认为马克思理论中的一些概念高度抽象，应该从中分离出若干中间概念，来解释经济主体的相互作用及其规律。在生产方式概念的基础上，调节学派提出了积累体制、调节模式、工资关系等概念。

（2）在马克思剩余价值理论基础上，调节学派提出了内涵型积累和外延型积累等概念。

（3）调节学派对马克思的再生产概念进行了解构。在马克思那里，再生产一方面是物质资料再生产，另一方面也是生产关系再生产。调节学派则不再强调这是同一过程的二重性，而是把"调节模式"和"积累体制"这两个概念分离成两个单独的概念来解释。对于物质资料再生产的环节，调节学派以工业生产范式这一概念进行分析；而对于生产关系再生产的环节，则以制度形式为分析对象。

（二）调节学派理论与新古典理论、凯恩斯理论的关系

1. 调节学派理论与新古典理论的关系

调节学派理论与新古典经济学理论是对立的。新古典学派以经济行为的不变性为前提，不考虑任何时间和地点，提供的是一种非历史的经济规律，从而把历史排除在外，因而它不能解释资本主义经济的历史演变过程。

2. 调节学派理论与凯恩斯主义经济学的关系

调节学派认为凯恩斯主义经济理论研究的是开放程度较低的经济，而我们现在面临的却是全球化经济。调节学派试图发展马克思的制度理论，把制度与凯恩斯的宏观经济结合起来，开创一种不同于以往的历史的和制度的经济理论。调节学派理论以现实前提为基础，它认为，适用于任何时间和任何地点的理论是不存在的，相反，必须把概念工具和现实条件结合起来，因此必须不断创立新的调节方式和经济制度。

## 三、调节学派的其他经济理论

1. 调节学派的制度经济学理论

21世纪初，法国调节学派完成了第一代和第二代的新老

交替，对制度经济理论进行了研究，做出了巨大的贡献。他们认为"各个社会主体都有各自的利益，他们在追求自己利益的过程中会产生社会冲突，而制度就是为了调节社会冲突而产生的，是社会主体在社会冲突中相互妥协的产物，其中，制度形成时的历史条件和政治交换对于形成什么样的制度起着关键性的作用。同时，制度、意识形态和政治媒介的相互作用形成了社会冲突调节的一般机制"①。第二代学者继承了调节学派初建时期的方法论，继续强调了调节理论的独特性，并在制度理论重建方面做出了巨大贡献。自19世纪以来，如何把经济的历史特点和经济理论结合起来是持久争论的主题。调节学派认为，新古典经济学不考虑任何时间和地点，提供的是一种非历史的经济规律，因而它不能解释资本主义经济的历史性演化过程；而马克思有关资本主义发展的长期动力学说虽然强调了社会关系和积累过程的历史特定性，但他使用的概念过于抽象。因此，阿加利塔和博耶这些调节学派的开创者们认为，为了发展一种对资本主义多样化经济形态的演化进行解释的理论框架，"调节"方法应该从更抽象的概念（如生产方式）中找出中间概念和模式，如积累体制和制度形式等，用来解释经济行为者在相互作用时表现出来的规则性，最后再与观察到的事实进行相当细致的比较。调节学

---

① 吕守军. 法国调节学派的制度理论［J］. 上海交通大学学报（哲学社会科学版），2009（12）.

派试图通过发展马克思的制度理论，把制度与凯恩斯的宏观经济学结合起来，开创一种不同于以往的历史的和制度的经济理论。在调节学派制度经济理论的分析框架中，积累体制、调节模式和制度形式构成了调节理论的概念基础，当积累体制、调节模式和制度形式相互补充，一度足以确保资本主义扩张的长波所需的条件时，由此产生的复合体常常被综合性地认定为发展模式，调节学派运用上述框架对美欧资本主义从福特制向后福特制的转变进行了分析。调节学派第二代的制度形成理论，在继承第一代学者理论的基础上，形成了不同于新制度经济学、比较制度分析理论、美国激进学派和法国公约经济学的具有自己特色的理论。

## 2. 调节学派的经济危机理论

调节学派不认同新古典经济学的外来冲击造成危机的观点，认为经济危机可以从不同层次来解释，他们从对资本主义特定历史条件下资本积累过程与经济发展过程的统一入手，将经济危机划分为五类，然后进行解释。第一类是外部扰动造成的危机。这类危机是因为某一既定实体的持续经济再生产受到阻碍，或者是与自然灾害相关的短缺造成的，或者是由源于外部事件或战争而导致的经济垮台造成的。这种危机既不是因为调节模式的正常运行出现问题，也不是因为积累体制的衰竭而造成的。第二类是周期性危机。这种危机是在一个既定国家某个时期的主导调节模式内发生的，它只能部分且缓慢地影响主导制度形式，而且它是一个稳定发展模式中调节机制的必要组成部分。第三类是调节体系的危机。与主导调节模式相联系的机制被最终证明不能克服不利的短期趋势，因此在这样的时期出现的危机就被定义为调节体系的危机。当局部不均衡逐渐聚集并不再能被现行社会经济程序处理的时候，调节体系的危机便出现了。第四类是发展模式的危机。这类危机是由达到最本质制度形式的极限以及这些制度形式之间矛盾的产生来定义的。这类危机是由于最本质的经济模式出了问题而导致的危机，比如生产组织、资本增殖过程、价值分配以及社会需求的组成都或多或少存在问题而导致的危机。这类危机是由于经济再生产动态过程受阻的问题而形成的，因而是比较严重的危机。第五类是主导生产模式的终极危机。当一种经济结构达到一种制度形式安排的极限，对现行社会关系集合的最基本层面提出挑战时，这类危机便发生了。这类危机与马克思主义理论中的危机相似。

### 3. 调节学派的比较资本主义研究

调节学派作为比较资本主义研究中一个重要的理论派别，将分析重点从对资本主义发展阶段转换的研究转向对资本主义多样性的研究，并运用制度层级、制度互补、协调机制等概念，对不同国家资本主义的制度结构和发展模式进行了比较分析。"从马克思主义理论那里，调节理论保留了对资本主义长期演化的兴趣，但是调节理论不接受马克思的继承者们坚持的宏大的资本主义理论。"① 把资本主义特定发展阶段的稳定存在条件及其发展阶段的转变作为研究的核心问题，把资本主义的历史视为连续的阶段，为了对资本主义的结构形式和发展阶段进行理论上的深入分析，调节学派通过一系列中等层次的模型建立起了理论和历史之间的联系，提出了一系列能够把马克思主义政治经济学应用于实际历史的中间概念，并用于研究资本主义的制度和实践。调节学派的资本主义多样性研究，是在批判已有的资本主义多样性理论，把资本主义多样性分析纳入调节学派的概念工具和理论框架中向前推进的。

## 四、调节学派的政策主张

法国调节学派从其基本理论出发，主张对资本主义的"国家与市场的关系、政府和企业的关系、雇主与雇员的关系、国际经济关系"② 四大经济关系进行调节。

### 1. 调节国家与市场的关系

虽然"调节学派在国家与市场关系的问题上持后凯恩斯主义观点"，但是他们强调了国家在积累体制中代表社会集

---

① 张旭. 调节学派的比较资本主义研究及其启示 [J]. 山东社会科学, 2016 (2).
② 李其庆. 法国调节学派评析 [J]. 经济社会体制比较, 2004 (2).

体价值并对个人的意志和利益进行调节的观点，认为现代社会的复杂性、社会和技术发展范式的内在要求，以及各国经济发展依赖性的加强更加突出了国家干预的作用。他主张在加强国家干预的同时，通过制度建设规范政府行为，以最大限度地减少寻租活动，充分发挥中介组织和机构的作用，使国家与市场相得益彰。

### 2. 调节政府和企业的关系

调节学派认为当代资本主义国家调节方式的转变始自20世纪80年代，其背景是主要发达国家经济进入滞胀时期，凯恩斯主义破产，国家垄断资本主义陷入危机。国家调节方式转变的目标和任务是改变战后经济增长方式，使之适应新技术发展和国际竞争日益加剧的需要。其特点是：在生产和技术方面，强调对资本的集约投资，重视劳动生产率的提高；在企业治理方面，强调内部监督机制；在企业效益评估标准方面，注重企业规模的扩大；在劳资关系方面，采用集体谈判方式决定国民工资标准；在市场竞争方面，强调产品价格由生产成本加边际成本决定。

### 3. 调节雇主和雇员的关系

调节学派认为雇主与雇员关系的调节对积累体制的稳定具有关键性作用。雇主与雇员关系的调节包括雇佣关系的调节，劳动力使用和管理的调节，工资的调节，国民收入再分配的调节，就业培训、再就业培训、终身教育、分担失业风险的调节。他们认为，为了确保由利润转化而来的投资增长与工人购买力增长相配合，需要实施凯恩斯主义的国家干预政策，保证资本主义企业的雇主与雇员之间建立起较长时期和稳定的合约关系。

### 4. 调节国际经济关系

调节学派认为国际经济关系的调节包括：保护正常情况下的市场资金的流动，保护消费者；确保银行支付能力，监督支付能力比率和内部控制；处理金融危机，解决银行破产问题，抑制系统性风险扩散。

## 五、调节学派理论对中国特色社会主义政治经济学研究的借鉴与启示

法国调节学派理论被引入中国后，受到了马克思主义经济学研究领域学者的广泛关注。早期贾根良对学派的起源、研究纲领的形成、分析框架等进行了介绍。李其庆对调节学派的基本理论观点和政策主张进行了全面的梳理和评析。吕守军发表了一系列的文章对法国调节学派的理论体系、危机理论、制度理论、最新进展进行了研究。杨虎涛就马克思经济学对法国调节学派的影响进行了研究。唐正东对调节学派的方法论、货币哲学进行了研究。夏明对调节学派的经济增长理论进行了研究。张旭对调节学派的比较资本主义理论进行了研究。吴易风教授的《当代西方经济学流派与思潮》一

书中,在第9章中全面介绍了调节学派。陈叶盛的著作《调节学派理论研究》(中国人民大学出版社,2012年版),归纳了从20世纪70年代调节学派理论诞生开始,直到当今调节学派理论的发展历程,并对其主要分析框架进行了概括,形成了完整的调节经济思想史概述。吕守军的《法国调节学派理论与马克思主义经济学创新》(上海人民出版社,2015年版)从经济思想史的视角出发,对法国调节学派第一代、第二代学者的理论进行了综合考察,以期全面把握法国调节学派理论发展的来龙去脉,为中国马克思主义经济学创新提供了理论借鉴。近年来,法国调节学派的理论日益受到国内经济学界的重视。

中国经济发展进入新常态的新阶段,2015年11月23日,习近平总书记在十八届中央政治局第二十八次集体学习时的讲话中指出,要立足我国国情和我国发展实践,揭示新特点新规律,提炼和总结我国经济发展实践的规律性成果,把实践经验上升为系统化的经济学说,不断开拓当代中国马克思主义政治经济学新境界。在目前我们研究中国特色社会主义政治经济学、开拓马克思主义政治经济学新境界的过程中,可以从法国调节学派中吸收思想借鉴。

**1. 借鉴调节学派的基本理论,研究中国经济发展的新问题**

法国调节学派是在马克思主义政治经济学的框架内发展

而来的，他们依据资本主义的新变化，研究了资本主义经济发展的新问题，建立了自己的基本理论。19世纪中叶，马克思和恩格斯以机器大工业时期的欧洲为蓝本，以资本主义生产方式为研究对象，创立了马克思主义政治经济学。此后，列宁也以资本主义生产方式为研究对象，分析了当时帝国主义阶段的经济特征。马克思、恩格斯和列宁时期的经典马克思主义政治经济学的研究对象是资本主义生产方式，研究任务是揭示资本主义社会的基本矛盾，研究社会主义如何代替资本主义。伴随新中国经济建设和改革开放实践，我国社会主义生产方式不断发展完善。与经典政治经济学时期相比，我国经济发展进入了新阶段，也出现了许多新问题、新情况和新矛盾。借鉴调节学派的理论，开拓当代中国马克思主义政治经济学新境界，需要立足中国国情和经济发展实践，拓展政治经济学的研究对象和研究任务，在研究社会主义初级阶段生产方式的基础上，重点研究社会主义经济发展和经济运行，揭示中国特色社会主义经济发展和运行规律。对于中国特色社会主义政治经济学研究来说，非常重要的就是对我国经济结构转变的理解，必须在分清经济结构转变过程中出现的问题的不同层次和不同性质的基础上，提出相应的对策。调节学派理论可以为我们解决现实问题提供理论指导。

**2. 借鉴调节学派的基本理论，概括和总结新材料、新事实**

借鉴法国调节学派的理论，开拓马克思主义政治经济学新境界，要重视对新中国经济建设特别是改革开放以来新材料、新事实的研究，进而概括总结为系统化的经济学说。2013年6月25日，中共中央政治局就中国特色社会主义理论和实践进行第七次集体学习时，习近平总书记强调，在对历史的深入思考中做好现实工作、更好走向未来，不断交出坚持和发展中国特色社会主义的合格答卷。政治经济学是人们在占有充分的历史和现实材料基础上，运用科学的抽象方法，透过经济现象而探讨其内在联系的科学。它以一定社会生产方式作为自己的研究对象，研究其发生和发展变化的客观规律。借鉴法国调节学派的理论，我们要研究改革开放以来经济建设的新材料。

改革开放以来，我国经济发展取得了举世瞩目的成就，在理论探索上取得了重大成果，形成了许多新材料。例如，在社会主义市场经济发展、初级阶段基本经济制度完善、国有企业改革、对外开放、农村经济改革发展等方面都形成了许多新材料，需要运用马克思主义政治经济学的科学方法，概括和总结其中的规律性，进而上升为中国特色社会主义经济理论。借鉴法国调节学派的理论，我们要研究现阶段经济发展中的新材料。我国经济发展进入新常态，出现了许多新问题、新情况，也出现了许多新的事实材料，如经济发展从高速向中高速的转换、"四个全面"战略布局的展开、新发展理念的提出、"五化"同步协调发展、政府与市场关系的处理、跨越"中等收入陷阱"的实践等。中国政治经济学的创新发展需要系统概括和总结这些新的事实材料，探索新常态下经济发展和经济运行的新规律，并把它们上升为当代中国马克思主义政治经济学理论。

**3. 借鉴调节学派的理论，提炼升华新理论、新话语**

理论是对现实生活的反映、对实践经验的升华，理论必然要随着实践的发展而发展。从来就不存在可以脱离特定历史背景和现实生活的普适的经济学。借鉴调节学派的理论，开拓马克思主义政治经济学新境界，要在坚持马克思主义政治经济学基本原理的基础上，依据马克思主义政治经济学与时俱进的特征，依据不断发展变化的经济实践，推动当代中国马克思主义政治经济学创新发展。借鉴调节学派的理论，形成新的理论体系和话语体系。在广泛学习借鉴的基础上，要依据新问题、新情况、新矛盾和新事实，不断提炼形成新的当代中国马克思主义政治经济学理论，包括经济发展新常态的理论，新发展理念的理论，使市场在资源配置中起决定性作用和更好发挥政府作用的理论，推动新型工业化、信息化、城镇化、农业现代化、绿色化协调发展的理论，发展更高层次开放型经济的理论，实现全体人民共同富裕的理论等。

当前，适应和引领经济发展新常态，尤须坚持以中国问题为导向，构建中国版的马克思主义政治经济学理论体系和话语体系。马克思主义政治经济学的科学性集中体现在其立场、方法论和世界观上，而不是一些具体论断上。借鉴调节学派的理论，开拓马克思主义政治经济学新境界，必须克服教条主义，适应时代变化，关注当代中国重大理论和现实问题，加强对中国模式和中国经验的研究，从中国经济改革、发展和运行的事实中概括出具有普遍意义的规律和论断；概括提炼与中国历史、文化、传统、制度和实践相适应，具有中国特色，体现时代特点和世界发展趋势的马克思主义政治经济学概念、范畴、论断和基本规律，形成既体现马克思主义政治经济学立场、观点、方法，又不同于西方经济学，并能同世界对话的政治经济学理论体系和话语体系。

## 六、《法国货币理论文选汇编》译介

2013年，法国调节学派的创始人之一罗伯特·博耶（Robert Boyer）教授来西北大学经济管理学院讲学，做了三场报告，在此次学术交流中，我们发现了法国调节学派的理论价值。次年法国调节学派的会议在巴黎召开，国内许多政治经济学研究者和马克思主义研究者参加了大会，我和康蓉老师也投了稿，文章入选了大会，但是我由于其他事务的耽误未能成行，康蓉老师代替我参加了会议，并作了大会发言。

从此，我们就和法国调节学派建立了联系。罗伯特·博耶教授退休以后，他介绍法国里尔一大的弗洛朗丝·雅尼-卡特里斯（Florence Jany-Catrice）教授和我们联系。2016年，我们通过国家外专局聘任弗洛朗丝·雅尼-卡特里斯教授为我院的专家，在我院做了三次讲座，在讲座期间聘任她为我院的兼职教授，我和她就调节学派和中国特色社会主义政治经济学的相关问题进行了对话，其间她送了自己的三本著作给我，我读了以后深受启发，萌生了翻译的想法，于是委托康蓉老师联系翻译事宜，经过紧张的工作，完成了弗洛朗丝·雅尼-卡特里斯教授的《财富新指标》《总体绩效：资本主义新精神》《经济增长值得期待吗》三本著作的翻译工作，这三本书翻译出版以后，在国内产生了比较大的影响，许多马克思主义政治经济学的学者鼓励我们继续进行翻译和介绍。与此同时，弗洛朗丝·雅尼-卡特里斯教授又给我们介绍了几本专著，我们发现这些书内容非常好，在原来三本的基础上，把"法国调节学派译丛"扩大到了多本。最近，罗伯特·博耶教授的《资本主义政治经济学：调节与危机理论》一书的翻译工作已经完成，也将于近期正式出版。2019年在我牵头下，西北大学经济管理学院与教育部人文社会科学重点研究基地成功获批了科技部、教育部"高等学校学科创新引智计划"（111计划）"国外马克思主义经济学与中国特色社会主义政治经济学学科创新引智基地"，这个基地就是以调节学派的学术译丛和2013年以来与调节学派的学术联系为基础而申报的。

《法国货币理论文选汇编》是我们译介的"法国调节学派译丛"中的一本,严格来讲,这是一本论文集,主要汇集了第一代调节学派的学者们关于货币的思想的讨论。其中,部分学者大量使用了历史分析方法,也有部分学者在分析中主要采用了人类学或哲学的思维方法,甚至还有学者在不同程度上综合了各门科学的特点,对货币问题进行分析。这些论文的共同特点是采用制度主义分析方法探讨货币问题,认为货币是一种制度,是一种体现高级秩序的社会关系。这本文集主要包括以下几个方面内容:

绪言 理论文献的起源与发展。主要介绍了货币制度主义学者们所关注的原始双向运动,试图在经济学领域建立起货币制度主义理论,为学者们在经济学前沿概念的研究提供理论支持,并以此区分人类学和社会学中的概念,因为人类学和社会学中的货币现象远多于经济学;随后强调伴随着相关著作而产生的理论建设与发展问题。最后以更开阔的视野来看待制度主义,以研究制度主义在经济学和经济学以外领域所产生的影响。

第一章 货币社会经济学。本章重点关注不同货币研究流派的成果。奥尔良在这篇文章中应用制度主义方法,将货币理解成"社会总现象"。将研究重点转向计数,原因在于货币为所有社会生产活动提供了统一的比较标准,引导读者重视齐美尔和西米昂的思想。

第二章 货币的暴力(节选):货币危机。本章详细阐述了货币危机的产生机制。阿列塔和奥尔良在这本书的开篇部分假设货币是商业暴力的传播媒介与宣泄口,界定了三种形式的暴力:原始暴力(FIII)、相向暴力(FII)和固有暴力(FI),描述了通货膨胀制度如何打破货币与商品的关系,阐释了通货紧缩制度如何改变债券与货币的关系。本章还重点介绍了货币秩序的不稳定性,以及冲突能够破坏货币化关系等内容。

第三章 《主权货币》合著序言。本章区分了三种形式的信任:伦理信任是一种经集体一致同意的行为准则;等级信任服从于集体权力;而逻辑信任则要合乎生活常规行为。这三种信任能够确保货币的接受与融入过程。由于债务问题复杂混乱,这三种层次的信任也极为复杂,但联系又极为紧密,以致其中任意一个层次的信任崩塌都会导致货币危机。主权的概念展现了社会个体通过权力所有者对更高权力代表的从属关系,这也使"货币循环"长久性地归属于社会。

第四章 以历史充实货币政治经济学。在多学科的背景下,本章强调了历史对于理解不同社会阶段货币发展形态的重要性,阐述了三种论点。首先讨论了基本交易货币的观点,认为这种货币出现的目的本是为了打破物物交易。其次介绍了货币逐步去物质化的相关内容。最后强调了计数的重要性及其文化维度。对社会行为的评价可以增强社会感，社会的客体和组织由此产生亦变为可能。

第五章　货币现象的普遍性与货币的多样性——从殖民对抗到社会科学碰撞。本章引述了货币带来的三种社会联系：与自身的联系、与他人的联系和与社会总体的联系。这三种联系随着社会的变化而变化，同时，货币形态也会发生变化。殖民的例子很好地证明了这一理论。殖民者试图改变上述联系，否定殖民活动之前的货币秩序，以便将自己的货币秩序强加于殖民地。

第六章　市场经济的货币秩序。本章集中论述了在市场经济这种特殊的经济体制下支付体系的重要性。首先引述了分权和独立的原则，以及这两个原则在市场经济中的融合变化。其次将货币视为一种支付体系，这种支付体系包含三个组成部分：采用集体认同的计量单位、制定铸币的规则和建立差额结算的程序。文章关注流动性问题，认为流动性问题可能会威胁到货币秩序。

第七章　货币的"三态"——货币现象的跨学科观点。本章认为，在社会的不同领域，货币作为其中的媒介渗透其中，需要将它们连接起来，并保障各个领域能够同时独立自主地运转。货币被设计成一种社会关系，其融入态、客化态和制度态展现出了货币同时具有的三个维度：符号维度、经济维度和政治维度。

  《法国货币理论文选汇编》的翻译，感谢弗洛朗丝·雅尼-卡特里斯教授给我们的介绍，她在版权授权沟通方面作了积极的工作。感谢西北大学经济管理学院副院长康蓉副教授在我们与调节学派的联系、国家外专局项目的申报方面付出的辛勤努力，罗伯特·博耶和弗洛朗丝·雅尼-卡特里斯教授的几次来访接待、111引智基地的申报等方面，她都做了大量工作。由于本书原稿是法文版，我们委托对外经贸大学法语系主任桂泽元老师进行了翻译，在此对译者表示衷心的感谢。同时感谢西北大学学科办、国际交流合作部、法语联盟在此项工作中的支持。而且感谢中国经济出版社贺静编辑的辛勤工作。

任保平

2021年5月于西安

# 选文来源

1. A. Orléan, 《La sociologie économique de la monnaie》, in Ph. Steiner et Fr. Vatin, *Traité de sociologie économique*, Paris, Puf, seconde édition, 2013, p. 207 – 237.

2. M. Aglietta, A. Orléan. , extrait de la partie 1, *La Violence de la monnaie*, Paris, Puf, 1984, p. 89 – 123.

3. M. Aglietta, J. Andreau, M. Anspach, J. Birouste, J. Cartelier, D. de Coppet, C. Malamoud, A. Orléan, J. – M. Servet, B. Théret, J. – M. Thiveaud, 《Introduction collective》, in *La Monnaie souve – raine*, Paris, Odile Jacob, 1998, p. 9 – 31.

4. B. Courbis, É. Froment, J. – M. Servet, 《Enrichir l'économie politique de la monnaie par l'histoire》, *Revue économique*, 1991, vol. 42, n°2, p. 315 – 338.

5. J. – M. Servet, B. Théret, Z. Yildirim, 《Universalité du fait moné – taire et pluralité des monnaies》, in *L'Argent des anthropologues, la monnaie des économistes*, Paris, L'Harmattan, 2008, p. 167 – 207.

6. M. Aglietta, J. Cartelier,《Ordre monétaire des économies de marché》, in *La Monnaie souveraine*, Paris, Odile Jacob, 1998, p. 129 – 157.

7. B. Théret,《Les trois états de la monnaie. Approche interdisciplinaire du fait monétaire》, *Revue économique*, 2008, vol. 59, n°4, p. 813 – 842.

# 目录 | CONTENTS

**绪　言　理论文献的起源与发展** / 1

　　一、双向运动 / 5

　　二、法语区货币制度主义的发展历程 / 9

　　三、货币制度主义研究的接受与影响 / 16

　　四、文献选择 / 19

　　参考文献 / 23

**第一章　货币社会经济学** / 35

　　一、从效用价值理论到货币工具化概念 / 38

　　二、货币制度学派 / 44

　　三、货币的权力：莫斯与涂尔干 / 48

　　四、货币的接受：代际交叠模型的贡献 / 53

　　五、信仰的力量：西米昂与齐美尔 / 60

　　六、货币奇迹 / 66

　　参考文献 / 70

## 第二章　货币的暴力（节选）：货币危机 / 75

一、危机的一般形态 / 78

二、通货膨胀式危机 / 91

三、暴力回归债务人和中央银行 / 108

四、通货紧缩式危机 / 122

参考文献 / 129

## 第三章　《主权货币》合著序言 / 131

一、作为全体的社会 / 137

二、不同的社会全部、不同的货币 / 140

三、现代的例外 / 142

四、现代货币的矛盾状态 / 144

五、信任的基础 / 156

六、欧元与主权 / 164

## 第四章　以历史充实货币政治经济学 / 169

一、商业货币 / 173

二、纸质货币 / 184

三、计量货币 / 198

# 目录

## 第五章 货币现象的普遍性与货币的多样性
　　——从殖民对抗到社会科学碰撞 / 211
　　一、货币事实的普遍性 / 216
　　二、关于货币的多样性（社会/领土层面）/ 239
　　三、结论 / 256
　　参考文献 / 261

## 第六章 市场经济的货币秩序 / 271
　　一、作为支付体系的货币 / 278
　　二、货币秩序保护与货币信任 / 292
　　三、中央银行的独立性：特殊历史环境下货币的法定形式 / 303

## 第七章 货币的"三态"
　　——货币现象的跨学科观点 / 317
　　一、货币的三角支柱：债务、主权和信任 / 321
　　二、货币并不是其自身创造出来的事物 / 327
　　三、货币的"三态" / 345
　　四、货币——全部的社会现象 / 356
　　参考文献 / 363

**附　录** / 373

　　附录Ⅰ　核心概念及术语翻译索引 / 373

　　附录Ⅱ　主要人名翻译索引 / 384

## 绪 言

## 理论文献的起源与发展[①]

皮埃尔·阿拉里、热罗姆·勃朗、
卢多维克·德梅特

---

[①] 衷心感谢布律诺·泰雷与洛朗·勒莫的认真校读。

长期以来，研究人员一直钟爱图书这种知识传播形式，并借此展示他们的研究过程与研究成果。作者可以通过图书这种形式逐步向世人展现其思想观点，与同辈学者进行讨论，并在前人的研究基础上准确找到自身定位。而如今的社会科学，特别是经济学的研究更加注重文章发表。但期刊文章在版面和篇幅上有一定的局限性，不利于具有原创性和突破思想桎梏的作品创作。

在20世纪七八十年代，社会科学领域的图书作品大放异彩。这些书籍面向公众，同时也向本学科和跨学科领域的学者们展示了前沿研究成果。20世纪80年代初期，针对货币问题的相关出版物颇丰，涌现出大批著作，如《商人、劳工与资本家》（*Marchands, salariat et capitalistes*，贝内蒂、卡尔特利耶，1980）、《货币的暴力》（第2版）（*La Violence de la monnaie*，阿格列塔、奥尔良，1982，1984）、《诺米斯玛塔：货币的形与源》（*Nomismata: État et origine de la monnaie Servet*，塞尔韦，1984）、《私人货币与王公权力——启蒙时代货币关系经济学》（*Monnaie privée et pouvoir des princes. L'Économie des relations monétaires à la Renaissance*，布瓦耶－格赞布、德莱普拉斯、吉拉尔，1986）等。

上述著作形成了第一代关于货币的思想浪潮，这些作品出版后引发了诸多辩论，自1993年起，围绕这些辩论召开了一系列学术研讨会。这些研讨会又催生了大批新的著作，包括《主权、合法性与信任》（*Souveraineté, légitimité, confiance* Aglietta et Orléan，阿格列塔、奥尔良等，1995）、《主权货币》（*La Monnaie souveraine*，阿格列塔、奥尔良等，1998）、《货币由危机揭面》（*La Monnaie dévoilée par ses crises*，泰雷，2007）、《货币对抗国家？——争议中的主权货币》（*La Monnaie contre l'État? La souveraineté monétaire en question*，屈耶雷、泰雷等，待出版）等。这些作品汇集了来自不同学科学者的观点，其中部分学者大量使用了历史分析方法，也有部分学者在分析中主要采用人类学或哲学的思维方法，还有学者在不同程度上综合了各门科学的特点，对货币问题进行了分析。得益于分析方法和学科观点的多元性，学者们在提出关于货币基本问题的过程中形成了一种共同的分析方法，即制度主义分析方法。货币是一种制度，是一种体现高级秩序的社会关系，仅靠单一学科的分析方法是难以掌握其复杂性的。

换言之，为了更好地理解货币问题，第一代思潮下的学者们对主流经济学范式提出了质疑。他们摈弃了建立在物物交换传说基础上的货币工具主义分析方法，并将作为物品的货币与作为制度的货币结合起来。在这些学者中，有些仍在不同的社会科学领域继续探索，以期能借助更广泛的视角来分析货币的历史成因、作用以及形成的必然性。

为了厘清货币制度主义提出的基本问题，绪言将分成三个部分进行探讨。第一部分，介绍货币制度主义学者们所关注的原始双向运动，试图在经济学领域建立起货币制度主义理论，为学者们关于经济学前沿概念的研究提供理论支持，并以此区分人类学和社会学中的概念，因为人类学和社会学中的货币现象远多于经济学。随后我们在第二部分强调伴随着相关著作而产生的理论建设与发展问题，例如，从早期著作中频繁出现的吉拉尔式"暴力"理论，逐步转向后期的"生命负债""主权"和"信任"等理论。第三部分以更开阔的视野来看待制度主义，研究制度主义在经济学和经济学以外领域所产生的影响。最后，我们介绍本论文集所选取的七篇文章，并简要概括出每篇文章的核心思想。

## 一、双向运动

如果我们将目光聚焦到第一代思想浪潮时期出现的著作上（如让·卡尔特利耶和卡洛·贝内蒂的作品、米歇尔·阿格列塔和安德烈·奥尔良的作品、让－米歇尔·塞尔韦和玛丽-泰蕾兹·布瓦耶-格赞布的作品,以及吉兰·德莱普拉斯和吕西安·吉拉尔的作品),那么一种双向运动便清晰可见:一方面,在经济学领域内,非主流经济学说的重要性得到认可;另一方面,经济学也在逐步向其他学科开放融合,以期探索货币现象的本质和货币在当代社会的重要地位。

在经济学领域内,第一代思想浪潮下的学者的假定与大多数新古典主义学者不同,他们认为货币不仅仅是保障交易有效进行的简单物品。货币并非中性,货币的铸造、发行及所有权所引发的问题都超出了单纯交易的范畴。第一代学者参考了马克思和凯恩斯的著作,这两位思想家代表了坚持以货币来分析经济关系的学者的观点①。虽然马克思强调了货币的本质特征②,但劳动价值理论和货币学派推崇的计算方式也会产生问题(贝内蒂,1985;卡尔特利耶,1985;奥尔良,2011)。马克思提出的货币本质特征则由凯恩斯在其1930年出版的《货币论》中重新整理(该书未被翻译成法语版),并对后世货币学派学者的分析产生了巨大影响③。

---

① 阿格列塔、德莱普拉斯于1990年在利维经济研究所(Levy Institute)研讨会后与后凯恩斯主义代表的对话,详见德莱普拉斯、内尔(Nell)(1996)。

② 卡尔·马克思引述格莱斯登(Gladstone)的观点:"受恋爱愚弄的人,甚至还没有因钻研货币本质而受愚弄的人多。"详见蒙塔尔邦(Montalban)(2012),库尔比斯(Courbis)等(1990)。

③ 关于"现实范畴分析"与"货币分析"(认为货币为理论发展奠基,所有经济生活的本质特点都可以通过物物交换经济模型表达出来的观点被摒弃了)的对立,详见熊彼特(1954)以及卡尔特利耶(1985)。在法国,阿尔贝·阿夫塔利翁(A. Aftalion)与贝特朗·诺加罗(B. Nogaro)等学者于20世纪初期发展起了货币质量分析学派。

## 绪言 理论文献的起源与发展

我们也应当注意到苏珊·德布吕诺夫和贝尔纳·施米特的著作为这场理论建设运动带来的法国影响①。苏珊·德布吕诺夫发展了马克思主义的货币分析理论,贝尔纳·施米特则深入研究了凯恩斯的部分预测②。两位学者在20世纪六七十年代进行了大量的研究活动③。与此同时,英国的理论经济学者再次表现出对货币问题的担忧,事实上,唐·帕廷金的文章《瓦尔拉斯学术体系中的货币融入问题》(Problème de l'intégration de la monnaie dans le corpus walrasien),以及在此之后米尔顿·弗里德曼的文章都引发了英国理论经济学者的批判(德布吕诺夫,1982)。弗里德里希·哈耶克发表的关于货币非国有化(1976)和完全竞争的文章也同样在法语地区货币思想史的发展过程中占据重要地位。新自由派和自由意志派学者在学界得到越来越多的关注(哈耶克与弗里德曼

---

① 贝内蒂、卡尔特利耶、德布吕诺夫与克里斯蒂安·帕卢瓦(C. Palloix)联合主编了论文集《政治经济学中的干预》(Intervention en économie politique),1975—1981年,弗朗索瓦马斯佩罗出版社(Éditions François Maspéro)出版。他们也曾与贝尔图(Berthoud)、德莱普拉斯和马耶(Mahieu)为《马克思与政治经济学》(Marx et l'économie politique)一书联合署名,1977年出版。德布吕诺夫作书评,详见阿格列塔(1977)。对通货膨胀的分析,详见卡特里埃尔、德布吕诺夫(1974)。

② 贝尔纳·施米特被视为货币流通理论的奠基人,详见施米特(1966,1975)。阿格列塔在《资本主义的调节与危机》(Régulation et crises du capitalisme)一书中第6章参考了施米特的观点。

③ 关于德布吕诺夫与施米特的理论关联,详见凯尔斯莱克(Kerslake,2015)。塞尔日·拉图什(S. Latouche)曾于1973年写道:"信用货币(私有)从其与国家货币的关系中体现出价值,然而这种价值既非黄金定义价值,也非中央银行的价值保证(名义价值)。两种货币都与商品有着必然联系。我们能够联想到与贝尔纳·施米特相似的观点,但施米特补充说明没有任何事物能够证明这种观点,而且它也不会使分析更加简单化。"拉图什(1973:679)。

分别于 1974 年和 1976 年获得由瑞典中央银行颁发的诺贝尔经济学奖),而法国年轻的经济学家们则从那时起开始探索不同的道路。

法语区的货币制度主义建立在制度主义影响下,并在政治经济学领域独辟蹊径①。伴随着第二重运动(向经济学以外的其他学科开放融合)的发展,法语区货币制度主义思想基础逐步建立起来。这些思想基础是经济学领域缺少的,但又是分析货币现象不可或缺的。在法国,许多学者的著作都对搭建货币分析最初的思想框架做出过贡献,融合这些著作思想也有利于跨学科研究的发展。如米歇尔·福柯在《词与物——人文科学考古学》(Les Mots et les Choses)一书中对"财富知识"的表述;吉尔·德勒兹和菲利克斯·伽塔利在《反俄狄浦斯》(Anti-Œdipe) 和《千高原》(Mille Plateaux)等书中对资本主义的反思;让·鲍德里亚在《物体系》(Système des objets)一书中对消费的思考;勒内·吉拉尔在《暴力与神圣》(La Violence et le Sacré)一书中对竞争性的描述;以及路易·杜蒙在《阶序人》(Homo Æqualis)一书中对等级制的定义;等等。

《商人、劳工与资本家》(贝内蒂、卡尔特利耶)和《货币的暴力》(阿格列塔、奥尔良)两部著作首先揭示了主流

---

① 马克思在《政治经济学批判》(1859)一书中长篇分析了货币是政治问题的中心要素。

经济学派分析的局限性①。《诺米斯玛塔：货币的形与源》（塞尔韦）和《私人货币与王公权力——启蒙时代货币关系经济学》（布瓦耶－格赞布、德莱普拉斯、吉拉尔）两部著作随后分析了货币化社会的具体运作方式。这些研究分析特别针对金属货币的管理进行分析，并且强调政策层面和货币层面的联系。塞尔韦（1984：17）强调早期货币与现代货币的传承性，他写道："这样一来，在所谓的原始社会就已经存在现代货币工具的设想了。"② 布瓦耶—格赞布、德莱普拉斯和吉拉尔（1986：7）研究了16世纪欧洲的货币与金融场所。透过现金支付和信汇交易的逻辑联系，他们致力于说明货币标志着现代化的社会凝聚力。经济学家们对于货币历史的研究投入带来了丰硕成果。

## 二、法语区货币制度主义的发展历程

法语区货币制度主义流派诞生于经济领域，但同时也鼓励多学科共同研究。该学派的研究始于约30年前，不仅从开始时就吸引了大量学者，并且不断发展取得了突破。实际上，针对某些概念和理论框架的争论与修正从未停止。自1986年

---

① 即发展了诸如铸币、中央集权、社会分级、模拟性等概念，强调利益优先，并指出了"社会可交易产品名录假设"的局限性。有关《商人、劳工与资本家》的批判，详见斯泰纳（Steiner）、勒狄博德（Le Diberder）、施瓦布（Schwab）（1985）。

② 类似观点，亦可参考卡尔特利耶（2006）。

起至20世纪90年代初期（第一代浪潮），研究活动更注重集体合作。《私人货币与王公权力》同其他文章共同发表于《政治经济学册》（Cahiers d'économie politique）第18期"金属货币与银行货币"专栏，供学者讨论。米歇尔·阿格列塔与安德烈·奥尔良共同主编了《创世纪》（Genèses）特刊（1992年第8期），特刊主题为"货币、价值与合法性"[①]。

在这些学者的研究中，对齐美尔作品的重新研究具有转折意义。在这之后涌现的大量文章成为20世纪90年代研究工作的思想源泉[②]。对齐美尔作品的研究也标志着由阿格列塔和奥尔良发起的制度主义研究开始转向，吉拉尔提出的"暴力"问题也逐步转向"信任"问题。实际上，勒内·吉拉尔所说的"暴力"是在寻求一种革新马克思主义货币理论的方式，而并非对其完全颠覆。这种齐美尔式的转向使得大多数学者在1980—1986年开始了合作研究之路，如阿格列塔和奥尔良的合作，他们重新研究了《货币的暴力》（1982）

---

[①] 《政治经济学册》第18期（1990）主要包含贝尔纳·库尔比斯和埃里克·弗罗芒（É. Froment）这两位学者对《私人货币与王公权力》的批判。这些思想交锋不仅通过书评与批评杂记传播，也以大量的引文形式传播，其中某些核心思想逐渐趋同。在这一承上启下的重要阶段，大量具有重要地位的文章逐渐问世，如阿格列塔（1988），库尔比斯（1988），塞尔韦（1988），布瓦耶-格赞布、德莱普拉斯、吉拉尔（1990 a,1990 b），库尔比斯、弗罗芒、塞尔韦（1990,1991），奥尔良（1991,1992），泰雷（1992），塞尔韦（1993）。值得注意的是，《政治经济学册》这本1974年创办于法国亚眠的期刊收集了大多数法语区货币制度主义经济学者的来稿。

[②] 齐美尔的《货币哲学》（La Philosophie de l'argent）于1987年被译为法语（原著1900年出版），围绕这部著作，许多学者发表了文章，详见夏洛姆（Scialom）（1989），奥尔良（1992），格勒尼耶（Grenier）等（1993），巴尔德内（Baldner）、吉拉尔（1983）。

这部著作，并最终完成了《暴力与信任间的货币》（2002）这一著作。和对齐美尔作品的研究相类似，对波兰尼作品的重新研读也产生了重要影响，并进一步推动了学者们的合作研究。对波兰尼作品的研究为从人类学视角研究货币提供了理论依据，催生了前所未有的新研究形态[①]。

这些作家为融合思想和共同研究付出了大量的努力，最终成功举办了一系列具有奠基意义的多学科研讨会。研讨会由阿格列塔、奥尔良和历史学家让－玛丽·蒂沃发起，得到了法国财经协会和法国信托局的资金支持。研讨会于1993—1995年举办，探讨了主权货币与法定货币的关系，认为债务问题和信任问题是这段关系中的重点，理论建设的重点也转向了历史学和人类学研究领域。研讨会成功开启了几个研究阶段，每两个研究阶段都会间隔数年，以待新的合著作品问世。每个研究阶段均有研究重点和主题，研究团队也会在几年内进行重组。这几个研究阶段共同构成了法语地区货币制度主义研究的核心。

《主权、合法性与信任》（法国财经协会，1995）是第一

---

① 《大转型》于1983年被译为法语版（原著完成于1944年），由路易·杜蒙作序，另一部波兰尼著作《早期帝国的贸易与市场》（*Trade and Market in the Early Empires*）于1975年被译为法语版，由莫里斯·戈德利耶（Maurice Godelier）作序。关于波兰尼式分析框架，详见塞尔韦(1993)，塞尔韦、莫库朗(Maucourant)、蒂朗(Tiran)(1998)，勃朗(2006)，塞尔韦、泰雷、伊乐迪丽姆(Yildirim)(2008)，哈特(Hart)、汉恩(Hann)(2009)，伊伦坎普(Hillenkamp)、拉维尔(Laville)(2013)。

阶段的第一部合著作品。这是一部转载研讨会初期思想成果的阶段性谈话录,以欧元为主要研究对象,发展了"债务—主权—信任"的三步分析法。这部合著极大地鼓舞了1995—1997年研究成果的发表,彰显了学界建立跨学科理论研究框架的决心。其中一篇合著文章被用作《主权货币》(1998)一书的序言,这篇文章汲取了人类学的思想,明确表述了原始债务和社会债务的观点,与转向反功利主义赠予范式的社会经济学形成了鲜明对立[1]。

《主权货币》的序言转载于《主权、合法性与信任》第三章,由11位学者联合署名(其中包括经济学家、人类学家、历史学家和心理学家等)。这篇序言成为之后二十余年的研究标杆,也是日后该学派发展的基础。序言提出了学派研究的核心内容(其中一部分内容已经在1980—1986年的作品中被提出),即以跨学科的框架阐述债务、主权与信任的概念。这些概念假设否定全部的价值理论,并且重新定义了货币与商品经济关系,即商品经济本应自带货币,货币的出现并不能证明商品经济的存在。从知识的广度来

---

[1] 阿兰·迦耶(Alain Caillé)于1981年发起社会科学中的反功利主义运动。《MAUSS简报》(*Le Bulletin*)和之后的《MAUSS评论》(*la Revue du Mauss*)期刊汇集了几位法语区货币制度主义学者的文章。《MAUSS简报》(1982—1987年)讨论了齐美尔、波兰尼以及奥尔良与塞尔韦的文章;《MAUSS评论季刊》再次讨论了货币的起源(奥尔良,1991,1992 a)。MAUSS – Mouvement Anti – Utilitariste dans les Sciences Sociales,社会科学中的反功利主义运动,以法国人类学家马塞尔·莫斯(Marcel Mauss, 1872—1950)的名字命名。——译者注

看,这篇文章可以算是在之后几年内引发参与争论人数最多的作品①。

布律诺·泰雷在1999—2004年开启了研究的第二阶段。他将研究聚焦在货币危机上,参考了大量的研究成果,其中历史研究对他的研究影响最深。泰雷于2007年完成了《货币由危机揭面》的上下卷。在这本书中,货币危机被视为货币现象深层结构的"显影剂"②。泰雷利用债务、主权和信任的概念建立起针对货币危机的分类方法,通过货币的"三种形态"(客化态、融入态、制度态,详见本书第7章)深化了对货币制度主义概念的理解。2008年,泰雷发起了跨学科研讨会的第三个研究阶段,这一阶段持续到了2011年,旨在更深入地研究主权货币的概念及其形态的多样性。第三阶段研究受到政治哲学的影响,主要探讨了科研思维方法以及如何衔接主权政治和主权货币的问题。

第三阶段的合著成果是由泰雷和哲学家玛丽·屈耶雷主编的,主要内容是将货币作为一种制度进行分析,类似

---

① 详见《历史年鉴社会科学册》(*les Annales Histoire, Sciences Sociales*)[2000年第6期,让-伊夫·格勒尼耶(J.-Y. Grenier)、弗雷德里克·洛尔登(F. Lordon)与斯特凡·布勒通(S. Breton)的文章,后两位学者在之后对学派研究做出过贡献]与《人类》(*L'Homme*)[2002年第二册,总期第162期,西尔万·皮龙(S. Piron)和阿兰·迦耶的文章,他们在斯特凡·布勒通主编的一期中对《主权货币》论文进行了批判]对这次争论详细记载的章节,亦可见泰雷(2009)。

② 在历史领域,可关注由卡尔特利耶、吉拉尔等共同参与的合著作品。这部作品研究了欧洲16—18世纪的货币理论与实践(勃朗、德梅特,2014)。

于主权政治在政治哲学中的概念分析。主权政治塑造了国家，也揭示了货币与国家、货币制度与政治制度间的多种关系形态（《货币对抗国家：争议中的主权货币》，两卷，待出版）。

以上提到的四部著作汇集了 45 位学者的研究成果。2013—2016 年，热罗姆·勃朗和泰雷组织了第四阶段的科研工作，研究了货币在历史和不同社会阶层中的多元性。第四阶段的研究强调现代社会新出现的货币多元性，也探讨了当代货币独特性的评判标准，仍然将债务作为研究的主题之一，进一步披露了债务、主权和信任间的关系（阿格列塔、伍尔德－艾哈迈德、蓬索，2016）。

围绕核心概念的争论以及引用齐美尔和波兰尼代表性著作的争论贯穿了整个研究过程。而对其他作家著作以及观点的引用却未引起争议，如涂尔干和莫斯及其社会总现象的概念被反复多次引用[①]。20 世纪 90 年代后期，学者们对信任的概念进行了大量研究，这一概念也成为《主权货币》的理论建设核心内容[②]。欧元的问世极大地拓宽了研究领域，《主权货币》的几位作者（雅克·比鲁斯特、塞尔韦和泰雷）加入

---

[①] 塞尔韦(1984)；泰雷(2007)。
[②] 贝尔努(Bernoux)、塞尔韦(1997)，塞尔韦(1998)，洛费尔(Laufer)、奥里亚尔(Orillard)(2000)。

绪言　理论文献的起源与发展

了多学科专家研究团队，并对欧元投入使用发表了意见①。

自 2000 年起，阿根廷危机再次唤起学者们对拉丁美洲的研究探索，在由人文之家基金会赞助的研讨会上，起源于格勒诺布尔、里昂和第戎的一些问题被再次提出。学者们探讨了如何透过美元化过程、联系汇率制度和团体货币的出现来看待动荡时期的货币与主权关系。受多学科甚至是跨学科的研究推动②，新的理论逐步产生，如多元货币理论和货币秩序对抗理论③。

---

① 《消费者政策期刊》(Journal of Consumer Policy)特刊(1999 年第 1－2 期)借此机会刊登了数篇文章。详见塞尔韦(1998)，延续了其就这一问题的反思。同见《经济与社会期刊》(La revue Économies et Sociétés)2002 年刊登的"货币"系列两篇制度主义作品:《从法郎到欧元:货币的改变与延续》(Du franc à l'euro : changements et continuité de la monnaie)。

② 详见劳伦斯大学(加拿大安大略省)(l'Université Laurentienne de Sudbury)主办的"货币的本质"跨学科研究会，由让－弗朗索瓦·蓬索(J.－F. Ponsot)和路易－菲利普·罗雄(L.－Ph. Rochon)主持(2006 年 5 月)，其中在经济学方面宣读了后凯恩斯主义、新名目主义和制度主义的论文。亦见"面向全球化的人类学家与经济学家"主题研讨会，由 CLERSÉ 里昂第一大学发展研究中心(CLERSÉ/Institut de Recherches sur le Développement, université de Lille I)[阿斯克新城，2006 年 3 月建立]主办，研讨会后出版了一部合著作品[鲍曼(Baumann)等主编，2008 年出版]，将人类学研究和经济学货币研究有机结合。

③ 详见塞尔韦(1999 a,1999 b)、勃朗(2000,2006)、法尔(Fare)(2016)，《法兰西社会经济学刊》(la Revue française de socio－économie)，《货币:当代社会交易领域的多元性》(Monnaie, monnaies : pluralité des sphères d'échanges dans les sociétés contemporaines,2012 年第 12 期，皮埃尔·阿拉里、热罗姆·勃朗主编)，以及《调节学刊》(la Revue de la régulation)，《货币对抗:货币的政治经济学》(Contestations monétaires : Une économie politique de la monnaie,2015 年第 18 期，佩皮塔·伍尔德艾哈迈德、让－弗朗索瓦·蓬索主编)。亦见关于社会和补充型货币的跨学科研讨会(里昂，2011 年 2 月)。研讨会形成了众多期刊文献:《国际社会经济学刊》(Revue internationale de l'économie sociale);《社会与补充型货币概览》(Regards sur les monnaies sociales et complémentaires,2012 年 4 月，总期第 324 期);《国际社会货币研究杂志》(International Journal of Community Currency Research);《社会与补充型货币三十年:影响、潜力与挑战》(Thirty years of community and complementary currencies : a review of Impacts, potential and challenges,2012 年第 16 期)。

## 三、货币制度主义研究的接受与影响

为了更好地探讨本书所收集论文的接受情况，我们可以将论文受众分成如下几类群体：社会学科类读者、经济学类读者和非法语区类读者。

在法语地区，学者们针对制度主义研究进行了大量分析，这些分析反过来也对制度主义发展产生了一定影响。实际上，货币问题和金钱用途再次成为在社会科学著作中被广泛提及的话题①。而这其中，货币制度主义的研究却并非典型代表：除了个别经济学期刊外，关于货币问题的文章几乎全部刊登在社会学及人类学期刊上。在此期间，法语区货币制度主义的研究地位突出，并因此会集了大批跨学科的研究学者。

但由于跨学科研究的特点，以及并未采用计量经济学和

---

① 尤其要提到合著作品《金钱问题》(*Questions d'argent*)[布尤(Bouilloud)、吉耶纳(Guienne)主编,1999年];《金钱》(*L'argent*)[德拉克(Drach)主编,2004年];《货币与社会动荡》(*Turbulences monétaires et sociales*)[埃尔南德斯(Hernandez)等主编,2007年(本书中一半篇幅都在讲述全球化统治下的货币与金融反应问题)];《人类学家的金钱与经济学家的货币》(*L'argent des anthropologues, la monnaie des économistes*)[鲍曼(Baumann)等主编,2008年(本书第五章节选)];《古典货币、现代货币与其他货币》(*Monnaie antique, monnaie moderne, monnaies d'ailleurs*)[皮翁(Pion)、福尔莫苏(Formoso)主编,2012年];等等。在期刊中,除专供制度主义论文讨论的刊物外,还有《MAUSS简报》前两期(1982年第一季刊和第二季刊);《大地期刊》(*la revue Terrain*)中的两期:《金钱用途》(*les usages de l'argent*, 1994年总第23期)和《家庭金钱》(*l'argent en famille*, 2005年总第45期);《国际心理学杂志》(*la Revue internationale de psychosociologie*)、《金钱的社会行为》(*Pratiques sociales de l'argent*)一刊(1999年第5期,总第13期);《人类学杂志》(*Journal des anthropologues*)的双号特刊——《货币:多样性与左见》(*Monnaies : pluralités – contradictions*)(2002年总第991期)。针对货币问题也有个人成果发表,始终与货币制度主义研究工作保持交流,特别是布利克(Blic)、拉扎路(Lazarus)(2007)以及拉聚什(Lazuech)(2012)。

标准化的研究方法，法语区货币制度主义研究在经济学领域甚至法国经济学领域的影响有限①。经济学家参与相对较少，这也反映了21世纪初期学派研究成果的特点。阿格列塔和奥尔良20年后革新了《货币的暴力》一书中的理论，在《暴力与信任间的货币》一书的前言中指出："对货币和金融形式的模仿都有其存在的道理，即使它们总是被忽视。"（阿格列塔、奥尔良，2002a：7）。在"三十年后"（Trente ans après）这一章中，贝内蒂与卡尔特利耶则采用了不同的分析方式，他们认为："例如，对于波斯特尔和索贝尔而言，《商人、劳工与资本家》被视作'象征着异端经济学范式发展的失败尝试'……从那时起，我们便想为什么不抛弃那些令人苦恼的批判，转而投向对马克思的研究呢？"（贝内蒂、卡尔特利耶，2013：19）。这些都展现了研究方向的转变，专注于对主流理论和非主流理论的共同接受与应用。

除了法语地区的研究团体外，各学派的代表作品在国际范围内也产生了较大的影响，尤其是对于拉丁美洲（阿根廷、巴西、哥伦比亚和墨西哥）和日本的研究人员。这不仅得益于部分译著、研讨会和以外语发表的作品，而且得益于一些国外学者掌握了法语。在21世纪初，原本十分局限的传

---

① 正因如此，在由欧洲研究集团（GDRE）举办的"经济、货币与银行"年会的成果集中，几乎没有参与研究活动的经济学家出现。而这些经济学家也几乎未参与该集团关于货币史和货币思想史作品的编写。

播范围得以扩大。例如,《货币的暴力》一书被译成西班牙语（1990）、葡萄牙语（1990）和日语（1991），《私人货币与王公权力》一书被译成意大利语（1991）和英语（1994），《主权货币》一书被译成日语（2005）和克罗地亚语（2008），以及《货币由危机揭面》一书被译成西班牙语（2014）。在拉丁美洲，调节学派的论文深受结构主义研究学者的推崇。调节学派理论分析危机的能力及其研究体系带来了众多合著成果，而与此同时，制度学派核心著作的地位则有所下降（布瓦耶、内法，2004）。法语地区对货币的研究理论文汇有了很好的呼应，尤其是开展了对阿根廷2001—2003年短暂出现社会型和地区级货币的研究工作（普拉森西亚、奥尔齐，2007；泰雷、扎纳布里亚，2007；扎纳布里亚，2007；奥尔齐，2012；西亚格，2015）。

在英语国家，法国制度主义研究有时被等同于名目主义流派，货币被简单地认为仅仅是法制的产物[①]。但法国制度主义研究的典型观点认为："货币不是贸易的产物，不是国家的产物，不是协议的产物，而是信任的产物。"（阿格列塔、奥尔良，2002b：1）。大卫·格雷贝尔在其新书中

---

[①] 货币名目主义分析的创始人格奥尔格·弗里德里希·克纳普（G. F. Knapp）总结道："货币是法制的产物，即便缺少铸币金属，货币也会存在。其中的基本道理在于货币单位不是由技术定义的，而是由法律定义的。"（克纳普，1905：282）。详见德梅特、皮耶盖（Piégay，2008）。

(2013)将"原始债务理论"简化为源自货币创造的财税问题①,这便是对法国制度主义曲解的典型案例。而格拉尔(2000)、哈特(2000)、英厄姆(2004)和多德(2014)的解读和综述则更忠实于原文,也更为积极。

## 四、文献选择

本书共选择了七篇文章,这些文章可以为在制度主义背景下分析货币现象提供必要的概念基础。

第一篇文章题目为《货币社会经济学》(2013),重点关注不同货币研究流派的成果②。奥尔良在这篇文章中应用制度主义方法,将货币理解成"社会总现象"(莫斯)。他同样将重点转向计数,原因在于货币为所有社会生产活动提供了统一的比较标准。因此,奥尔良的思想与其他使用代际交替模型分析的正统流派有所差异,他引导读者重视齐美尔和弗朗索瓦·西米昂的研究思想(1934)。

在第二章,我们节选了《货币的暴力》(1982、1984)

---

① 格雷贝尔认为:"原始债务理论的核心十分明确:所有试图将货币政策和社会政策分割的做法都是错误的,一直以来,这两种政策都是不可分割的。国家利用税收创造货币,其原因在于,国家可以对所有公民间的债务进行管控,这种债务本质上是社会债务。"(格雷贝尔,2013:71)。经过几页的论述,他得出结论:"研究原始债务的理论家们是描述了一种理想状态……还是编造出了一种理想状态呢?很显然,后者的表述更准确一些。"(格雷贝尔,2013:80)。

② 这篇文章选自奥尔良发表于第二版《论社会经济学》(*Traité de sociologie économique*)中的章节,该书由菲利普·斯泰纳(Ph. Steiner)和弗朗索瓦·瓦坦(Fr. Vatin)主编,2013年出版。这篇文章与第一版《论社会经济学》(2009)中的同名章节内容有所不同。

一书中的部分内容,旨在详细阐述货币危机的产生机制。阿格列塔和奥尔良在这本书的开篇部分假设货币是商业暴力的传播媒介与宣泄口。两位学者界定了三种形式的暴力:原始暴力($F_{III}$)、相向暴力($F_{II}$)和固有暴力($F_{I}$)。我们应该意识到货币关系能够调和社会关系,但货币关系在某种条件下被证实是脆弱的。正如货币危机爆发一样,货币关系有时或会摧毁社会主体。在第二章中,两位学者一方面描述了通货膨胀制度如何打破货币与商品的关系,另一方面阐释了通货紧缩制度如何改变债券与货币的关系。第二章还重点介绍了货币秩序的不稳定性,以及冲突能够破坏货币化关系(特别是债权人和债务人间的冲突)的内容。

本书的第三章向读者展示了《主权货币》(1998)一书的序言部分。序言的作者们(包括阿格列塔、让·安德罗、马克·安斯帕克、比鲁斯特、卡尔特利耶、丹尼尔·德科佩、夏尔·马拉穆、奥尔良、塞尔韦、泰雷和蒂沃)区分了三种形式的信任:伦理信任是一种经集体一致同意的行为准则;等级信任服从于集体权力;而逻辑信任则要合乎生活常规行为。这三种信任能够确保货币的接受与融入过程。由于债务问题复杂混乱,这三种层次的信任也极为复杂,但联系又极为紧密,以致其中任意一种层次的信任崩塌都会导致货币危机。主权的概念展现了社会个体通过权力所有者对更高权力代表的从属关系,这也使"货币循环"长久性地归属于社会。

第四章《以历史充实货币政治经济学》（1991）同样在多学科的背景下，强调了历史对理解不同社会阶段货币发展形态的重要性。贝尔纳·库尔比斯、埃里克·弗罗芒和塞尔韦在这篇文章中捍卫了三种论点。他们首先讨论了基本交易货币的观点，认为这种货币出现本是为了打破物物交易①。之后他们引述了一篇讲述货币逐步去物质化的文章：代表货币不会带来这一过程，它使纸币的诞生提前了。最后他们强调了计数的重要性及其文化维度。对社会行为的评价可以增强社会感，社会的客体和组织由此产生亦变为可能。

第五章选取的文章为《货币现象的普遍性与货币的多样性——从殖民对抗到社会科学碰撞》（2008），深入研究了第四章中提到的一篇论文。塞尔韦、泰雷和泽内普·伊乐迪丽姆在该篇文章中指出，除了极端个例外，不存在不适用货币的社会，每个社会组织都拥有其特殊的货币。三位作者引述了货币带来的三种社会联系：与自身的联系、与他人的联系和与社会总体的联系。这三种联系随着社会的变化而变化，同时，货币形态也会发生变化。殖民的例子很好地证明了这一理论。殖民者试图改变上述联系，否定殖民活动之前的货币秩序，以便将自己的货币秩序强加于殖民地。

本书的第六章《市场经济的货币秩序》（1998）集中论

---

① 塞尔韦(1988)的文章中也蕴含着这一观点。

述了在市场经济这种特殊的经济体制下支付体系的重要性。文章首先引述了分权和独立的原则,以及这两个原则在市场经济中的融合变化。之后阿格列塔和卡尔特利耶将货币视为一种支付体系,这种支付体系包含三个组成部分:采用集体认同的计量单位、制定铸币的规则和建立差额结算的程序。文章关注流动性问题(即是否有能力以货币形式偿付债权人),因为流动性问题可能会威胁到货币秩序。文章同样关注中央银行在货币法规定下是否保持独立性原则。通过回顾历史来反映现实国际形势,认为货币发行机构恢复旧式的审慎原则是十分必要的。

本书最后选取了泰雷的文章《货币的"三态"——货币现象的跨学科观点》(2008),定义了在社会的不同领域,货币作为其中的媒介渗透其中,需要将它们连接起来,并保障各个领域能够同时独立自主地运转。除此之外,还要保障社会总体的再生产活动。从这个角度看,货币被设计成一种社会关系,其融入态、客化态和制度态展现出了货币同时具有的三个维度:符号维度、经济维度和政治维度。融入态是指货币被认知的全部过程,以及对计量体系和计量单位意义的认同过程。这样一来货币便成为交流信息的共同语言,为各个经济主体建立起一致的社会视角。客化态是指物质化体系中的客体货币,客体货币即支付工具(包括硬币、纸币、贝壳等)。制度态是指依靠政治形态建立的铸币制度,所有货币发行的主体（既需要计数也需要实现支付的主体）都要采用这种制度。文章参考了制度主义的假设，即要求个体归附于集体，并在集体中交换可量化的权利和义务。换言之，当个体按照公认的规则使用货币时，货币便具有了社会意义。

## 参考文献

Aglietta, M. , *Régulation et crises du capitalisme*, Paris, Calmann – Lévy, 1976 (rééd. Odile Jacob, 1997).

Aglietta, M. ,《Compte – rendu de 'État et capital', S. de Brunhoff》, *Revue économique*, 1977, vol. 28, 4, p. 651 – 655.

Aglietta M. ,《Whence and Whither Money?》, in *The Future of Money*, Paris, OECD, 2002, p. 31 – 72.

Aglietta M. (avec la collaboration de P. Ould Ahmed et J. – F. Ponsot), *La monnaie. Entre dettes et souveraineté*, Paris, Odile Jacob, 2016.

Aglietta M. , Boyer R. , Lordon F. , Orléan A. , Théret B. , *La Théorie de la régulation. Nouveaux fondements, analyses et propositions*, avril 2000, mimeo.

Aglietta M. , Orléan A. , *La Violence de la monnaie*, Paris, Puf, 1982 et 1984. Traductions en espagnol (Siglo Veintiuno Editores, 1990), en portugais (Editore Brasiliense, 1990) et en japonais (Hosei University Press, 1991).

Aglietta M. , Orléan A. , *La Monnaie entre violence et confiance*, Paris, Odile Jacob, 2002a.

Aglietta M., Orléan A., 《Réflexions sur la nature de la monnaie》, *La lettre de la régulation*, n° 41, juin 2002b.

Aglietta M., Orléan A. (dir.), *Souveraineté, légitimité de la monnaie*, 《Cahiers Finance – Éthique – confiance》, Association d'Économie financiére, caisse des Dépoôts et consignations, Paris, 1995.

Aglietta M., Orléan A. (dir.), *La Monnaie souveraine*, Paris, Odile Jacob, 1998. Traduction japonaise (Fujiwara – Shoten, 2005) et Croate (Mate, 2008).

Alary P., Blanc J., 《Introduction au dossier 'Monnaie et monnaies': pluralité et articulations》 *Revue franc̜aise de Socio – économie*, 2013, n° 12, p. 15 – 27.

Baldner J. – M., Gillard L., Gorin M., Grenier J. – Y., Grinberg M., Guéry A., Scialom L., Simmonot Ph., Théret B., *À propos de 'Philosophie de l'argent'*, *de Georg Simmel*, Paris, L'Harmattan, 1993.

Baldner J. – M., Gillard L. (dir.), *Simmel et les normes sociales*, Paris, L'Harmattan, 1995.

Baumann E., Bazin L., Ould – Ahmed P., Phelinas P., Selim M., Sobel R. (dir.), *L'Argent des anthropologues, la monnaie des économistes*, Paris, L'Harmattan, 2008.

Benetti C., Cartelier J., *Marchands, salariat et capitalistes*, Paris, Maspéro, 1980.

Benetti C., Cartelier J., "After thirty years...", *in* Ülgen Faruk (dir.), *New Contributions to Monetary Analysis: the Foundations of an Alter-*

*native Economic Paradigm*, London, Routledge, 2013, p. 19 – 26.

Benetti C. , 《Économie monétaire et économie de troc : la question de l'unité de compte commune》, *Économie appliquée*, T. ⅩⅩⅩ – Ⅷ, n° 1, 1985, p. 85 – 109.

Bernoux P. , Servet J. – M. ( dir. ) , *La Construction sociale de la confiance*, Paris, Association d'Économie financière/Montchrestien, 1997.

Blanc J. , *Les Monnaies parallèles. Unité et diversité du fait monétaire*, Paris, L'Harmattan, 2000.

Blanc J. , 《Karl Polanyi et les monnaies modernes : un réexamen》, in G. Lazuech et P. Moulévrier ( dir. ) , *Contributions à une sociologie des conduites économiques*, Paris, L'Harmattan, 2006, p. 51 – 66.

Blanc J. ( dir. ) , *Exclusion et liens financiers. Monnaies sociales. Rapport* 2005 – 2006, Paris, Economica, 2006.

Blanc, J. , Desmedt, L. ( dir. ) , *Les pensées monétaires dans l'histoire. L'Europe*, 1517 – 1776, Paris, classiques Garnier, 2014.

Blic D. de, Lazarus J. , *Sociologie de l'argent*, Paris, La Découverte, 2007.

Bouilloud J. – P. , Guienne V. ( dir. ) , *Questions d'argent*, Paris, Desclée de Brouwer, 1999.

Boyer R. , 《D'une série de "*national labour standards*" à un "*European monetary standard*" ? Théorie et histoire économiques face à l'intégration monétaire européenne》, *Recherches économiques de Louvain*, 1993, vol. 59, n° 1 – 2, p. 119 – 153.

Boyer R., Neffa J. - c. (dir.), *La economía argentina y su crisis*, 1976 - 2001: *visiones institucionalistas y regulacionistas*, Buenos Aires, Miño y Dávila Editores, CEIL - PIETTE CONICET, 2004.

Boyer - Xambeu M. - T., Deleplace G., Gillard L., *Monnaie privée et pouvoir des princes. L'économie des relations monétaires à la Renaissance*, Éditions du CNRS, 1986. Traduction italienne (Einaudi, 1991) et anglaise (M. E. Sharpe, 1994).

Boyer - Xambeu M. - T., Deleplace G., Gillard L., 《Vers une typologie des régimes monétaires》, *Cahiers d'économie politique*, 1990a, vol. 18, n° 1, p. 31 - 60.

Boyer - Xambeu M. - T., Deleplace G., Gillard L., 《Du métal à l'espèce et du change à la banque》, *Cahiers d'économie politique*, 1990b, vol. 18, n° 1, p. 129 - 147.

Breton S., 《Le monde de la dette》, *Annales. Histoire, sciences sociales*, 2000, vol. 55, n° 6, p. 1361 - 1366.

Breton S., 《Présentation. Monnaie et économie des personnes》, *L'Homme. Revue française d'anthropologie*, 1$^{er}$ janvier 2002, n° 162, p. 13 - 26.

Caillé A., 《Quelle dette de vie ?》, *L'Homme. Revue française d'anthropologie*, 2002, n° 162, p. 243 - 254.

Cartelier J., 《Note sur 'La violence de la monnaie' de M. Aglietta et A. Orléan》, *Revue économique*, 1983, vol. 34, 2, p. 395 - 401.

Cartelier J., 《Théorie de la valeur ou hétérodoxie monétaire : les termes d'un choix》, *Économie appliquée*, 1985, XXXVIII, n° 1, p. 63 - 82.

Cartelier J. , 《Monnaie ou don : réflexions sur le mythe économique de la monnaie》, *Journal des anthropologues. Association française des anthropologues*, 2002, n° 90 - 91, p. 353 - 374.

Cartelier J. , 《The hypostasis of money: an economic point of view》, *Cambridge Journal of Economics*, 2007, vol. 31, n° 2, p. 217 - 233.

Cartelier J. , de Brunhoff S. , 《Une analyse marxiste de l'inflation》, *Chronique sociale de France*, 1974, 4. Repris dans *Les rapports d'argent*, Paris, Pug/Maspéro, 1979, p. 119 - 135.

Courbis B. , 《Comment l'État conféré la qualité monétaire à un avoir. De la notion de cours à la notion de pouvoir libératoire légal》, *in* Kahn Philippe (dir.), *Droit et Monnaie. États et espace monétaire transnational*, Paris, Litec/credimi, 1988, p. 33 - 48.

Courbis B. , Froment É. , Servet J. - M. , 《À propos du concept de monnaie》, *Cahiers d'économie politique*, 1990, vol. 18, n° 1, p. 5 - 29.

Courbis B. , Froment É. , Servet J. - M. , 《Enrichir l'économie politique de la monnaie par l'histoire》, *Revue économique*, mars 1991, vol. 42, n° 2, p. 315 - 338.

Cuillerai M. , *La Communauté monétaire. Prolégomènes à une philosophie de l'argent*, Paris, 2001.

De Brunhoff S. , *L'Offre de monnaie*, Paris, Maspéro, 1971.

De Brunhoff S. , *La Politique monétaire : un essai d'interprétation marxiste*, Paris, Puf, 1973.

De Brunhoff S. , "Questioning monetarism", *Cambridge Journal of Eco-*

*nomics*, 1982, vol. 6, n° 3, p. 285 – 294.

Deleplace G. , nell E. ( dir. ) , *Money in Motion*: *The Post – Keynesian and Circulation Approaches*, New York, Saint Martin's Press, 1996.

Desmedt L. , Piégay P. , 《Monnaie, État et production : apports et limites de l'approche néo – chartaliste》, *Cahiers d'économie politique*, 2007, 52, p. 115 – 133.

Dodd N. , *The Social Life of Money*, Princeton, Princeton University Press, 2014.

Drach M. ( dir. ) , *L'Argent*: *croyance*, *mesure*, *spéculation*, Paris, La Découverte, 2004.

Fare M. , *Des monnaies pour les territoires*, Paris, Eds Charles Léopold Mayer, 2016.

Froment É. , 《Un commentaire partiel》, *Cahiers d'économie politique*, 1990, vol. 18, n° 1, p. 125 – 128.

Gillard L. , *La banque d'Amsterdam et le florin européen : au temps de la République néerlandaise*, 1610 – 1820, Paris, Éditions de l'EHESS, 2004.

Girard R. , *La Violence et le Sacré*, Paris, Grasset, 1972.

Graeber D. , *Dette* : 5000 *ans d'histoire*, Paris, Les Liens qui libèrent, 2013.

Grahl J. , "Money as sovereignty: the economics of Michel Aglietta", *New Political Economy*, 2000, vol. 5, n° 2, p. 291 – 316.

Grenier J. – Y. , 《Penser la monnaie autrement》, *Annales. Histoire*, *sciences sociales*, 2000, vol. 55, n° 6, p. 1335 – 1342.

## 绪言 理论文献的起源与发展

Hann C. M., Hart K. (dir.), *Market and Society: the Great Transformation Today*, Cambridge, Cambridge University Press, 2009.

Hart K., *The Memory Bank: Money in An Unequal World*, Londres, Profile Books, 2000.

Hart K., "Book review: Théret, Bruno (ed), 2007, 'La monnaie dévoilée par ses crises'", *Economic Sociology. The european electronic newsletter*, novembre 2008, vol. 10, n° 1, p. 33 – 34.

Hayek, Fr., *Pour une vraie concurrence des monnaies*, Paris, Puf, 2015 (éd. angl. 1976).

Hernández V. A., Ould – Ahmed P., Papail J., Phélinas P. (dir.), *Turbulences monétaires et sociales : l'Amérique latine dans une perspective comparée*, Paris, L'Harmattan, 2007.

Hillenkamp I., Laville J. – L. (dir.), *Socioéconomie et démocratie : l'actualité de Karl Polanyi*, Toulouse, Érès, 2013.

Ingham G., *The Nature of Money*, Malden, Polity Press, 2004.

Kerslake C., "Marxism and Money in Deleuze and Guattari's capitalism and Schizophrenia: on the conflict Between the Theories of Suzanne de Brunhoff and Bernard Schmitt", *Parrhesia*, 2015, 22, p. 38 – 78.

Knapp G. F., *Staatliche Theorie des Geldes*, Leipzig, Duncker & Humblot, 1905. Trad. *The State Theory of Money*, Londres, Macmillan, 1924.

Latouche S., 《Marxisme et monnaie》, *Revue économique*, 1973, vol. 24, n° 4, p. 672 – 682.

Laufer R., Orillard M. (dir.), *La Confiance en question*, Paris,

L'Harmattan, 2000.

Lazuech G. , *L'Argent du quotidien*, Rennes, Pur, 2012.

Lordon F. , 《La légitimité au regard du fait monétaire》, *Annales. Histoire, sciences sociales*, 2000, vol. 55, n° 6, p. 1343 – 1359.

Lordon F. , Orléan A. , 《Genèse de l'État et genèse de la monnaie : le modèle de la *potentia multitudinis* 》, in citton Y. , Lordon F. ( dir. ), *Spinoza et les sciences sociales. De la puissance de la multitude à l'économie des affects*, Paris, Amsterdam, 2008, p. 127 – 170.

Marx K. , *Contribution à la critique de l'économie politique*, 1859, Paris, Éditions sociales, 1972.

Montalban, M. , 《De la place de la théorie de la valeur et de la monnaie dans la théorie de la régulation : critique et synthèse》, *Revue de la régulation*, 2012, 12, 2$^e$ semestre.

Orléan A. , 《L'origine de la monnaie ( I )》, *Revue du Mauss trimestrielle*, 4$^e$ trimestre 1991, n° 14, p. 126 – 152.

Orléan A. , 《 L'origine de la monnaie ( II ). La monnaie dans les sociétés holistes》, *Revue du Mauss trimestrielle*, 1$^{er}$ – 2$^e$ trimestres 1992a, n° 15 – 16, p. 111 – 125.

Orléan A. , 《La monnaie comme lien social. Étude de 'Philosophie de l'argent' de Georg Simmel》, *Genèses*, 1992b, vol. 8, n° 1, p. 86 – 107.

Orléan A. , 《 La monnaie contre la marchandise》, *L'Homme. Revue française d'anthropologie*, janvier 2002a, n° 162, p. 27 – 48.

Orléan A. , Bourdarias F. , 《La monnaie, opérateur de totalisation》,

*Journal des anthropologues*. Association franc͑aise des anthropologues, décembre 2002b, n° 90 – 91, p. 331 – 352.

Orléan A. , 《Essentialisme monétaire et relativisme méthodologique》, *Multitudes*, 2002c, 9, mai – juin.

Orléan A. , *L'empire de la valeur. Refonder l'économie*, Paris, Seuil, 2011. Trad. anglaise *The Empire of Value : A New Foundation for Economics*, Cambridge (Ms), MIT Press, 2014.

Orzi R. (dir. ), *La moneda social como lazo social*, Luján, Ediciones Ciccus, 2012.

Pion P. , Formoso B. (dir. ), *Monnaie antique, monnaie moderne, monnaies d'ailleurs... Métissages et hybridations*, Paris, de Boccard, 2012.

Piron S. , 《La dette de Panurge》, *L'Homme*, juin 2002, vol. 162, n° 2, p. 255 – 269.

Plasencia A. , Orzi R. (dir. ), *Moneda social y mercados solidarios : potencia pedagógico y emancipatorio en los sistemas monetarios alternativos*, Buenos Aires, Ciccus, 2007.

Polanyi K. , *La Grande Transformation*, 1944, trad. fr. Paris, Gallimard, 1983.

Saiag H. , *Monnaies locales et économie populaire*, Paris, Karthala, 2015.

Sapir J. , 《Réponse à Deleplace et orléan》, *Multitudes*, 2002, 9, mai – juin.

Schmitt B. , *Monnaie, salaires, profits*, Paris, Puf, 1966.

Schmitt B. , *Théorie unitaire de la monnaie*, *nationale et internationale*, castella, Albeuve, 1975.

Schumpeter J. A. , *Histoire de l'analyse économique. L'âge des fondateurs* (1), 1954, trad. fr. Paris, Gallimard, 2004.

Scialom L. , 《À propos de "Philosophie de l'argent" de G. Simmel》, *Revue économique*, 1989, vol. 40, n° 5, p. 899 – 901.

Servet J. - M. , 《Essai sur les origines des monnaies》, *Cahiers monnaie et financement*, juin 1979, n° 8, p. 1 – 205.

Servet J. - M. , 《Genèse des formes et pratiques monétaires》, *Cahiers monnaie et financement*, 1981, n° 11, p. 1 – 494.

Servet J. - M. , *Nomismata. État et origine de la monnaie*, Lyon, Pul, 1984.

Servet J. - M. , 《La monnaie contre l'État ou la fable du troc》, *in* Kahn Philippe (dir. ), *Droit et Monnaie. États et espace monétaire transnational*, Paris, Litec/credimi, 1988, p. 49 – 62.

Servet J. - M. , 《L'institution monétaire de la société selon Karl Polanyi》, *Revue économique*, 1993, vol. 44, n° 6, p. 1127 – 1150.

Servet J. - M. , *L'euro au quotidien : une question de confiance*, Paris, Desclée de Brouwer, 1998.

Servet J. - M. , 《La thune, le flouze, le blé en euro》, *Journal des anthropologues. Association franc̦aise des anthropologues*, décembre 2002, n° 90 – 91, p. 231 – 260.

Servet J. - M. (dir. ), *Exclusion et liens financiers : rapport du Centre*

绪言　理论文献的起源与发展

*Walras*, 1999 – 2000, Paris, Economica, 1999a.

Servet, J. – M. (dir.), *Une économie sans argent : les systèmes d'échange local*, Paris, Seuil, 1999b.

Servet J. – M., Maucourant J., Tiran A. (dir.), *La Modernité de Karl Polanyi*, Paris, L'Harmattan, 1998.

Servet J. – M., Théret B., Yildirim Z., 《Universalité du fait monétaire et pluralité des monnaies》, *in* Baumann *et alii* (dir.), *L'Argent des anthropologues, la monnaie des économistes*, Paris, L'Harmattan, 2008, p. 167, 2007.

Simiand F., 《La monnaie, réalité sociale》, *Annales sociologiques*, série D, 1934, p. 186. Reproduit dans Simiand F., *Critique sociologique de l'économie* (éd. J. – Chr. Marcel et Ph. Steiner), Paris, Puf, 2006, p. 215 – 279.

Simmel G., *Philosophie de l'argent*, 1900, trad. fr. Paris, Puf, 1987.

Steiner P., Le Diberder A., Schwab L., 《Une introduction à l'économie politique hétérodoxe : "Marchands, salariat et capitalistes"》, *Revue économique*, 1985, vol. 36, n° 2, p. 411 – 424.

Théret B., *Régimes économiques de l'ordre politique : esquisse d'une théorie régulationniste des limites de l'État*, Paris, Puf, 1992.

Théret B., 《La monnaie au prisme de ses crises d'hier et d'aujourd'hui》, *in La Monnaie dévoilée par ses crises*, Paris, Éditions de l'EHESS, 2007, p. 17 – 74.

Théret B., 《Les trois états de la monnaie. Approche interdisciplinaire du fait monétaire》, *Revue économique*, 2008, vol. 59, n° 4, p. 813 – 841.

Théret B. , 《Monnaie et dettes de vie》, *L'Homme*, 2009/2, n° 190, p. 153 – 179.

Théret B. , Zanabria M. , 《Sur la pluralité des monnaies publiques dans les fédérations. Une approche de ses conditions de viabilité à partir de l'expérience argentine récente》, *Économie et institutions*, n° 10 – 11, 2007, p. 9 – 66.

Théret B. (dir. ), *La Monnaie dévoilée par ses crises*, 2 volumes, Paris, Éditions de l'EHESS, 2007. Traduction partielle en espagnol (Editorial de la Universidad nacional de Colombia, 2014).

Théret B. (avec la collaboration de M. cuillerai), *La Monnaie contre l'État ? La souveraineté monétaire en question*, deux volumes, à paraître.

Ülgen F. (dir. ), *New Contributions to Monetary Analysis : The Foundations of an Alternative Economic Paradigm*, Londres, Routledge, 2013.

Zanabria M. , 《Les monnaies parallèles d'État, un mariage de conve – nance》, in Hernandez et al. (dir. ), Turbulences monétaires et sociales. L'Amérique latine dans une perspective comparée, Paris, L'Harmattan, 2007, p. 51 – 73.

# 第一章

# 货币社会经济学[1]

## 安德烈·奥尔良

> 在社会生活中,一切都是代表,一切都是观点,一切都是感受。我们在别处无法更好地感受到代表的功效。
>
> 埃米尔·涂尔干(1975:61)

---

[1] 原文出自第二版《论社会经济学》(*Traité de sociologie économique*),菲利普·斯泰纳(Ph. Steiner),弗朗索瓦·瓦坦(Fr. Vatin)主编(Paris,PUF,2013:207-237)。

本章将向读者简要介绍货币制度学派。在本章的第一节，我们将说明，仅靠经济学理论来理解所有货币现象是远远不够的。在经济学理论中，货币仅是一种交易便利化的工具。诚然这并非有误，但就像有人将护照说成旅行便利化的工具一样，仅靠事物表面功能来下定义，是片面的、不够深入的。虽然有学者将货币视为一种工具，但工具化概念背后所忽视的却是货币的核心特点，即货币自身的权力和其对经济主体的支配作用。货币不仅仅涉及个人选择问题，它也是组成经济关系的原材料，是商品经济的第一重制度。正因如此，我们选择了与货币工具学派相对立的"货币制度学派"来命名。货币制度学派的主要观点将在本章的第二节向读者详细阐述。将货币看成一种社会力量，就与新古典主义的核心概念——个人主权假设彻底割裂开来。为了证实这一观点，我们需要从社会科学的角度，特别是人类学和社会学的角度来探索超个体力量是否存在，这正是本章第三节的主要内容。第三节主要基于埃米尔·涂尔干和马塞尔·莫斯的观点开展分析。第四节和第五节将重点放在当群体对货币完全信任时货币将扮演何种角色上。这两节向读者展示了两种互相补充的分析角度：第一种（第四节）建立在经济学理论中"代际交叠模型"之上；第二种（第五节）建立在齐美尔和西米昂的思想之上。第六节则指出，所谓货币奇迹，同生产和消费活动一样，实际上是货币自主权力的表现。

## 一、从效用价值理论到货币工具化概念

新古典学派的理论建立在这样一种假设之上：因为商品具有效用，所以具有价值。事物内部固有的效用，可以从对个人心理影响的角度理解，因为它可以激起人的占有欲望，欲望强烈程度因人因时而异。因此，新古典范式基础的价值理论，其第一假设是个人与商品间的关系可以用偏好排序来表示。我们可以将其模型化，通过建立效用函数 $U_i(H)$ 来衡量消费者 $i$ 在消费商品组合 $H$ 时所获得的满足感。在此基础上，新古典理论引入了这样一种市场：在市场上，个人可以通过与他人交换商品来增强自己的消费效用。新古典主义构建的市场基本功能如下：通过商品所有者之间的商品再分配，增强所有市场个体的满足程度。新古典主义学者论证了在竞争条件下，商品 A 和商品 B 的交换率等于两种商品的边际效用之比。我们将推演商品交换比例和个人效用比例的理论称为价值理论，它是瓦尔拉斯

一般均衡理论中最成功的推演理论之一。同时，价值理论也是新古典范式的理论核心，因为它解决了经济学的根本问题，即商品、交换和市场的本质问题。

然而一般均衡的一个重要特征，便是它分析的经济体缺少货币！应该意识到这并非偶然：抛开货币进行分析是新古典经济学家坚持价值概念所导致的必然结果。由于价值（效用）源自商品本身，在物物交换的过程中它才能以最直观的形式呈现。从价值到物物交换，再到货币这一逻辑过程，在里昂·瓦尔拉斯的著作《纯粹政治经济学纲要》中得到了充分论证。瓦尔拉斯明在《纯粹政治经济学纲要》的第一部分确立了价值的含义[1]，随后在第二部分研究了两种商品的交换，而在第三部分中又研究了多种商品间的交换。他论证了在均衡状态下，价值之比等于稀缺性之比。全书的最后部分才介绍了货币。在这样的概念框架下，价值"优于"价格自然合情合理，且价值分析可以完全独立于货币。要知道这种就价值论价值的研究方式可以保证研究的真实性，这样一来，瓦尔拉斯就不会被货币幻觉所欺骗。熊彼特用十分恰当的方式表述道："我们不仅可以在分析经济过程的基本事实时揭开这层面纱（货币），而且也应该这样做，就好像我们想要看清面纱背后的脸庞就必须要揭开面纱一样。正因如此，货币

---

[1] "我将稀缺的全部物质和非物质事物称作社会财富,一方面它对我们有用,另一方面它只能提供有限数量让我们支配。"（1988:21）

价格应当让位于商品之间的交换率,因为商品交换率才是货币价格'背后'真正重要的东西。"①因此,想利用经济价值自身来研究商品的可交换性,就应当摆脱货币的表象。

以此方式建立商品关系模型必然会贬低货币的地位。根据价值理论,商品的价值度量在货币形式的交换之前就已经完成了,那货币还有什么作用呢?货币本身既不具备交换性,也无法展现数量关系,即在表达数量关系方面货币再无法发挥作用。在这种分析框架中,货币完全沦为附属品。甚至从价值理论的视角来看,货币在促进交易便利化方面也不符合逻辑。一言以蔽之,货币只是交易工具。熊彼特(1988:389)写道:"货币在其中(价值分析中)只起到了微小的作用,它只是为了简化交易所采用的权宜之计。"应当注意"简化"一词,这表明某些经济流派始终认为物物交换是可能出现的交换形式。在这种分析中,货币充其量只是一种手段、一种工具,完全为价值占主导地位的理论服务。为了说明货币的这种地位,我们将其命名为"货币工具论"。所有像瓦尔拉斯学派一样认为经济价值地位高于交换存在实体的学派,都会最终导致货币概念工具化,因为从价值的定义中可以看出,价值在货币出现之前就被确定下来了。

这种分析导致的结果是,当一般均衡被论证以后,人们

---

① Schumpeter, Partie Ⅱ: *Des origines à la première situation classique*, chapitre Ⅵ: *Valeur et monnaie*: 389.

便会试图在一般均衡中加入货币因素。其中,帕廷金所做的名为"货币理论与价值理论的融合"(intégration de la théorie monétaire et de la théorie de la valeur)的研究为学者们所熟知。这一研究很好地抓住了新古典学派的特点:当所有的经济要素(交换率、交换量、生产量)都被价值理论确定下来以后,人们就会开始思考货币的作用。瓦尔拉斯在引入货币时也是如此。约瑟夫·奥斯特里(Joseph Ostroy, 1988: 516)对此作出评价:"瓦尔拉斯在全部完成其交换理论后才引入货币,他将货币现象视为'非必要添加剂',而并非交换机制中不可或缺的一部分。"我们是否还应该再为"非必要添加剂"申辩一下?大多数的解释都集中在"当均衡价格和均衡产量都确定后",通过交易再分配均衡补贴的过程。货币被当作一种纯交易技术手段引入,其作用在于,按照均衡需求与供给、分散化的方式,即不经过市场部门调节,对可支配产品进行再分配(奥斯特里、斯塔尔,1990)。作为交换工具的货币对价格自身形成没有任何反作用,原因在于货币不影响价值。价值从根本上独立于货币,我们通常将其称作货币"中性"。在新古典学派看来,没有比"中性"更好的词汇能够表达货币的附属地位。将货币表述为中性就意味着"物物交换经济可以简单、完全地转化为货币经济,而不会影响均衡价格(和均衡产量)"(帕廷金,96)。如果从物物交换经济转化成货币经济不会产生任何影响,那么是否就能强调货币现象无足轻重呢？

该观点强调作为交易工具的货币可以将交易分散化（奥斯特里、斯塔尔，1990），这与一种年代久远的分析习惯相类似，将货币的交换功能放在首位，但这种分析并没有将思考重点放在一般均衡的局限性上，而是放在了物物交换的缺陷上，这就是著名的"需求的双重巧合"：物物交换要求持有产品 A 的个人想要得到产品 B，恰巧遇上拥有产品 B 并且想获得产品 A 的人。想要满足这种双重巧合十分困难，这就会导致交易者用非直接交易替代直接交易。当然，我们可以让交易更简单（罗伯特·琼斯，1976），即借助中间产品 M 来实现产品 A、B 的交易，这样可以降低交易成本，尤其是缩短交易时长。如果中间产品 M 得到足够广泛的认可，甚至还能够促使交易数量上升：从 A－M 到 M－B，而非仅是直接的 A－B 模式。卡尔·门格尔（1892）认为这种增长是合理的。门格尔模型的优势在于，它明示了是经济力量，即交易成本降低所带来的利益催生了货币。正是这些看到利益的经济主体制订了货币计划并在小团体中强制使用。尽管对门格尔分析的讨论逐渐增多，但是在新古典学派的分析中货币仍然处于从属地位，因为货币使用具有非强制性：货币均衡仍然位于物物交换均衡之后。门格尔模型的现代发展模型——法定货币模型，毫不掩饰地指出了这一点（清泷信宏、兰达尔·赖特，1993）。商品经济的存在必然产生货币，

## 第一章 货币社会经济学

这是货币工具学派从未成功论证过的话题。相反，物物交换始终是货币工具学派认为可以存在的交换方式之一。这是价值优先于货币公设所导致的结果。在他们看来，货币仅仅是"非必要添加剂"。

新古典经济学在试图将货币融入其价值理论时所遇到的困难并不新鲜。如上述分析一样，还有几位新古典经济学家也持有相似的观点。例如，马丁·赫威格（1993：216）写道："关键问题在于找到适合货币经济的概念基础，我认为我们目前还没有足够的理论框架来研究货币系统的运行。"我们一直想要强调这种困难是无关紧要的。但恰恰相反，这些困难是经济价值理论所导致的必然结果，这种被视为事物本身的价值就是效用[1]。门格尔（1892：239）从效用价值理论视角最清楚地解释了货币的原始特性，他写道："很明显，以最简单的头脑都可以想到，只要能交换到对本身来说更有用的商品，人们会愿意出让自己的商品。但是一个国家的每个经济个体都想要用自己的产品去换取那些无效用的小铜板，这背后（还有）更深层次的奥秘。"从效用价值的角度看，货币绝对是未解之谜。因此我们将目光转向了货币工具学派的对面，给价值的概念赋予新的假设，这便是制度学派所做的研究。

---

[1] 要注意受古典学者所重视的劳动效用也遵循这样的逻辑，并导致了同样的困局。详见安德烈·奥尔良《价值帝国》（*L'empire de la valeur*, 2011）。

## 二、货币制度学派

制度学派的论文捍卫了这样的观点：价值与货币是不可分割的两种事物。就好比一种现象的两面：价值的本质要求货币形态为其存在提供实体，没有货币形态的价值就是毫无力量的虚拟存在；货币则公开表明了何为价值，激起了人们对价值的渴望，并告诉每个人它是以何种单位进行度量的[①]。透过货币，价值的客观性才得以展现。针对这一观点，我们不难发现经济研究领域的一个重要流派——从凯恩斯（1930）到英厄姆（1996，2004）都坚持强调计数单位在货币关系定义中的重要作用。正因如此，这一流派与货币工具学派的观点是相左的。随后这一流派证明了经济并非商品性的，而是货币性的。在最初的发展阶段，商品经济已经显示出了货币性，因为必须在货币形态下价值才能变得客观。我们不认为存在基于物物交换形态的商品经济，历史上对危机的研究也完全印证了这一点。尽管在某些个别地方可能还存在物物交换现象，但我们很难再看到物物交换作为商品交换的主流趋势而"回归"。德国魏玛共和国时期恶性通货膨胀的案例被广泛研究：虽然在那一时期存在部分医生收取农产

---

[①] 这一表述需要更广泛的论证来理解这种货币以及对货币渴望的起源。详细分析可参考安德烈·奥尔良《价值帝国》（*L'empire de la valeur*, 2011）。

品作为报酬的现象,但是从宏观经济角度来看,当时的主流趋势仍然是人们对货币的无节制追求,这是因为个体对货币的需求更加迫切。为了满足经济主体疯狂的货币需求,那一时期曾经流通着多种形态的货币。但有一个问题始终困扰着人们:价值究竟隐藏在哪种货币形态之下呢?正如我们所看到的,这才是决定所有经济活动的根源所在。一旦这个问题没有明确的答案,就会导致缺少被大家广泛接受的货币标准,这会给商品活动带来越来越多的问题,直至形成阻碍。其他诸如"我的企业是盈利还是亏损?"等问题在那一时期也没有找到令人满意的答案,但这反而体现了名义财会统计和价格的基础性作用。结果是货币危机引起了生产和交换关系的巨大动荡,甚至导致社会全面瘫痪。比如农民不再接受城市人口的货币,给城市造成了食品封锁,导致暴力活动肆虐。

因此在制度学派的分析框架中,价值只有在货币形态具体化之后,才能算是一种社会存在。货币让价值客观地面向所有人而存在,因此价值的秘密不在劳动、稀缺性、商品效用这些特殊物质中。并非因为劳动、稀缺性和效用不起作用,而是货币制定和产生的客观性在发挥着决定性作用。[①] 正如齐美尔(《货币哲学》:82)所写的:"交换是一种独特的社会学现象……它并非源自被人们称为'效用'和'稀缺性'这

---

① 即应该将效用当作商品关系的产物,而不是一种分析的基础。

两种事物与生俱来的'质'和'量'的特征。相反地，只有首先预设交换存在，这两种特征才能发挥其全部作用来创造价值。当出于某种原因，所有的交换都被叫停时，也就不存在能够创造经济价值的稀缺性了，直至这种交换关系存在的可能性重新出现。"齐美尔并未阐明交换源自何种力量。对于我们而言，这种力量就是对货币的渴望，这种渴望是所有商品经济主体共有的，它让每个经济主体随时准备用他们所拥有的产品去交换一定数量的货币。刺激商品经济流通的首要力量是对货币的追求，而不是新古典主义经济学所主张的对效用的追求。齐美尔也同样强调，在商品交换背后，除了货币与一般性渴望之外，没有其他"实体"了。可以说货币是全体经济主体的一致选择。应该读懂"1张桌子 = 10 欧元"和"1 把椅子 = 2 欧元"这两个等式源自等式"1 张桌子 = 5 把椅子"，正如价值理论所言，反过来将第三个等式看成前两个包含货币的等式的自然结果，也是正确的。这便是货币比率，只有这种比率能使产品同质化，因此它的重要地位不言而喻。商品本身并不具备产生于交换之前的价格度量性，不能在交换前便证明 1 张桌子值 5 把椅子。如果我们认同这一观点，下一步便要建立起与价值实体理论相去甚远的商品秩序理论。在我们看来，说商品价值几何，就等同于说商品可以在交换中获得货币。因此，当我们在说商品的货币价格时，便再不会看见那张将我们与隐藏在商品背后的价值隔离开来的传统"面纱"。我们的学派认为价格是首要事实，商品所值即其价格，价格就是在商品交换中换取该商品的货币数量。齐美尔在"价值是价格的追随者"[①] 这一表述中所表达的也是同一思想。总而言之，交换不是源自商品自身拥有的"真实"价值，而是来源于货币的参与。人人都想得到货币，因为人人崇拜货币。商品逻辑的核心就是大众对货币的迷恋，以及大众对货币的绝对渴望。

由此我们可以得出结论：制度学派的理论基础建立在所有经济主体对货币的依赖上。这一点应当被大众所理解，因为它揭示了商品价值的起源。这种依赖性也最直接地解释了货币对所有人都具有吸引力。我们现在应当将研究的目光转向这种吸引力。能证明这种吸引力存在的经验主义论据比比皆是，只要想想人类对金子的极度迷恋以及由此产生的恶果便足以理解了。但相反的是，我们几乎找不到与此相关的理论性分析。这种研究缺失的原因不难理解：货币工具学派的观点具有先入性，他们认为金钱是服务于理性交易的手段，交易的目的在于获得所消费商品的效用，而货币显然缺乏这种内在的效用。但我们认为事实恰恰相反，货币的力量是商

---

① 译者注：在法语译本第 73 页中，我们能够找到这样的表述："价值是成本的追随者。"此处翻译有误，因为在德语版中，齐美尔用到的词正是"preis"。此外，在英语版第 94 页中该句译为："Value is the epigone of price." 可见此句的正确理解就是价值是价格的追随者，而与成本无关。

品经济机制运行的必备要素之一，货币不仅扩展了商品间的联系，也将消费个体紧密连接。在后面的章节中，我们将引用社会学著作（涂尔干和莫斯的作品）对这种力量进行理论分析，并提出分析框架。

## 三、货币的权力：莫斯与涂尔干

在一篇名为《货币概念的起源》（1914）的描述原始货币的短篇报告中，马塞尔·莫斯表达了一种全新的思考。他的出发点是埃米尔·涂尔干在《宗教生活的基本形式》中长期研究的玛那（mana）的概念。我们知道玛那在涂尔干的思想中占有至关重要的地位，因为这种力量是宗教现实的基础："我们在宗教思想的起源和基础中所发现的，并不是自身具有的神圣性确定而独特的事物，而是不能界定的力量，没有个性的力量。这种力量或多或少地存在于不同的社会之中，有时甚至被化约为一个统一体，而且它的非人格性又完全可以和自然科学所研究的物理力相比拟。"[①]莫斯则发现："玛那的概念……直接与货币的概念相关。"[②]他阐述了某些物品，如神符，是如何通过神秘宗教力量这种非直接方式来获得货币属性的。因为每个人都渴望得到神符，并以此获得神赐恩

---

① 《宗教生活的基本形式》(Les formes élémentaires de la vie religieuse), 285/6.
② Mauss(1914:108).

惠，所以神符就变成了珍贵物品。换句话说，它的神秘力量转变为购买能力。莫斯很快发现这种转变不仅出现在神符上，也出现在其他圣物上，这些物品一旦被用于交换，就变成了价值的度量单位。莫斯（1983：111）认为这便是货币的起源："诚然，对我们来说这种情况出现得非常早，甚至可能从最初的社会形态开始，神符和其他圣物就拥有这样一种被所有人认可的功能，所以神符和圣物给持有者带来的权力后来也自然会变成购买力。"

对于莫斯而言，购买力是最早产生的，而商品流通、计量单位和流通工具都是从这种原始力量中衍生而来的。正如我们在上一部分内容中所揭示的，这与货币制度主义的立场完全吻合。货币现象产生的最本质的目的，就是要客观地表达价值，即对绝大多数人而言，这是货币对公众的权力。最根本的货币现象便是如此，其他货币功能都随之产生。一种物品试图向公众解释它的价值，一方面意味着人们都会以它为参照来评估自己所拥有的物品（计量单位）；另一方面意味着人们想要得到它。因为这种物品是获得其他商品的最优化手段，对于所有认可它的人来说，它已成为一种合法化表达价值的方式（交换工具）。可见，制度学派定义货币不是传统意义上的罗列货币的功能，其特殊之处在于试图去抓住货币的实质，在于解释货币作为价值的合法化表达，拥有获得社会群体广泛认可的能力。

这一视角对于经济学家来说无疑是全新的，上述分析方式已明确地将购买力解释为社会力量推动的产物。就货币问题的讨论，不在于货币本身或者货币的功能，而在于为什么货币拥有"天赋"，让社会成员对其产生崇拜感。正是由于得到了社会成员的广泛认可，神符才在交易中被使用。"在我们看来，早期货币的购买力首先是一种魔力，这种魔力是神符给予其拥有者和使用者控制他人的力量"（莫斯，1983：111）。就如莫斯自己所言，货币与巫术一样，"在根源上都有情感因素所制造的幻想，这些情感因素不是个性的案例"①。通向货币现象的全新道路正在开启，这是一条主要依靠人类学和社会学理念分析而开辟出来的道路。无论是经济价值、宗教价值还是道德价值，在这条道路上都不是存在的实体，它们仅仅是一种社会加诸其成员身上的特殊力量，我们在玛那身上发现了这种力量的最初形态。在涂尔干（1967：40）的作品中，这种社会学视角得到了广泛证实。在涂尔干看来，"各类价值被赋予了一种特殊职权，根据这种职权规定，价值会被遵守是因为价值可以被操控"。价值中的特殊职权通过强制要求个体表示尊重来对其进行控制，这便是涂尔干（1967：61）所说的"社会道德力量"，美拉尼西亚人所使用的玛那就是这种力量的实例之一。这样一来，

---

① Marcel Mauss《巫术的一般理论概要》(*Esquisse d'une théorie générale de la magie*)，与 Henri Hubert 合著，载 *L'Année sociologique*，1902—1903，后复刊于 *Sociologie et Anthropologie*。

# 第一章 货币社会经济学

所有的价值都拥有了相同的根基：它们都被各类社群所认同。涂尔干正是在这样的理论框架下，想将宗教作为"社会现象母版"，因为宗教让他认清了社会权力的最初形态。当然，他也特别考虑到了经济学，就像菲利普·斯泰纳（2005）理解的那样。这一分析是我们理解货币现象的核心。

应该注意到工具主义概念所分析的原始货币与此截然不同。如果我们跟随工具主义的分析，便会发现物物交换的矛盾性导致了原始货币的产生。但交换工具形态下的货币是已经被假设存在的。而在制度主义概念中，情况却大不相同，货币的本质是要成为价值的合法化表达，即成为社会层面的珍贵物品。专家学者们对原始货币有什么看法呢？我们可以发现非常多的专家一致否定制度主义观点，认为原始货币不是作为交换工具产生的，而是作为非营利性的支付方式产生的。阿兰·泰斯塔尔（Alain Testart）（1923：38）说过："原始货币的重要特点是它们可以被用作支付手段，但不为交换服务。"就这一问题，马克斯·韦伯也曾明确表示："货币今天有两大基本作用：既是强制性的支付手段，又是普遍的交换方式。历史上，这两种作用出现较早的是强制性支付手段。在那一时期，货币还是不用于交换的货币；在忽视交换的经济中也出现了经济个体之间的补助行为，这些补助行为并非交换，但却需要一种支付方式：如贡金、领主间赠礼、订婚订金、嫁妆、伤亡赔偿金、修理期间造成的损失、罚款等。

如此多的补助行为都需要按期支付，就必然需要标准的支付方式［1991（1923）：259-260①］。如果有一种产品能够让个人偿清对社会诸如贡金、伤亡赔偿金和罚款等债务，那么应当假设这种产品能够被社会认定以完全一样的方式表述价值，即在这种产品身上能够找到被所有人接受的价值表达方式。从这种意义上讲，人种志中有关原始货币的记录为制度主义理论的"风车"注入了水源：货币的关键在于将价值客观化。货币现象正是当社会条件普遍允许时，逐步从这种一般性产品开始发展，直至今天发展成为大家所熟知的所有商品的一般等价物的形态。正如莫斯所说，我们认为货币的交换工具功能是第二位的，它源于表述价值这一基本事实。经济学家们脱离了货币来思考价值，才导致这一简单的道理变得模糊甚至长期被忽略。莫斯给这一分析添加了重要观点：从根本上考虑，试图表达价值本身就是一种力量，即一种购买的力量、吸引的力量、即刻能被经济主体感知的力量。

经济学家让我们习惯于将货币当作中性、无差别、没有自身力量的工具，靠这种方式找到的货币在现实中很容易让人们受骗。制度主义的概念则重在强调货币自身的吸引力，与工具主义相比一定更符合现实。但是为了得出制度主义学

---

① 作者参考了阿兰·泰斯塔尔推荐的原文转译版本(1923:38-39)。

派自身的结论，还有至关重要的一步要完成：抛开对宗教的参考，再来思考货币所行使的权力。如果说我们借助于宗教研究理解了货币的本质，产生了制度主义的基本设想，那么我们也必须清楚地了解当代货币已经与宗教和神完全剥离了。货币行使的权力，从本质上看是用其独有的能力来获得商品。这种独一无二的能力尚需我们仔细阐述。在后面一节中，我们将绕回到"代际交叠模型"这一经济学家的创造发明中。我们对这一模型很感兴趣，因为集体性代表问题在模型中被当作了首要问题。

## 四、货币的接受：代际交叠模型的贡献

"代际交叠模型"（法语缩写为 MGI）分析了经济学家称为"法定货币"的概念，即那些既无内在价值也不可用于兑换的货币。这一理论想要通过经济参与者用货币兑换实际商品来证实货币接受。要达到这一目的，首先要根据人的寿命将人生分成前后两段时期，且每个个体的人生只有这两个时期。处于前半段人生的为青年人，处于后半段人生的为老年人。这样一来，每一时期都有青年一代和老年一代共存。我们假设处于青年期的人生产大米，而一旦进入老年期他们便不再进行任何生产，在我们分析的经济中只有大米一种商品。在这种情况下，所有个体在处于青年期进行大量生产时，都会想要多存储一部分超出他们需求的大米，以备他们进入老

年期后食用。存储最直接的方法大概就是囤积大米。但我们假设由于大米有易腐坏的特质，这样囤积的方式就行不通了。那么问题来了：人们如何将青年期创造的一部分价值转化成他们老年期所必需的价值呢？在此模型中，是货币促成了这种转化，因为其内部存在一种购买力，它不会随时间推移而消失，所以它具有非常实用的功能。

为了更好地理解代际交叠模型，我们假设老年人拥有储存的货币，记为 M。他们可以用这笔钱向青年人购买一部分大米。作为交换，青年人变成了 M 货币的持有者。一旦他们进入老年期，便可以向新一代青年人购买他们所需的大米。这就是在模型中引入货币所带来的解决办法。如此一来，经济无效率便会终止，当人们进入老年期后仍然可以食用他们想要的大米。

这种货币的概念最早由莫里斯·阿莱（1947）和保罗·萨缪尔森（1958）提出，于20世纪70年代末到80年代期间取得了巨大成功，以至于货币经济学成为这一时期的研究核心。货币经济学的特点就是完全通过价值贮藏手段的功能来理解货币。而正如我们提到过的那样，以往的正统经济学研究中，更强调货币作为交换工具的功能，这意味着货币经济学与以前的经济学分析分道扬镳了。如今尽管有很多意见相左的学者，但昔日的正统经济学通过模型研究，再次掌控了货币经济理论的话语权。值得注意的是，在与代际交叠模型相悖的众多研究中，有一种批评的声音，认为在代际交叠模型描述的事实中缺乏货币的独特性：青年人积累的不必一定是货币库存，还可以是一切退休时享有的权利，这不会改变模型的内在逻辑。这种批判在我们看来似乎完全没错，但当我们将货币问题看成价值客观化的问题时，那么退休权利与货币库存又有何不同呢？在任何情况下，我们总是要搞清楚某种符号是如何持久地表述经济价值，同时又被大多数人认可的，以至于我们将其称作"退休权利"或者"货币"已经不甚重要了。与推演模型不同，代际交叠模型则可以很好地回答"价值通过何种机制被保留下来"这一问题。因此，研究这一问题的答案在我们看来更有意义。

为了展示这一答案的微妙之处，首先我们将目光集中在交换上。在交换过程中，$t$ 时代的青年人通过向 $t$ 时代的老年人出售大米而获取货币。这是一种令人费解的交易：为什么要舍弃大米这种有用的商品，去换取某些毫无价值的东西呢？门格尔也就"金属小圆片"的无用性提出过相似的疑问。关于这一点，代际交叠模型是如何解释的呢？它认为青年人是可能接受这种货币的，因为他们希望能够用这些货币兑换大米，结果增加了货币在此期间的效用。换言之，青年人接受这种货币，不是因为货币本身的内在价值（因为货币本身并没有任何价值），而是期望其他人在未来能够接受它。由此我们可以得出这样的结论：个人在 $t$ 时期接受货币的唯一理由，是有其他个体在 $t+1$ 时期会接受货币。也就是说，当前的货币被接受，会在未来的货币接受中得到证实。虽然说代际交叠模型和制度主义学派分析对此表达方式达成了一致，但当他们在分析是何种力量促使当前和未来的货币被接受时，又产生了根本分歧。我们先来看看代际交叠模型是如何分析的。

萨缪尔森写道："悖论：货币被接受是因为它被接受了"（1958：276）。换言之，经济学家萨缪尔森认为该模型的均衡条件是货币被全体大众接受：一旦所有人都接受了货币，货币体系就能运转了。这一分析让货币经济重新得到重视，证实了货币经济符合个人理性。但是如何达到均衡状态呢？关于这一点还没有只字片语提及。在此我们应当着重强调，工具主义对货币接受原因的推理是失败的。这种推理是怎样描述的？他们认为目前在寻找货币接受原因的个体，只能从未来接受货币的个体身上找到答案。这正是工具主义绝对理性的结论之一：他们拒绝赋予货币其本身固有的特性，货币在他们眼中只是工具。只有在未来被他人接受，货币才会被赋予价值。但如果一个人在当前都没能找到好的理由来接受货币，他又如何能相信未来的人会找到更好的理由呢？很明显，他不会假定未来的人能够找到那些他当前都没能找到的理由来接受货币。如果确实存在某种理由让未来的人接受了货币，那么这个理由同样会被当前的人所接受。未来的人也会和当前的人处于同样的境地①。代际交叠模型的具体案例分析如下：未来代际的人和当前代际的人一样，他们接受货币的条件是下一代人（即 $t+2$ 期的个体）会接受货币，后续代际的货币接受亦是如此。我们于是被引入了一种无休止的循环，它让我们相信货币是被未来所有代际的个体所接受的。但是这种无限延伸的分析并不总能为货币接受提供良好的依据。相同情形的无限重现不会带我们走出死胡同，而只是把这种情形推延到了未来的某一时期。诚然，从严谨的数学分析角度来看，所有代际个体都接受货币的假设能让这一模型达到均衡状态，工具主义思想贯穿整个模型设计，但其分析逻辑并不能够为证实这种均衡的必要性提供依据②。为了让货币均衡得到承认，我们还需要其他证明。我们应当走出萨缪尔森提出的悖论。也就是说，我们需要一些在当代即刻能让 $t$ 时期个体接受货币的原因。这就需要回忆一下我们在前

---

① 应注意该模型构建了一个完全静止的世界，当前状况与未来状况完全一致。

② 应当注意到这些分析与玛格丽特·吉尔伯特（Margaret Gilbert）在其名为《理性、调节与协议》（*Rationalité, coordination et convention*）（2003：109–139）的文章中所作的分析具有相似性。她在文章中分析了两名行动者——大卫和约书亚之间的相互行为，在这种情况下存在着对于两名行动者唯一更好的状态，但为了达到这一状态则需要和我们所作分析类似的逻辑：大卫为了达到这一状态只会作出相应合适的行为（记作 P），但前提是他认为约书亚也会这样做。吉尔伯特的结论也与我们的结论具有相似之处："如果一个给定个体没有做出某种行为的独立原因，而是从他所认为其他人为了达到唯一更好状态将会做出的行动中得到行动原因，那么让他按照这种衍生的原因付诸行动是不可能的"（同上书，116）。简而言之，玛格丽特·吉尔伯特认为这种无限重复的理由是不成立的，就像代际交叠模型一样，但是是以一种无限交叉的预判形式展现出来的："大卫认为约书亚认为大卫认为……会做出行动 P。"吉尔伯特的目的也和我们的目的相类似，即指出仅凭个体理性是不会产生集体理性的，要达到集体理性需要更多条件。

文提到过的"货币权力":货币必须被经济主体接受,因为货币会对他们即刻产生影响。在 $t$ 时期,当货币出现在他们眼中时,他们就对货币产生了信任。要注意这一论点完全不否认归根结底是货币的效率使它被更广泛的人群所接受,但它强调货币被接受需要有足够的说服力,不能仅仅依靠对未来可能性的假设。"货币被最广泛大众接受是货币存在的结果,这对于社会成员而言是必要的,而这种必要性又是货币自己赋予自己的表现……"此外,承认货币固有的力量,有助于解决经济主体的协调安排问题,因为这种促使 $t$ 代际接受货币的吸引力,也是预判未来代际个体选择相同行为的最佳论据①。由于代际交叠模型拒绝在先前引入此类个体对货币的崇拜,它不可能证实货币均衡。形式上的货币均衡不足以使个体有效地接受货币。因此,货币制度学派认为货币自身存在吸引力,并以此来证明货币被广泛接受。

对代际交叠模型的批判来自所有崇尚个体主义和功利主义的学派,他们将货币制度简化为一种工具角色,认为货币制度只有促进个体满意度增长时才会存在。代际交叠模型仅

---

① 我们注意到太阳黑子均衡(即代际交叠模型中的均衡)将这一逻辑完全模型化了。如今人们相信某种理论会导致货币接受,这完全是出于避免之前悖论的想法。当然,这种结果从某种层面支持了我们的分析,尤其是在这种结果无法达成的情形下。因为这其中被加入了所有经济主体全都崇拜某种表现的条件,即太阳黑子理论!显然我们的解决方案(透过货币的自身表现,现在所有经济主体都崇拜货币)与太阳黑子均衡拥有相同的结构。这样一来便不再有悖论,而只需要去理解为什么经济主体深信太阳黑子理论了。

仅是这种功利主义观念在货币制度上的一个表现而已。这种功利主义学派有意用理性推动科学怀疑论的实施，并批判了古老的货币观念。在代际交叠模型框架下，不再有财迷心窍，也不再有未开化文明的圣物：货币本身不具备任何价值，只有通过获取商品才具备价值，因为此时货币被他人接受了。为了给这类学派定性，弗朗索瓦·西米昂在他的作品《货币社会现实》中建议使用"伏尔泰学派"一词①。在伏尔泰学派看来，货币只是一种便利的手段，仅此而已。但是就像我们刚刚分析的那样，伏尔泰学派在货币和代际交叠模型的案例中，不能给出人们接受货币的合理理由。除了单纯的效用外，还需要其他东西来保证货币被人们接受。货币应当能够利用某些性质，使其自身具有吸引力。最终，货币被他人接受，赋予了货币获取商品的能力，但这种获取商品的能力却产生了自主的形态，即对货币自身的信仰。西米昂（1934：233）十分清楚批判伏尔泰学派只会导致"另一时期的迷信"。现代的货币没有宗教基础，甚至没有金属实体。西米昂提出的问题，本质上是想了解在一个已经与贵金属切断联

---

① 伏尔泰并不是对所有迷信行为批判最猛烈的学者。这也促使西米昂仿照奥古斯特·孔德对思想发展三阶段的划分，将人类对货币的认知也分为三个阶段：虚构阶段、抽象阶段和实证阶段："第一阶段是简单地、完全地、无批判地对价值的崇拜和对教条仪式现实的崇拜。第二阶段则体现了伏尔泰的态度：这种所谓的现实只是表面现象、幻想，是现实的面纱……第三阶段首先就要重新认识'集体表现的作用。'"（1934：228）第三阶段也可称为社会学阶段。

系的经济中，货币象征如何决定价值。我们将在下一部分论述中找到答案。

## 五、信仰的力量：西米昂与齐美尔

西米昂（1934）首先从新古典主义经济学信奉的货币数量理论方面寻找答案。根据这一新古典主义经济学标准货币理论，由于货币本质上是"好用之物"①，它相应地与其能够买的东西等值。但要注意的是，这一学派假设货币已经被人们接受了。他们的研究不涉及货币的接受问题，而是致力于分析货币的价值，当然这种分析的前提是货币已经在某一空间内（即国家领土内）被接受了。一堆可以被购买的商品和一堆货币财产同时存在，那么单位货币的价值就由这两堆事物的数量比例确定。西米昂证明了这种表述是如此简单而荒谬：对于货币的使用而言，不应该只考虑物品、商品和服务的数量，还应该考虑不同的购买日期："即期、近期和延期。"②"由此西米昂（1934：241）得出了第一个结论："这表明无论交易物品当前的价值，还是其未来产生变化的价值，都不是由数量统计确定的，而是一种估值、预测和评判。所以对于未来的价值而言，更多体现的是一种'信任'（或者

---

① Simiand（1934：240）.
② 同上。

不信任)。"借助于货币手段来估值并不十分容易。商品不仅受到当前情况的限定,还要受到未来变化的影响,因为它们是基于当前情况作出的预测。因此对于西米昂而言,引入未来的变化就必须要引入信仰效应,这样我们就能从客观评价角度转向个人主观评判角度来进行研究。从这个角度看,他的观点明显与凯恩斯思想具有相似性,并且应该加以重视。由于西米昂和凯恩斯一样,都否定了当前与未来的关系可以通过独立于个人的客观概率来计算,这必然导致其研究完全依托于个人预期的主观性。结果这种主观性只能依靠社会思维逻辑来构建。因此,西米昂(1934:242)对于未来会有这样的表述:"这并非确定的,或者可以确定的数量数据,即便加以或大或小的数学概率乘数也不行,未来的预期是一种主观预测,是一种难以把控的模糊感受,而不是严格理性的预测:概括而言,就是信任(或不信任)。"西米昂(1934:242)同样着重强调了社会背景在个人预期组成中发挥的作用。通过表面观察个人所处的社会群体,我们发现不同个体在评判和表现方面存在巨大差异:"在本国人员与国外人员中存在差异;在本国人员中不同的团体、阶层、政党的成员间存在差异;国外人员根据亲缘关系和掌握信息程度的不同也存在差异。"下面一段引文很好地总结了这一复杂的分析过程,我们也能从中回顾货币的组成要素。

"在某些量化或可量化的物质要素中存在着一种数理关

系，可以衡量货币的价值，但'货币的价值'并不是由这些物质要素构成的。相反，它是由预期、预测、信任甚至是不信任这些情感而非理性的要素决定的……总的来说，这种价值表述事关信任或者说是信仰，是这种信任给一个国家刻下了烙印。如果说这种信任或信仰在经济生活的物质要素中起到了实际作用，那么它便不能是主观的观点和感受。这样的货币[①]是一种智慧和情感的表现，这并非个人能够胜任和掌握的，而是通过族群、集体甚至国家才能实现的。所以说货币是具有社会性的。货币的特点和作用明显是客观的，因为它是一种社会信任和社会信仰，这样它就成为一种社会现实。"

下面就要谈到我们研究的核心主题：货币是社会信仰的产物。在西米昂（1934：252）看来，货币信仰的社会属性让它在不同社会群体中产生差异。正是这种存在于不同社会阶层中的一贯差异，很好地解释了为什么货币是实实在在的社会信任产物，而非主观的突发奇想，而后又被偶然地投入了使用。"社会信仰构成了货币方式的价值根基……这种社会信仰与其所在的社会阶层和社会群体息息相关，它不随个人意志而变化，而是同时在整个社会群体和阶层中发生变化。"这一观点证明了经济学中的货币行为必然要比货币自身数量复杂得多。"也就是说，量化角度的观点是根本上错

---

[①] 西米昂在这一段中也探讨了不可兑换货币(1934:243)。

# 第一章 货币社会经济学

误的,因为它想要找到物质数量和经济价值之间的比例关系[①]——如果说经济价值发生变化,那也只可能是由人类精神层面的活动或人类行为及反应引起的。更确切地说,不是个人精神层面的活动、个人行为及个人反应,而是功能性群体、阶层、国家乃至社会整体的精神活动和行为反应"。根据不同社会族群差异化的社会表现,这一核心作用也同样会体现在金属货币上。这样我们便能得出在当时社会具有震撼力的结论:"人们通常认为贵金属货币和信用货币是对立的,而我们现在可以观察到所有货币都是'信用的'。黄金在当时只是第一种信用货币——它既不显贵重,也不算廉价。"

不要忘记,对于西米昂和后来的涂尔干来说,社会信仰都是社会学的研究对象,它们能有力地阐释社会状态:"所有进行社会学研究的人都知道,拥有如此力量和广泛性的社会信仰,不会只是临时地代表民意和幸福。"它们构成的现实与金属构成的现实一样稳定、牢固。这样一来,西米昂的分析就与伏尔泰式的分析产生了本质差别,伏尔泰学派的分析认为货币仅仅是出于社会效用而选择的公约,否认了货币表现本身内在的全部权力。伏尔泰学派的分析十分符合我们所谓的"货币工具学派",是由价值理论所组成的。他们认为货币只是一种工具,从而否认了货币的"力量"。西米昂

---

① 即找到 E(货币使用量)和 M(金属货币)之间的关系(1934:246-247)。

的货币思想则表现出社会学属性,尤其是借用了信仰的概念来解释货币的性质,信仰就是通过统一思想而使行为发生实际改变的力量:"货币表现并不是笼罩在真实经济现象前的面纱,而是试图脱离和逃避货币表现的行为,给经济学蒙上了这层面纱……因为货币表现就是一种事实,是单纯经济分析体系中最基本的、不可分割的组成部分。"(1934:257)这才是问题的本质所在。西米昂的分析对于我们而言,从根本上是正确的。其分析明确地定义了这是一种社会学派的货币分析,在这个学派中货币被视为一种"精神权威",它依靠在商业群体间传播,并能够以恰当的方式表达多数人的利益,进而树立影响力。

齐美尔的分析与此相近。为了理解他们的研究结果,就要清楚"信任"这一概念在两位学者眼中的核心作用。这一点已经被人们所熟知,在这一概念上多做研究已无太大意义。但是很少有人了解齐美尔对货币数量学派的批判,他认为这一学派无法理解货币是如何通过其表现形式对个人意志施加直接影响的。这一观点与西米昂十分接近,前文中提到西米昂强调"(货币运动是)人类精神层面的反应"。而齐美尔(1934:186)写道:"人们有时会想象金钱的经济学含义,认为它是价值的产物,通过在给定时期内的频繁交换而实现(货币数量学派,齐美尔注),但是他们忽略了金钱的力量也可以给人类带来希望和不安、欲望和忧虑。这些情感在经济运行中起到了极为重要的作用。即使是简单地想象一下某个地方有钱或者缺钱,都会制造紧张情绪甚至引起经济瘫痪。银行地下室中那些用来抵偿纸币的黄金贮藏,则用可以实际触及的方式证明了即便金钱完全是由心理上的符号表现出来,它也具有强大的影响力。"在这一分析中,齐美尔向我们展示了货币对整个社会群体的辐射力。进一步解读西米昂的思想,我们会发现社会对货币稀缺或剩余的整体预期,会对当前经济走势造成巨大影响,这种影响比现实的供给和需求对经济的影响大得多①。即便在不同的情境下,货币权力也会依靠其辐射力和纯粹性应运而生。同西米昂一样,齐美尔也认为货币表现的作用会让货币成为"完全社会学领域的现象":"这些现象都十分清楚地指出,从深层本质上看,金钱是……一种社会学现象,是一种人类内部关系的表现形式,它的本质让社会关系显得更精炼、更可靠、更自然"(1934:187)。

需要强调的是,齐美尔和西米昂认为这种整合社群期待的能力并非货币特有,我们在所有客观化媒介中都能发现这种能力。从媒介的定义中便能看出,它们正是个人度过了直接关系时期后建立新关系所必要的东西。正如齐美尔所言,从这一点来看,货币与军团旗帜没有明显区别,我们也能在

---

① "那些可能会产生的……预测……对现行经济的影响,比起当前供给和需求对经济的实际影响有过之而无不及。"(1934:242)

涂尔干的作品中找到例子（1911：97）。旗帜的力量与其能调动个人意志行动的能力有关。我们可以将它定义成朝某一方向转移人们关切与热情的动员能力。涂尔干认为这个符号象征着一种集体的精神权威。齐美尔强调这种权威并不是一种完美状态，它紧紧依托于社会关系网和集体组成的利益关联。这种联系越是紧密，象征符号就会越有力地影响群体。这一结论对于规避信仰的错误概念十分重要——信仰不是纯粹的幻象，其效率也紧紧依托于调动个人关切的能力。但是很明显，对于货币稀缺性的集体预期，不会以同样的方式影响到自给自足的农业经济，也不会影响到高度发达的工业经济。有一种货币观点的研究涉及某些社会群体，在这些群体中货币可以改变其自身物质形态。而我们的观点承认信仰的自主性是相对集体关切而言的。这种信仰自主性会通过某种方式让集体关切具体化，但同时也让某些有损他人利益的选择变得更敏感。

## 六、货币奇迹

上一节提出的分析已经脱离了传统经济学学派，摈弃了产生于货币交换之前的价值观点，并且触及了产品可公度性原则。而对于我们来说，商品关系只能是货币关系：价值同可公度性一样，只有在与先前计量单位定义相关时才有意义。货币并非商品的天然同质产物，也不是为了事后分析商品属性而被创造出来的。相反，商品范围的延伸取决于货币扩张的能力、占领新市场的能力，这就是我们之前所说的货币力量。在我们的分析框架下，货币从社会成员对其的情感投入中获取力量，又通过各种不同的形式表现出来。这些表现形式对社会个体产生影响，当货币表现能够体现社会个体的关切和信任时，便具有了调动社会个体的能力。反过来说，货币表现的力量，即它的吸引力，比承认这种表现的众多个体力量集合还要大。在此应该强调一下模拟欲望集合，它将分散的个体情感转化为集中的集体情感。这一现象是我们理解货币本质的核心，因为正是组群围绕货币的"一致性"[1]，赋予了货币特殊的力量强度[2]。

在正常时期，即商业活动有序进行时，经济主体从常规的持续性交换活动中获得信心：货币明天会被接受，就像它昨天被接受了一样。这足以保证经济和货币的良好运行。实际货币会隐藏在工具货币之后。这一过程会给人们一种印象：货币与工具学派达成了"和解"。但是这种和解只是短暂的，难以持久。通常越明显的犹疑就越需要明确的答案；唯一能够永存的一定是已经存在过的东西。所以货币表现越是丰富，越有助于我们从中发现货币表现的作用。在历史上的某些推

---

[1] Durkheim（1895:11）.
[2] 模拟极化、群体情感和公众力量也是《价值帝国》中为了详细说明情感强化过程而着重强调的概念，我们在涂尔干和斯宾诺莎的作品中也能找到类似表达。

测中，货币表现的影响十分惊人，并且与货币工具主义观点的预测大相径庭，以致当代人毫不犹豫地将其冠以"奇迹"之名。有两个著名的案例：一是1923年11月5日德国推行的地产抵押马克；二是普恩加莱（Poincaré）于1926年7月23日再度当选法国总理后对法郎带来的影响。我们把第一个案例称为"地产抵押马克奇迹"，把第二个案例称为"普恩加莱奇迹"。这些标志性的事件向我们展示了什么是货币使用中的集体力量。

上述两个事件都发生在两国经历严重经济困难的时期，这其中德国所遭受的经济困难显然更为严重。两个事件发生时，德国同法国一样面临严重的通货膨胀，国家货币在交易市场上遭遇了十分危险的贬值。两个案例中，经济转折都十分戏剧化：虽然国家还没有采取任何经济补救措施，但通货膨胀和交易下降瞬间停止了，这就是当代人将这些事件称为"奇迹"的原因。这是纯粹的集体赞同性活动，也是纯粹的族群整体信任活动。其成功一部分归功于某些强力象征符号发挥了作用，它们有能力将民众聚拢在新货币规范下。在法国的案例中，普恩加莱的名号起到了至关重要的作用，同样，普恩加莱也有能力组建起一定范围内的全国联合政府，专门用来鞭策民众。德国的案例更为复杂。为了保证地产抵押银行的存续，地产抵押银行聚集了所有有产阶级：农民、工业者、商人和银行家。就像当时的财政大臣汉斯·路德（Hans

Luther）所说："生产阶级在地产抵押银行成立行动中所展现出的团结，是民众相信这个新机构所发行的支付工具的最佳保障。"① 这种表述再精准不过了。民众对这种新货币的信任，直接来自经济联盟力量为其提供保障，这个经济联盟之后也会对货币发行负责。

诚然，我们知道这两个案例取得长期的成功不能仅靠单纯的信任来解释，其成功与后期的经济政策选择也有密切的关系。此外，在不同时期出现经济困难的情况都可能会导致新的经济危机，而采用新的货币标准来设立商品价值的合法化表达，则成为恢复稳定不可或缺的先决条件。集体信仰让新的货币政策得以顺利出台，这也是实行新经济政策的必要条件。两个案例都强调了货币信任的先决性作用，它们明确了相对于经济而言的货币自主性。但是这种自主性是有限的，因为如果货币不用来实现它被创造出来的目的——购买商品，那么货币信任也就不会长久存在。尽管如此，货币自主性还是能将未来的变化提前，如此一来，无论好坏，货币都会给出真相，所以人们也许不会产生货币权力和货币自主性对经济生产造成巨大震动的幻觉。

---

① 引自 Baumgartner（1925:35）。

## 参考文献

Baker Wayne E. , Jimerson Jason B. , 1992, "The Sociology of Money", *The American Behavioral Scientist*, 35(6) : 678 – 693.

Baumgartner Wilfrid, 1925, *Le Rentenmark*, Paris, Puf.

Collins Randall, 1979, "Review of Martin Mayer, The Bankers", *The American Journal of Sociology*, 85(1) : 190 – 194.

Cusin François, 1998, 《Motivations et cognitions dans les comportements liés à l'argent : l'apport de Simmel》, *L'Année Sociologique*, 48(2) : 417 – 445.

Dodd Nigel, 1994, *The Sociology of Money. Economics, Reason & Contemporary Society*, new York : The continuum Publishing Company.

Durkheim Émile, 1993 [1895], *Les règles de la méthode sociologique*, Paris, Puf, coll. Quadrige.

Durkheim Émile, 1967a, *Sociologie et philosophie*, Paris, Puf.

Durkheim Émile, 1967b [1911], 《Jugements de valeur et jugements de réalité》 in Durkheim Émile, *Sociologie et philosophie*, Paris, Puf, p. 90 – 109.

Durkheim Émile, 1975, *Textes. 1. Éléments d'une théorie sociale*, Paris, Minuit, coll. Le sens commun.

Durkheim Émile, 2003 [1912], *Les formes élémentaires de la vie religieuse. Le système totémique en Australie*, Paris, Puf.

Gilbert Margaret, 2003, *Marcher ensemble. Essais sur les fondements des phénomènes collectifs*, Paris, Puf.

Gislain Jean – Jacques, Steiner Philippe, 1995, *La sociologie économique* 1890 – 1920, Paris, Puf.

Hayek Friedrich A., 1941, "The Counter – Revolution of Science", *Economica*, 8(31): 281 – 320.

Hellwig Martin, 1993, "The challenge of monetary theory", *European Economic Review*, vol. 37: 215 – 242.

Ingham Geoffrey, 1996, "Money is a Social Relation", *Review of Social Economy*, 54(4), 507 – 529.

Ingham Geoffrey, 1998, "On the Underdevelopment of the 'Socio – logy of Money'", *Acta Sociologica*, 41(10): 3 – 18.

Ingham Geoffrey, 2004, *The Nature of Money*, Cambridge (UK) et Malden (USA): Polity Press.

Jones Robert, 1976, "The origin and Development of Media of Exchange", *Journal of Political Economy*, 84 (4), 757 – 775.

Keynes John Maynard, 1930, *A Treatise on Money*, London, Macmillan and Co.

Kiyotaki Nobuhiro, Wright Randall, 1993, "A Search – Theoretic Approach to Monetary Economics", *American Economic Review*, 83(1): 63 – 77.

Mauss Marcel, 1974 [1914], 《Les origines de la notion de monnaie》 in *Œuvres. Tome 2: Représentations collectives et diversité des civilisations*, Paris, Minuit, p. 106 – 112.

Mauss Marcel, 1983 [1923 – 1924], 《Essai sur le don. Forme et raison de l'échange dans les sociétés archaïques》 in *Sociologie et Anthropologie*,

Paris, Puf, p. 143 – 279.

Mauss Marcel, 1983, *Sociologie et anthropologie*, Paris, Puf.

Menger Carl, 1892, "On the origin of Money", *Economic Journal*, 2, p. 233 – 255.

Orléan André, 2011, *L'empire de la valeur. Refonder l'économie*, Paris, Seuil.

Ostroy Joseph M., 1988, "Money and General Equilibrium Theory" *in* Eatwell John, Milgate Murray et Newman Peter (eds.), *The New Palgrave: A Dictionary of Economics*, London and Basingstoke, The MacMillan Press Limited: 515 – 517.

Ostroy Joseph M., Starr, Ross M., 1990, "The Transactions Role of Money" *in* Friedman, Benjamin M. et Hahn, Frank H. (eds.), *Handbook of Monetary Economics*, vol. 1, Amsterdam, p. 3 – 62.

Patinkin Don, *La monnaie, l'intérêt et les prix*, Paris, Puf, 1972 [1$^{re}$ édition 1955].

Pixley Jocelyn F., 1999, "Beyond Twin Deficits: Emotions of the Future in the organizations of Money", *American Journal of Economics and Sociology*, 58(4): p. 1091 – 1118.

Samuelson Paul A., 1958, "An exact consumption – loan model of interest with or without the social contrivance of money", *Journal of Political Economy*, 66(6): p. 467 – 482.

Samuelson Paul A., 1976, *Economics*, New York, McGraw – Hill.

Schumpeter Joseph, 1983 [1954], *Histoire de l'analyse économique*.

Tome I : *L'âge des fondateurs* (*Des origines à* 1790), Paris, Gallimard.

Simiand François, 2006 [1934], 《La monnaie, réalité sociale》, *in* Simiand François, *Critique sociologique de l'économie*, Paris, Puf, p. 215 – 279.

Simmel Georg, 1987 [1907], *Philosophie de l'argent*, Paris, Puf.

Simmel Georg, 1982 [1907], *The Philosophy of Money*, Boston, London, Melbourne and Henley, Routledge & Kegan Paul.

Steiner Philippe, 2005, *L'école durkheimienne et l'économie*, Genève – Paris, Droz.

Testart Alain, (ed.) 2001, *Aux origines de la monnaie*, Paris, Éditions Errance.

Walras Léon, 1988, *Éléments d'économie politique pure ou Théorie de la richesse sociale*, Paris, Economica.

Weber Max, 1991 [1923], *Histoire économique. Esquisse d'une histoire universelle de l'économie et de la société*, Paris, Gallimard.

Zelizer Viviana, 2005 [1994], *La signification sociale de l'argent*, Paris, Seuil.

# 第一章

## 货币的暴力（节选）：货币危机①

### 米歇尔·阿格列塔、安德烈·奥尔良

在献祭过程中，没有什么是严格地按照传统习惯执行的。但通常来说，无力适应新形势已经成为宗教的特征。

差距无论是"过大"还是"不够大"，终究会导致相同的结果。暴力不会被消除；冲突加剧，产生连锁反应的风险也会逐步扩大。当受害者与社群之间的关系断裂非常严重时，受害者不会给社群招致暴力，献祭也就不再是"良导体"（类似于金属导电）。相反的情况下，如果连续性过强，则暴力会在双向之间任意传播。献祭失去了神圣暴力的特征，与邪恶的暴力"混为一谈"，为了化身暴力的丑恶同谋，它的映像甚至成为暴力的导火索。

勒内·基拉尔（1972：63-64）②

---

① 原文出自米歇尔·阿格列塔,安德烈·奥尔良《货币的暴力》(*La violence de la monnaie*), Paris: Puf, 1984: 89-123, 个别注释已在文章中用方括号标出。

② 选自勒内·基拉尔《暴力与神圣》(*La Violence et le Sacré*), Éditions Grasset & Fasquelle, 1972——译者注

根据货币关系的二元本质,危机也可能显现出两极化的形式:集中式突然爆发或分裂式突然爆发①。这两种形式的

---

① 《货币的暴力》是米歇尔·阿格列塔和安德烈·奥尔良1984年出版的著作,在批判了货币主义观点的同时,建立起调节学派"货币制度"的观点。全书分上下两部,本章节自原书上部第三章起节选了部分章节和结论部分内容。下面译者对本书上部前两章的主要内容和核心概念进行简要介绍,以便读者更好地理解本章节所论述的内容。

在《货币的暴力》上部第一章中,两位作者尝试借助法国哲学家与人类学家勒内·基拉尔"模拟欲望"与"模拟竞争"的概念建立起新的货币理论。他们认为货币是典型的"商品社会的社会化过程"。每个人都在模拟他人的欲望,由于他人的欲望也只是在模仿另一个人的欲望,当这种模拟欲望的虚伪面具被揭开后,欲望就会犹疑变化而且无法锁定任何客观物体。每个人都渴望为自己的幻想向他人复仇,这就有可能酿成致命性竞争。因此,有必要在模拟竞争中间插入一种客观物体,将这些竞争的暴力转化为囤积此客观物体的意愿,这就能从社会的角度来管理暴力,而这一客观物体便是货币。只有货币才能将原生的暴力彻底转变成主权制度。自货币产生之日起,社会一致的暴力都会转向货币,同时货币也成为所有商品的一般等价物,全社会成员对货币制度的信任也由此开启。

在第二章中,两位作者从根本上界定了货币体系的两种形式:集中式(均质式)体系和分裂式体系。他们承认货币的组织形式是暂时性的、可变化的,总会有某些力量试图去改造它。囤积货币的模拟欲望会导致疯狂的竞争,而囤积货币却又难以实现,这种矛盾会导致货币客体被排挤出社会。而货币制度化届时也不再被奉为神祇,财富则会变成绝对欲望。

我们可以将集中式(均质式)体系定义成传统型货币体系,即围绕着发行货币的中央银行展开,中央银行发行的货币即中央货币。在集中式体系中,整个经济运行的资金都直接且必须由中央银行提供;货币是唯一的,且被所有经济个体承认。而分裂式货币体系则经常出现在金融市场上,因此也可称为金融市场融资货币体系。在这种体系中,债权人和债务人通过债权直接联系,而正是由于这种经济主体直接面对面的联系,一旦出现偿付不足的问题时,这种分裂式货币体系就会产生死结。在第二章的最后,两位作者介绍了第三种货币体系:等级制货币体系。这是一种差异化的体系,采用了金字塔分层的表达形式,是集中式货币体系和分裂式货币体系的综合。但是两位作者承认:"我们不能先入为主地定义等级制货币制度的明确形式,它既不是分裂式和集中式货币体系在其中占有的比重分配,也不是两种货币形式所展现的社会关系。"——译者注

危机都会动摇等级制货币体系所形成的极脆弱的平衡局面。但与人们看到两种危机的字面意思后头脑中产生的联想不一样的是，这两种危机的进程并不存在对称性。我们不能简单地将通货膨胀视为价格升高或归咎于滥发货币；将通货紧缩看成价格降低或者埋怨货币发行量不足。每种动因（通货膨胀或通货紧缩）都会以其特定的方式破坏商品经济结构。它们两者密切相关，用相同的逻辑关系破坏两极化货币形态，既有相似性，又完全对立。同样地，它们通过相反的形态（爆发式发展或闭合式发展）实现了相同的特点（即具有模拟极化的一般特点）。

## 一、危机的一般形态

货币分化通过等级制货币体系实现，其目的是对债务人和债权人利益进行精确的裁定。债务人想要获得足够稳定的资金来源以保障生产循环顺利完成。在他们看来，偿付标准 $N_0$（强制以现金支付，或者一次清偿）应当打破限制条件，优先考虑私有货币形式 $\{V-M\}$［债权—商品］。这样一来，债务人就能在一定程度上摆脱债权人的掌控，并通过控制社会生产来提升自身权益。而债权人的意愿则刚好相反：在债权人眼中，他们手中持有的债券应当有即刻转变为社会财富的能力。出于对这种能力的渴望，债权人要求手中的债权能够转变为中央货币。偿付标准 $N_0$ 就应该制定为 $\{V-A\}$［债权—货币］形式。

# 第一章 货币的暴力(节选)：货币危机

货币系统的稳定意味着要能满足这两种相互矛盾的要求，但又无法为追求这种稳定而设立一种万能的管理规定。实际上，没有任何一条卓越的法律可以先入为主地对这两种对立的权力进行裁决。相反，历史经验告诉我们，这种裁决经常是在两种权力间摇摆不定的。

冲突的关键在于标准 $N_0$ 应该具有何种强度，也就是说，在经济学定义的时期 $T$ 中，哪一个标准才是明确的度量标准。这是一种可变化的结构，由货币差异化的广度和货币产生的分化决定。一般情况下，等级制货币体系的差异越大，债权人的权力越大，对经济时期的规定也就越严格。货币体系的差异会引起债权人对强制性偿付的严苛规定，这会导致商品流通的某些环节受到限制。投资人在生产的空间和行业领域方面分化越严重，他们通过吞并债务人或让债务人破产的方式来控制尚有欠债的债务人就会越容易。很显然，在这些条件下，债务人在生产活动中对债权人的控制是十分有限的。与此同时，投资的严重分隔也会阻碍能够增加社会生产力的跨领域关联产生。

等级制体系的稳定能够解释增长方式是如何构成的。而在经济增长模式中，社会的支配权也得以体现。下面我们用符号来表达投资分层，投资除了最大限度地保障货币之外，还要保证 $A$［货币］$= M$［商品］这组关系。这组表达式就可以为债务人和债权人间潜在的矛盾提出解决办法，原来债务双方都紧盯着剩余价值增长带来的资本积累，现在这种内在的利害关系也不会再发挥作用了。

同样引人注目的还有由货币差异化造成的控制体系。它既不能减轻商业混乱,也不能消除人们尽可能多地侵占国民收入的欲望。残余的冲突体现在生产领域,就变成了商品积累竞赛。行业发展不平等加剧,社会协调发展的原动力再遭质疑。

当这一过程破坏了增长模式的整体稳定时,我们认为是内部协调出了问题。问题的关键在于,如何在给定社会框架内进行权衡取舍。领导群体这一社会控制阶层看不到其他阶层对控制权的非议。而当有反对增长模型的新社会关系出现时,就会产生外部协调问题。在定义新的社会化标准、生产机器重构和新生产资源出现方面都会产生冲突。可以说在经济生产内部存在着多重潜在的增长方式,即劳动力组织形式。这些劳动力组织形式重见天日,为了争夺控制权而变得互不相容、不可调和。

任何情况下,债券债务结构的改变都会激起重新分配私有财产的欲望。有了这种欲望,人们就会采取重新建构的策略,延长经济展望周期 $T$,结果导致中间参与投资数量增多。但是这样一来就会引发等级结构的紧张局势,从而完全限制了中间投资参与的可能性。紧张程度由每类不同债权自身流通范围的广度所决定。负债者的策略则与贷款标准的惰性以及货币金融机构的等级化产生矛盾。卡尔·马克思指出:"所有的信贷理论……都受劳动时间与流通时间对立的局

# 第二章 货币的暴力(节选)：货币危机

限。"流通时间的弹性展现了源自旧增长方式财富关系的巨大力量，也源自旧投资表达式的刚性。这种刚性也是从前货币秩序调节约束的支点。得益于这种刚性，等级化体系中出现了许多对清偿方式的限制。这些针对债权人的限制力量不断增强，并且与出现在债务人企业内部的支配策略站在了对立面。种种压力集中表现为利率上升的压力，这一压力来自畸形的货币分化结构。这正是等级化体系自我调节机制的核心，与货币循环和投资循环的异质性有着直接关系。利率升高不利于经济范围扩大，也会限制资本参与，并且恢复货币限制，也就是说，恢复债务与债权机构的稳定性，在现行货币制度下承认偿付标准 $N_0$。

但这是一种极其脆弱的运行机制。对于所有潜在的利益争夺冲突来说，原动力都是一样的，它会促使经济主体产生不同的行为和评价，从而揭示不同的经济主体是以何种方式参与到竞争中的。宏观经济上从来不存在自动机制，所谓的自动机制都在融入暴力配置过程中被改变了形态。在财富积累相对快速稳定的时期，经济主体对未来的看法可能会发生变化。当现行金融制度的要求阻碍了财富独占行为，使独揽财富的意愿无法持续时，发展就到达了临界点。此时模仿过程就会发生改变，使之前的调节都变得无效。

在等级化体系中，每个层次的旧平衡状态都十分脆弱。新出现的情况强迫所有经济主体作出未知的选择。由于未知因素过多，整合这些因素有可能会引发危机。未知因素的出现，让任何人都不能肯定地判断刚刚出现的冲突源自何处，在抉择时就会犹豫观望。

中间投资商面临这样一种选择：营造紧张局面使债务人资产贬值，或者找寻更强力机构以求获得新的投资。这种选择的不确定性是可以理解的，因为我们不能将债权人与债务人的关系视为前者对后者拥有单方面控制权的关系。债权人和债务人双方的利益紧密相连，因为贷款资产的贬值会对双方造成损失。如果债权人的参与程度很深，那么这种相互依存的关系就会变得异常牢固。金融机构会尽力消弭紧张局面，从而认同债务人的想法，并使其在负债关系中得利。如此一来，金融机构对其债务人负债资产增值就会抱有乐观预期心理，并允许他们延长现有债务的操作期限。

这种不确定性对中央银行也会产生重要影响。那些对中央银行再投资的要求，是单单在消除紧张过程中顺势出现的要求，还是结构性固有困难呢？中央银行的作用首先是通过对亏空款项再注资来消除紧张局面，并以此来保护整体稳定性。其次，则是为了避免出现经济整体失衡情况。中央银行应当尽早让个体感受到中央标准的力量，以便阻止一切个体行为相互传染。但是我们又不能科学定义商品关系所面临困难的准确来源与广度。所有有关协调性的严重问题暴露出来，总是源于我们揭示了事故是由外部冲击引起的。这也是商品社会难以理解且又无法绕过的问题。面对分化和集中这两条道路，中央银行只能作出选择。为平衡主观上不同顾虑而达成的妥协,将会影响中央银行的行为,这些顾虑涉及以下几方面:过去经验中形成的习惯、被投资群体认为是正统的行为方式、可见或不可见的社会紧张局势的敏感程度,以及投资利益主宰群体对中央银行行为的影响程度等。我们根本无法看出上述的妥协结果是否与当前的必要问题有关联,这种妥协结果甚至可能会加剧散布在社会结构中的种种冲突,而不协调的竞争关系可能会彼此增强。危机就发生在此时,货币规则成为一纸空文,货币为了使价值符合社会生产而变成传导冲突的媒介,这也将同时消除原来掌控货币秩序的金融阶层。

## (一) 危机成为不可能实现的财富欲望

前面章节的分析主要集中在货币合法性的基础以及货币选择/排除的重要性方面,这让我们能够抓住危机的一般形态:私人暴力的回归再次激起了经济主体对财富的无限欲望。

在等级化制度中,这种欲望被框定在双重条件下:假定货币对于财富表述和资产评估没有任何差别,以及 $\{A=M\}$ 和 $\{V=A\}$ 的关系。但我们已经指出:只有模拟极化才能赋予欺骗性表象以实际内容。在全民性暴力反转引发的社会进程之外,这些关系会以其本来面目出现:它们是非理性的,试图将据为己有的欲望编入法律,却没有共同的度量标准。危机就在此时发生:当经济主体试图尽最大努力获取这些收益的担保形式时,他们也会尽力去预防暴力带来的破坏性后果。他们在试图完成等式关系所展现的交易时，就惊讶地意识到这些交易是虚幻而不可达成的。

我们由此可以得到危机的两种极端表现形式的新特性：$\{A=M\}$ 式的危机即通胀式危机；$\{V=A\}$ 式的危机即通缩式危机。在通胀式危机的例子中，观察对象想将 A 转变成财富；而在通缩式危机的例子中，他们想要立刻获得与其转让财产所有权等量的货币。

货币秩序遵循一种完全空想的逻辑：那些能够证明货币秩序坚不可摧的关系只有当货币秩序不去对其进行系统性检验时才具有效力，换句话说，这些关系只能作为潜在力量存在，禁不起仔细检验。经济主体对财富的渴求十分强烈，如果即刻斩断他们的财富欲望，其结果只能是毁灭性的。而这些关系的作用就是缓和经济主体对财富的渴望，并将其推延至某一不确定的未来时刻。货币担保可以转移甚至消磨这种欲望，在世俗商品中给人们一些"次级猎物"。随着货币不断推迟欲望的实现，货币的超凡表现也解锁了人类欲望的创造性，这种创造性既瞬息万变又独断专行。正是在这种情形下，人类对财富的执念才不会破坏掉所有的社会关系。

因此，财富不是一种物质实体，它唯一的真实性是由群体性暴力给予的，也正是这种群体性暴力创建了货币秩序，并赋予货币主权形态可信性。人们不会将其据为己有，因为财富只有置身于私人竞争之外时才具有明确的价值。人们能够与财富保持的唯一关系就是崇拜关系。这在 $\{V=A\}$ 的关

## 第一章 货币的暴力(节选): 货币危机

系中显而易见。这种潜在关系将债权 $V$ 与中央货币 $A$ 联系起来,彻底解放了债务发行机制需要即刻见付的限制,这就是此类关系的作用所在,而债权也因此获得了一种确定的品质。而在法律允许的流通环节中则会存在同属于货币破坏的另一种形式,即 $\{V-M\}$ 形式。这种形式将生产资本积累变为可能。债权担保的潜在可能性创造了一种防护面具,有了它的保护和掩盖,社会财富和物质财富才能得以发展。$\{V=A\}$ 则体现了债权 $V$ 的合法性,有了这层担保,$\{V-M\}$ 的操控地位便会得到承认,而 $\{V-M\}$ 形式也就可以规定生产力的外延。中央货币 $A$ 也通过同样的习惯逻辑获得效力:在 $\{A=M\}$ 这组关系中,货币成为贮藏手段。得益于这种假象的担保关系,中央投资方式变为可能,同时,提供中央投资也承认了各种社会相互依存关系的表现形式。

与之相反的是,危机释放了对财富的欲望。这是商品社会中经济个体感受到社会对抗加剧时的反应,他们会试图躲避激烈竞争带来的不确定性后果。经济主体试图利用货币主权性赋予他们的主权来满足其自身欲望,但是他们发现所有被大众一直接受的社会参照物都会被撕裂,所有已经生效的法律都会失效。从前只有获得绝对尊重时,合法性才具有效力,如今一旦受到质询和怀疑,合法性即刻就会烟消云散。在危机中,财富显露出其最真实的社会性本质:所有试图将其据为己有的尝试都会反复遭遇失败。财富总是在回避问题,但在其背后、在所有它用来矫饰的面具背后,只剩下断裂的社会联结。那些独占财富的人总以为抓住了财富，但其实他们手中只剩下支配欲望的暴力。被财富支配的欲望看似得到了满足，但由于先前的习惯已经被破坏，这种欲望便不再被社会承认。"一切为了得到神性的竞争都是徒劳……如果神性是真实存在的，它就不会成为一种赌注。如果人们将其视为一种赌注，那么它就会变成引人入套的诱饵，注定不会有任何人能得到它"①。

### （二）非量化视角下的危机：危机即灾难

经济学家从来都不能理解货币关系的效能是与货币间的差别息息相关的，即与不同形态的货币所构成的等级制体系有关。经济学家总把这些关系看成自然而然的联系，因此他们就陷入了货币主权所布下的陷阱。同样地，他们也无法分析由 $V$ 换算成 $A$ 或者由 $A$ 换算成 $M$ 而引起的一系列转变。由于对上述问题的理解不足，我们不难发现经济学家们对价值的理解也存在偏差。基于对价值的错误理解，他们又定义了商品内在的效用与劳动原理，并基于此原理定义了物质与财富。这种天真的做法从根本上低估了支配欲望产生和符号运动的原动力。在复杂多层的融资循环和私有货币结构中，他们只关注到了简单的等价交换与反馈。这些经济学家将社会财富理解为客观量，认为它们不会被集体暴力或社会关系变

---

① René Girard, *op. cit.*, 201.

# 第一章 货币的暴力(节选)：货币危机

化所影响。他们认为每种货币符号或投资符号都只是这种天然财富的一般表现。相应地，会计账簿只展示了财务流动情况，所以这种符号就具有了它所代表全部财富的价值量。此外，这种符号不断复制着它代表的和被它代表的东西，因此这种符号除了代表的技巧以外，没有任何其他特性，这反而使交易变得更容易了。

这些基本原理会影响到整体结构框架，虽然表面上有故作复杂的数学模型支撑，但实际上其思想却受到了严重桎梏。政治经济学在解释由价值导致的问题方面非常无力，比如由价值改变、不分化和传导造成的灾难性现象等。对于这些问题，政治经济学都难以清楚解释，但此类灾难现象却滋生了绝大多数影响商品经济和人类社会的运动。危机是一个复杂的过程，它会让社会协调整体陷入瘫痪，造成所谓的生产力浪费。价值实体论的观点认为危机只是一种机械运动，即通过改变货币单位价格来调节整体价值所对应的货币数量，但这种调节在客观社会财富面前却是迟滞的。这一过分简单的观点在数量学派的通货膨胀理论中被充分运用。

可是危机却不能靠纯数量方法来分析。说得更隐喻一些，度量的问题是由联通性问题决定的，因此度量问题在概念设计中只能居于次要地位。与政治经济学中连续空间概念相反，在我们的理论体系中，空间概念（所有数量方法的基础）并不是毫无争议的。我们举如下例子，存在两个经济主体 $A$、$B$，这两个经济主体的行为记为组合 $(x, y)$，我们由此得到图 2-1：

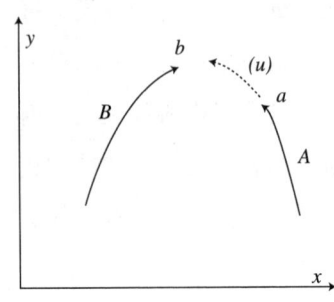

**图2-1 两主体行为效果模拟**

撇开运动路径（$u$）不管，距离 $d$（$a$，$b$）将 $a$ 与 $b$ 两点分开。但这一笛卡尔式的表达并不能真正确切地指出在何种条件下（$a$，$b$）之间的距离 $d$ 具有意义。我们可以假设（$x$，$y$）空间是完全齐性空间，即我们可以在其中建构任意轨迹。如果像我们考虑的那样，距离 $d$（$a$，$b$）除了在给定货币主权的情况下再无其他确切表述，换言之，如果（$x$，$y$）空间只是某种社会协调在偶然且特殊条件下的产物，如果这种社会协调只是以某种物化的方式表现出来①，那么问题就从根本上被改变了。我们不应该继续在距离 $d$（$a$，$b$）之间找一种必要的且被神化的形态，并认为这种形态能够让 $A$、$B$ 两个经济主体以此构建它们之间的关系。现实问题是要了解找到并实现路径（$u$）后，如何能再次建立有代表性的空间，并且同时可以由此改变连接 $A$、$B$ 二者的关系。因此与图2-1

---

① 即 $\{A=M\}$ 和 $\{V=A\}$ 的表达式。

## 第一章 货币的暴力(节选):货币危机

所示有明显矛盾的情况也是完全有可能发生的:经济主体 $A$ 试图靠近 $B$、追赶 $B$、效仿 $B$ 所做出的所有行动,都会招致相反的效果,导致二者更强烈的分隔,因为这些行为破坏了维持整体协调的某些隐含条件。$a$、$b$ 两点间的距离也许正是它们能够彼此靠近的前提条件。每个人的欲望都会被自己实现欲望的方式终结,仿佛一个大旋涡将人们不断地卷入这种自我终结的混乱。这种现象在通俗用语和数学用语中都被称为灾难。

人们在危机中仍会虔诚地找寻财富,越是想利用财富来预防危机,社会标准就会变得越模糊,这样人们占有的财富就会越虚无,甚至丧失财富实体。如此一来,便会形成连锁反应。追求财富反复失败却仍然是指挥人们行动的准则,它会不断地将人们推入更加惨烈的自残式竞争中,直到人们失去信心。或许有些人会取得胜利,但在他们自己眼中,他们的所得也是不合法、不实际的。让他们获取财富的暴力也可以随时随地夺走他们的财富,从而人们在财富中所追寻到的并不是富足和惬意,而是欲壑难填。动荡与纷争会不断让人们再采取行动,为了争夺财富相互厮杀。当今的经济危机因此引发了一系列悲剧,人们自身暴力酿成的混乱反过来又会祸及前人。

在厘清了危机的含义之后,我们要进一步从中揭示危机的动态特征。

### （三）模拟极化与差异危机

危机刚开始时，在旧支付标准框架下，无法清算债务的债权人团体和债务人团体会突然爆发冲突。中央银行需要表明态度，是以集中式还是分裂式的态度参与其中。此时中央银行会依据其代表的利益来作决断。当有一个团体期待得到永久权力而同化他人行为时，等级制体系的自动调节机制就会断裂。在这一团体的眼中，货币发行机构出于其自身职责（即为了全体利益）进行严格管理，有时也会因为过于主观而作出有失公允的决定。

危机从源头上很容易被控制。但是当经济主体自认为蒙受损失后，就会试图使手中的债权增值，并且要求收回财富份额，他们便在此时加剧了困难，危机也就由此获得了原动力。危机唤醒了所有隐藏在商品关系中的次级竞争，唤醒了不同阶层间、地区间和个人间的冲突。无论胆小还是自大，所有的人类情绪都能在危机中得到表达。虽然出于各种不同的心理，但这些个体行为都会越来越危险地集中于即刻获取财富的欲望上。这种行为的无差异化是危机的核心，危机的决定因素是模拟趋同的，而货币差异化危机则成为后续研究的客体。

危机的广度是可变的，它可以停止在不同阶段。这主要取决于统治阶层的能力，看它们是否能够完全掌控被社会认同的新抉择。我们也可以由此了解到其形式上的逻辑关系。在危机过程中，人们都参与到了自发产生的货币倾向中，无论分裂式还是集中式货币倾向，都与中央银行单方面采用的货币相反。从这时起，新混合式体系的出现条件便已存在，这种体系要求恢复原来被排除的货币倾向和其所代表的个人利益。这样一来，面对私有财富的再分配问题，反对团体再一次团结起来。

追寻新的抉择表明货币政策也会经历动荡①，但是我们在本章暂且存而不论。我们的分析还将集中在纯粹的危机形式上。当中央银行自身朝单一集中式或单一分裂式方向发展时，便会引发危机。

## 二、通货膨胀式危机

私有货币的迅速扩散表明，现行增长方式中的紧张情绪不断发酵，困难也随之产生。在分析纯粹的通货膨胀时，我们假设中央银行在面对困难时会做出反应，将赤字额度货币化，以便扩大私有货币的流通范围。中央银行采取集中式策略回应社会债务阶层的需求。中央银行会在社会层面同意债务阶层延长必要经济期限的要求。这种逐步废除债务的国家行为一旦不能逐渐消除最初的经济困难，便会产生危机。与

---

① 详见 chapitre 6（Aglietta – Orléan, 1984），描述了货币政策的具体执行和其局限性。

此相反，中央投资 $i/X$（私人经济体 $i$ 与中央银行 $X$ 的比值）将会加剧盈余个体和亏空个体的集中化，同时断绝财富重新分配的可能性[1]。发行货币是以前统治阶层试图维护其利益持久性而选择的一贯做法。中央银行想要借此操作来限制所有的财富转移，并且会支持从前具有统治地位，但现在处于困难时期的大生产商，以防止它们被击垮。那么现在问题就变成了：债权人如何使他们手中的债权升值？债权人是如何从安乐死的边缘一步步组建起分裂式货币倾向，并完成自救的？中央货币又是如何重新获得权力的？

我们可以借此讨论一下国家控制的绝对货币权力问题。通过将损失社会化来建立集中式体系曾经是解决危机的办法之一，也就是说，国家拥有将赤字无限货币化的权力。货币主权以及其创立的担保形式（即 $\{A=M\}$ 关系）放松了毁灭货币的限制条件，所以货币继续存在只能依托于货币关系，即从根本上最大限度地认同货币。从这一角度看，对危机的研究分析，就是研究社会动力是如何让中央机构重新产生货币认同的。这一研究并非易事，因为我们将其放在了封闭的等级制货币体制中，所以中央货币被视为高于财富的存在形式。货币发行不受限制，某些框架约束也不会对货币发行当局造成较大影响。为了更好地让读者理解我们的观点，我们

---

[1] 详见 chapitre 2( Aglietta – Orléan, 1984)。

第一章 货币的暴力(节选)：货币危机

首先从难点问题入手：价格上涨并不受到上述限制，至少经济学教材中是这样阐述的。这些经济学教材的编者证明总体价格上涨的危害性颇为困难，甚至参照了某些从未明确内涵的社会成本。其实，总体价格上涨不会直接对货币秩序造成影响。正如部分理论学家所证明的，收入和价格指数效应速度不同造成了强制储蓄，而通货膨胀借助于强制储蓄的方式也可能有利于投资与经济增长。与此相反，在通货膨胀过程中起基础性作用的是中央机构无力对其进行控制，无法将其限制在某一程度范围内。从前货币主权建立起的生产空间结构被逐渐破坏，并引发了价格上涨，而价格的无序化上涨才是通货膨胀的罪魁祸首。货币量化学派提出的社会整体价格上涨则全然不同，那是由生产力发展必要条件瓦解所造成的。最关键的问题是要弄清楚通货膨胀是怎样破坏生产结构的。

通货膨胀将讨论的焦点集中在 $\{A = M\}$ 的关系上，这一关系能够推动产生"公正"的偿付标准 $N_0$，并能"恰好"维持债权人与债务人之间的平衡。重新讨论货币 $A$ 的过程并不意外，不同的经济主体对现有的动力只有一种模糊且遥远的认知。他们将按照某种特殊的逻辑一步步地研究这一动力（现在我们应该弄清楚这种逻辑是什么样的），所有经济主体都是被社会竞争一步步传染的。

也有人认为货币是一些功能的等级化堆叠罗列，这些功能借助特定的形态，能够起到阻碍暴力回流的作用，这些人理解了为什么危机被视为调节结构,以及被逐渐破坏的过程。催生这一过程的动力源自不同阶段。在本书第一章①所研究的一系列价值形态中,最先被这种动力破坏的是最表层的形态 $F_{III}$(原始暴力),随后进一步腐蚀 $F_{II}$(逆向暴力)和 $F_{I}$(固有暴力)。暴力的特点是每一阶段都会有新的形态,而且在下一阶段会更疯狂、更具破坏性。私有财富正是通过这一系列复杂的过程完成重构的,而最初盈余个体和亏空个体的集中形态已经被消除,滥发货币的过程得以终止。

## (一)计量单位的危机:爬行型通货膨胀

首先,偿付方式的限制亟待解决。在这种情况下,出现财务亏空的一方便开始破坏现行估值体系的稳定性。法律规定的支付方式无法再以价格的形式体现,转而被分配国民收入的方式所取代。但在分配的过程中,我们也看到了为积累财富而直接爆发的冲突。某些生产者放宽了对融资的部分限制,但为了保证资金能够尽快周转,他们在定价时加入了设备淘汰带来的成本。由于存在相对价格,各生产部门之间产生了对立。而经济体系则通过边际的手段对该过程进行调节,从而保证生产关系继续运行。在财富不断积累的过程中,对生产的管制也在逐步更新,这便是传统的瓦尔拉斯分析,就

---

① 此处指《货币的暴力》一书 ——译者注

## 第一章　货币的暴力(节选)：货币危机

像瓦尔拉斯所描述的，供给和需求的关系式只受相对价格影响，货币在其中无足轻重。

但是这种动力分析会引起阻碍。在已经建立起来的积累体制中，收入分配问题会再次遭受质疑。某些经济个体会受到激励，去抵制有损于自身相对收入的行为，从而反对相对价格偏离预定。诚然，这种反应并不是自主的，经济主体身处由协议构成的世界中，而这些协议条约又受到制度枷锁的束缚，因此协议条约更有利于循规蹈矩的行为。在一次又一次的经济实践中，我们不难看出，循规蹈矩的经济行为发挥了重要作用。而模仿行为反映出的信息则可以引导个体逃离规矩框架。这些信息让人们开始比较自己和他人的现实差距。怀疑心理的引导总是潜伏在社会组织中，因为在商品社会中，个体是分散的，但他们又贪图社会财富，所以这种引导就成为个人在商品社会立身和引领欲望的唯一方式。模仿行为在汇聚冲突的同时，亦能够动摇规矩的力量，它也让人们开始思考门槛效应和"核化现象"[①]。当相对价格扭曲到一定程度，激发了潜在竞争时，门槛效应和"核化现象"就会引发群体行为。

循规蹈矩来源于货币幻觉，货币幻觉让计量单位公式成立，而价格和收入正是用货币计量表示出来的。当然，货币

---

[①] 详见 I. Prigogine, I. Stengers,（*La Nouvelle Alliance*）《新联盟》, Gallimard, 1979：177–178。

幻觉要让人们足够深信，才能够通过相对价格实现经济增长制度的自动调节，而调节的效率则取决于企业家和员工的分散程度。实际上，制度化和稳定的社团形式会削弱效率。这些联系是模拟行为的良导体，一些亏空的经济个体为了扭转其不利局势，会寻求新的收入分配方法，而模拟行为则会唤起整个群体对收入分配改变的回应。当然，回应的力量取决于那些感知到自身地位下降的经济主体是如何行动的，它们的行为方式差异非常大。某些社会阶层由于没有行动能力而遭到潜在的死亡威胁。

　　从某种批判的角度来看，相对价格的上下浮动并不能完全被经济系统吸收，这就会引起一种反应：指数效应。受集体组织形式影响，指数效应导致的增长速度是不同的。由此我们便能够逐步得出价格成本指数。当有些价格在消费过程中以标准形态展现时，我们也能得出收入价格指数。但是随着这种现象不断扩散，保障个别经济主体实际所得的条件却发生了变化。构成价格体系的不同组成部分共同推动了价格上涨。这些本身相互独立的组成部分会反作用于其创始者，从而全方位地彻底改变原动力。而依托于货币度量单位功能的部分调节手段也会遭遇危机。随着各个组成部分指数化的普及，货币幻觉也终将破灭。

　　指数化的普及呈渐进式，本身具有非对称的特点。它最初符合生产循环的异质性。根据模拟进程，商品循环的每一

## 第一章　货币的暴力(节选)：货币危机

部分都逐步对名义货币结构性上涨造成影响。为了预防这一现象，多种制度性参照指标会同时产生，如制造价格、原材料价格、消费物价指数、利率、汇率等，这些指标几乎让指数效应的产生成为必然。

指数化速度的差异也会导致上述过程。这样一来，那些入不敷出的生产单位可以通过提升价格获取暂时性的实际所得，从而弥补其资金投入并且实现收入再分配。计量单位危机则可以在这种爬行型通货膨胀时期很好地稳定下来[1]。实现稳定的条件总是源自相同的逻辑。感染的过程一般不会传导回感染源上，这就要求把所有损失都限制在无法采取行动的受害者范围内。但是这一设想能否实现令人怀疑，因为在商品经济秩序中，经济系统内个体间的相互依存关系是无限多的。积累运动的扩展得益于权威丧失或某些经济主体消失。积累运动的实现，从根本上依靠一种社会分层体系，其特点是货币秩序下的权力等级化。获得信贷就是差异化的形态之一，某些社会分隔会由此产生，并反对价格自由变化。它并没有被安排进自主化和系统化的流程中，而是处于收入形成与流通的时间比值之中，因此它强烈地限制了这种运动。某

---

[1] 为了深入了解这些现象的宏观经济学解释，可以参考阅读 R. Boyer, J. Mistral,《Indexation de fait et inflation : l'exemple français 1968 – 1975》《指数化现实与通货膨胀——以1968—1975年的法国为例》, Cepremap, n° 7807, mars 1978.

些宏观经济模型描绘的情形正是如此①。价格 y 上涨从而拥有结构性和稳定性特点，涨幅范围与现有冲突的分布和指数化速度差异相关。货币供给是内生的，随名义变化量变化，这便是卡尔多和琼·罗宾逊等对储蓄进程延伸所做的分析。与瓦尔拉斯的理论截然不同，这一理论描述了调节的另一种机制。

我们应当强调计量单位危机引发主权部分缺失所带来的后果，而不要被经济计算所干扰。在缺少社会一致承认的参照物时，人们无法清楚地了解到自己究竟是获益还是亏损，也无从得知盈亏的程度。尽管财富一直由中央货币定义，但财富的检验标准还是十分模糊的。在指数化的众多概念中，有很多可以作为参照的标准，但是在对不同指标的合适程度进行比较与权衡时，我们又会产生新的困惑。危机总会不断挑起新的冲突，危机的质变则会加剧估值计算的模糊性，从而带来毁灭性影响。

## （二）货币无差异化

爬行型通货膨胀的局限性源自供给和需求的相互作用。由于需求结构的扭曲变化条件又回到了中央借贷人身上，分

---

① 除上述索引作品外，还可以参考 F. Modigliani, T. Padoa-Schioppa, (*The Management of An Open Economy with "100 % plus" Wage Indexation*)《100%以上工资指数化的开放经济管理》, Essays in International Finance, n° 130, décembre 1978, Princeton。

摊收入的变化条件便无法确定,问题再次变得尖锐。预计收益降低,如果通过延长投资期限带来的资本增值来补偿,那么生产者就不会强烈抵制预计收益降低。投资期限延长意味着负债增加,而如果已建立的投资标准不改变,那么债务便不具有合法性。此时受直接损失的变成了债权人,这会导致什么样的结果呢?

债权人的反应很容易理解,下面我们回到对货币差异化作用的一般分析上来,就像在分析权衡结构时一样,我们将时间期限记为 $T$,将标准货币记为 $t_0$。

相比于同生产亏损企业直接联系,将偿还限制强加给中间投资者更为有效。这种方式会引发利率上涨,而利率又与市场紧张程度以及等级制体系的分化程度有关。于是我们再次回到了分层的问题上。通过以 $A_i$ 货币形式对债权 $V$ 的再融资,债务流通范围扩大了,融资难度也越来越大,找到解决办法就显得更加紧迫。一旦再融资发生,从发行债务到终止债务的时间就被拉长了,这样处于困境的生产者情况就会有所好转,有利于推广 $\{V-M\}$ 的形式。随着出现了新的生产联通,债务人借债前预计的情况会逐步实现,有利于净化宏观经济环境。

但与此同时,这一操作又隐藏了潜在的风险:企业困难期延长,债务维持期限延长,债务金额扩大,这些都会引发以前 $V$ 和 $A_i$ 之间旧等级制关系的改变。再融资的手段使用越频繁，越会导致 $V$ 与 $A_i$ 的形式无差异化。$V$ 与 $A_i$ 之比不再具有潜在贬值的风险，债权人也就不能借此宣示他们对财富的所有权了。在不同的流通过程中存在一种不纯转让，即灾难性进程：债务人面对现实情况不知所措，而债务人的数量又远远多于持有 $A_i$ 的债权人数量。当中大多数无力抵抗的人，最初的经历与 $V$ 增值所经历的困局并无差别，如今却陷入这些不确定性并被其危险地把控着。当疑虑上升到一定程度时就会变成一种新的行为。对商品秩序危害极大的新问题出现了：怎样让我的物权变得有价值？与对财富的渴望相比，利息就显得微不足道了；利息在管控占有冲突方面相对无效，而财富占有的冲突覆盖范围却在不断扩大。

### （三）贮藏手段危机

分析到现在，中央银行的作用仍然有一部分不明确。在无差异化过程中这不应该被忽视。投资的分层形成了一道巨大的保护屏障，让中央银行的作用免受个人猜疑。这便能体现出其明确的功能：让私人暴力的表达由直接变为间接[①]，从此中央银行的作用就不再是模糊不清的了。某一层债权人的困惑与恐慌越是严重，则货币差异化造成的破坏程度就越深，那时笼罩在中央银行上空的迷雾就会逐渐消散。冲突公

---

① 详见 chapitre 2( Aglietta – Orléan, 1984)。

## 第一章 货币的暴力(节选)：货币危机

开化之后便需要国家层面的裁决。假设我们处在通货膨胀的过程中，国家会扶持亏损的企业。应当谨记，在无差异化程度较高的国家中，颁布限制性政策是极度危险的。想要有选择地推动融资限制，同时又不对生产部门整体造成巨大影响，这是不可能实现的。

中央银行印制发行货币，可以使针对中央货币 $A$ 的冲突明确显现出来。私人经济主体遭受痛苦的根源，如今看来就是过量发行中央货币 $A$。货币主权被裁定时，由于被烙上了不公正的印记，在债权人眼中变得十分可疑，对于他们而言，持有货币不再等同于占有财富。因此，货币是否有能力代表财富，逐渐成为决定经济主体行为的关键。我们又重新回到了通货膨胀危机的阶段：典型的危机形态 $F_{\mathrm{II}}$（逆向暴力）再次出现。

中央货币贮藏手段危机导致危机形态由 $F_{\mathrm{III}}$ 向 $F_{\mathrm{II}}$ 退化。社会全体成员的极化曾经在与非货币商品的对比中驱逐了中央货币 $A$，而如今极化却被渐渐毁坏了。民众的恐慌源于他们面前星罗棋布的商品联系。在这个充满怀疑和不确定的时代，每种商品、每种符号都出现在人们的眼中，如同财富的追求者一般，人们认为财富欲望能够得到满足。每个人都在苦苦追寻自己的保障，这些保障措施又经过了多重乔装改扮——金银、不动产、土地、工厂、有价证券、外汇等，这便是神奇的根源所在。

参照物的异质性限制了投机行为的破坏效果。当然，参照物的异质性从某种程度上保护了中央货币 $A$，因为储藏不同形式的财富造成的价值损失会变得非常不明确，甚至能够隐匿部分损失。这样一来，在危机时期又会重新形成某种稳定局面。异质性会抑制货币大量流失，也能起到稳固债权的作用。但是纯粹的投机活动与无限制地追求财富一样，都会适应模拟结构从而走向完全极化。经济主体正是透过这种到达极化的过程，逐步理解了推动它们行为原动力的实质。最终货币的调节能力会逐渐消失。接下来我们将要分析投机过程，它也是货币秩序完全毁灭前的最后一个阶段。

### （四）投机过程

一般性投机是货币经济的基本特征之一，是商品结构固有的不透明性所带来的产物。未来增值条件的不可知性，使生产者的每一个行为都成为一种赌注、一种预判。商品经济也是一种投机经济。这样一来，投机循环不断出现，从而解释了"社会化赤字"这一商品关系的特点。我们由此可以看到原发暴力的结果，货币就是其表达方式之一。暴力从不会被完全消灭，它总是在灰烬中重生，时刻准备提醒世人它的不祥与凶恶。投机循环形成的局限性在于，如何行使自身主权，如何为投机操作洗脱罪名，以及如何摆脱标准 $N_0$ 的绝对权力（这种绝对权力被加诸所有经济主体，并限制它们的获

## 第二章　货币的暴力(节选)：货币危机

取欲望)。创造投机的形式则遭受限制：只有当债权被销毁，创造投机才能被证明有效。从债务发行到债务终止这段时间，或长或短都足以让人们产生最疯狂的想象，就好像所有的宇宙学假说都能瞬间成为现实。但是这些奇绝的想象为了能脱离混沌、远离虚妄、最终成形，必须要借助于货币流通。对于投机者而言，货币能将他们拉回现实，这也是货币的终极意义。货币反复进行试验，完全扭曲了快乐的意义，阉割了最华丽的妄想。那些渴望财富能无限自我增殖的人，就像那些渴望获得青春之泉从而永葆青春的人一样，只能眼睁睁地看着自己的幻想覆灭，而这幻灭的制造者，正是最普通的约束限制——现金偿付。

在我们将要研究的投机动因中，社会分化断裂已经达到高级阶段，经济主体的均质化正在形成。与一般性投机逻辑截然不同，这一阶段的投机逻辑将会最终导致全员一致的模拟趋同，我们将这样的投机行为称作自我生效式投机或者自我实现式投机。

投机者梦想抓住现实，却陷入了最恐怖的噩梦。投机展现出了不可靠的一面：投机让社会陷入无尽的漂泊，陷入一种既找不到对象寄托又找不到语言表述的"快乐"，让社会变得再无差异，坠入一触即发的暴力中。

这类投机会一步步蚕食整个经济。投机的核心是追求一种产品 $s$，其本质可能就是财富本身。这就代表产品 $s$ 的价值是其内在品质，独立于客观经济条件，独立于货币关系赋予的制度性规则；这种产品不受暴力侵蚀效应的影响，是为佩戴者驱除厄运的护身符。

寻找货币的替代品，首先会使追求物质资产的斗争愈演愈烈。这样的斗争一旦重新燃起，就会进一步破坏生产活动，扩大行业间发展不平衡，刺激生产整合新形式的出现。潜在的恐慌不断蔓延，可能会给经济增长带来有利时机，却也将持续深入破坏差异性，摧毁串联差异性的调节中心。

货币系统在危机前期已经遭受过严酷考验，而投机活动会进一步导致货币系统扭曲。投资活动极大地扩大了货币流通某些部分的作用，同时又能自发增加投机融资带来的新财富。融资增加，又会在很大程度上延长货币回流至某些传统发行中心的时间。这一过程向我们展示了某些债权收益增长的原因，这些债权无论新旧都十分具有吸引力，其收益主要由投机所得构成。在货币循环之外的债权外溢会极大地增强偿付限制，这会让某些融资机构倍感压力。债权人则重新找到了存在感，通过投机活动，债权人试图挣脱中央货币的锁链，因为这条锁链就像缠绕在他们脖颈上的绳套，越收越紧，让他们无法呼吸。

投机活动的标的物 $s$ 可能是物质资产、外汇、证券，甚至任意一种货币资产，并不固定。我们的分析则重在强调标的物的基本维度：它是一种媒介，借助这种媒介，个人、经济主体可以向政府宣示自主权,借助这种媒介他们也可以规避制度框架。出于上述原因,这种投机标的物经常采用外币的形式,因为外汇市场上有两种主权进行对抗,所以国家权力在外汇市场上会受到限制。这一特点是对投机活动最有力的支持。但是外币的形式并不能掩盖投机现象的首要特征,因为即使在单一货币的封闭体系中,投机活动的特征也会展现出来。其首要特征就是新货币关系的出现,而外币恰巧是一种方便展示危机基本维度的资产形式。但无论如何,投机活动都会滋生私有货币权力,即便是通过股票资产类的次级私有货币,或者通过某些商品产生。

## (五) 货币间的竞争性

投机现象非常重要,以至于我们可以用一种新的形式来对其进行表述,这样就可以借此强调结构性变化带来的影响。我们接下来将考察选定的新货币萌芽后所带来的第一轮波动。

此时模拟趋同强度已经达到相当高的水平,其原因在于,模拟趋同源自一种引起社会、货币、生产、文化甚至心理方面巨大差异的破坏行为。投机活动又将强烈的两极化推向焦点,调动起了大量内心不安的经济主体。人们在货币关系的基础上也能找出这种反映暴力辐射范围的特点[1]。出于这样

---

[1] 详见 chapitre 2(Aglietta – Orléan,1984)"模拟极化"段落。

的原因，我们就能理解为什么从私有投机活动关注的不同标的物 $s$ 中都能找到某些中央货币的印记。在某种程度上，标的物 $s$ 起到了度量单位的作用。我们实际上也不难发现，这些标的物也是各种商品价格指数化的参照标准。这样一来，指数化就失去了往日不稳定的特点，成为经济主体为了抵御实际损失而本能地去求助的自动程序。

如果经济主体追求投机价值，那是出于它们对财富进行定义的假定品质。从某种意义上说，投机价值也具有贮藏手段的性质。这种财产至关重要，因为它构建了 $\{s = M\}$ 的等式关系。$s$ 也因此可以起到担保作用，由此成为私有货币发行中心。私有货币由于具有转化成 $s$ 的潜在能力而获得了合法性。投机活动的自主权见证了投机的边界不断后退，而政府当局则在控制私有货币创造方面稍显无力。

$F_{II}$ 的回归意味着货币间的竞争，一方面是中央货币，另一方面是纯粹的私有货币。

在这样的条件下，无论标的物 $s$ 是外汇、证券还是商品及其他，追问其自然价格都会显得十分荒谬。相对于 $s$ 的可变性，尤其在价格指数化加入后，整体价格体系便不再有实际价格惯性了[1]。为了揭示 $s$ 的均衡价格，需要进行一系列反复试验，但将投机动因理解成这一系列试验的结果却不符合

---

[1] 详见 chapitre 5（Aglietta – Orléan, 1984），讲述了德国的奔腾型通货膨胀是如何展示这种荒谬性的。

## 第一章 货币的暴力(节选)：货币危机

常理。因为这一系列试验的本质全然不同，要更为复杂。在其中起重要作用的是货币关系的重构，是新货币霸权的出现①。$s$ 的变化仅与心理层面的习惯做法相关，这也能展现当下流行的投机动因。虽然产生过程可能相同，但这些变化却无法确定，没有人知道哪个阵营、哪种策略会占上风。$s$ 的价格只参考以私有市场为载体的偶然性或习惯性的价格变化。它对能够影响社会或政治环境的重大变化尤其敏感。这些价格变化丝毫不会激起任何强有力的反作用；相反，整个价格体系被随之带偏；价格变化是自我实现的。正是再平衡力量的缺位导致了投机动因的特殊与奇妙之处。

这些新的纯私有货币循环完全脱离了原有的符号体系，但正如我们所见到的一样，它们也引起了紧张局势。货币秩序再次面临二选一的局面：重新要求中央银行来解决困境，或者试图将新货币融入货币结构。

在货币结构组织的变化中，有些约束是呆板的，而最终对冲突进行裁定的，正是这些约束的机械性作用（如要求兑换所谓的万能货币——黄金）。对于那些没有意识到这一点的人来说，作二选一的取舍是有意义的。货币发行机构通过集中货币来行使主权，目的是保障某些债务人的利益。但是货币集中化的趋势会因为私人投机货币的入侵而受到干扰，

---

① 此外，政治的作用在危机的高级阶段会极大地显现，这使得计量经济学家们十分谨慎，他们所处理的统计关系也被假定为像万有引力定律一样牢不可破。

私人货币也借此逃过了发行机构的制裁。这种情形可以通过货币结构的自我转变逐渐稳定下来,因为货币结构的自我转化会尝试回收新货币①。新的资产会被创造出来,新的制度联系、新的市场也会出现。但是在这种机制中立性的外衣下,只有债权人的利益受到当局的充分重视。与标的物 s 相关的融资循环实际上向我们展示了严苛的增值条件,也就意味着增值很难触及债务人一方。这种操作能否成功取决于对约束条件的限制能力。只要促使环境稳定的条件不出现,中央银行就一定会继续发行货币,以保障经济运行。

## 三、暴力回归债务人和中央银行

但是当 $F_{II}$ 回归整体货币流通领域时,传染效应已经达到了相当大的规模,以至开始对债务人本身产生影响。债务人发觉他们与债权人的利益息息相关。由于他们持有货币 $A$,他们本身就是一类特殊的债权人。这种货币 $A$ 已经丧失了核对账目的能力。与上一时期相反,尽管货币已经开始流通,但其可能引发冲突的后遗症一直存在。这种潜在的缺陷会影响到每一位生产者。生产者们从前在劳动分工中有着明确的位置,但如今却被这种标的物、符号拥有完美功效的谣传蒙

---

① 详见 chapitres 6 et 7(Aglietta – Orléan, 1984),关于美国货币政策的论述,通过融合和创造新的资产充分展现了债权阶级的自我改变机制。

# 第一章 货币的暴力(节选)：货币危机

蔽了双眼。估值的过程渐渐被投机活动瓦解了。被认为能代表财富的标的物不断增多，而且经历了不固定的变化过程，从而使得被广泛承认的货币约束（标准 $N_0$）不复存在。在此情形下，每个人都会被获得即时财富的欲望所征服。即便大量的中央融资延长了经济循环周期，消除了一切破产的可能性[1]，对投机短期的迷恋还是会占据所有经济主体的内心。模拟占有会入侵生产领域，并将投机的狂热引入生产过程。如同危机之前的几个阶段，这一过程是渐进式的。这样做的结果会导致可贴现收益降低，进而对资本估值产生影响[2]。事实上，参照标准不再是中央货币，而变成了投机标的物自身。这样一来，根据投机活动的广度，周期 $T$ 的延长无法抵消生产投资预期收益的降低，尤其是在投机标的物名义价值巨幅上涨的对比之下，结果是生产投资受到了抑制。

投机引发的混乱牵扯范围越广，所引起的无差异化就越令人忧心。所有人都会放弃之前的生产活动，转而拜倒在投机活动的"石榴裙"下，对投机的追求既狂热又让人不安。劳动的社会分工随之化为云烟，保证生产活动的社会分层也消解殆尽，而社会总体贫困却在不断增加。随着暴力对抗活动一步步摧毁从前用来构筑参照标准的社会关系，债务人会渐渐处于不满和难以忍受的担忧状态中。

---

[1] 详见 chapitre 5(Aglietta – Orléan, 1984)针对这一主题的论述。
[2] 详见 le chapitre 2(Aglietta – Orléan, 1984)。

中央银行遭遇的困境有过之而无不及。由于不想将危机引向银行货币，中央银行的操作会导致货币形态的无差异化，要意识到这种无差异化十分危险。中央银行越来越难以将贬值控制在商品流通的某些可控环节，制造局部地区的资金紧张局势也越来越棘手。货币约束也被淹没在各种各样的货币浪潮中，浮浮沉沉，若隐若现。经济系统变成了一台被包装密封好的机器，我们越来越难以对其进行检查核验；货币政策的效果又充满极大的偶然性。当投机活动不断壮大时，货币发行机构的处境就会恶化。在这个危机的新阶段，相对拥有自主权的私有资金流通改变了集中化的条件。$A$ 与 $s$ 的比例关系是与中央银行割裂的，在某种程度上不受国家监管。$s$ 的价值是完全由纯私人力量决定的。这类变化中最典型的例子就是出现了 $A$ 的兑换限制，但由于在等级制体系下，其层级高于中央货币，这种限制没有任何意义。实际上，此时大部分商品价格的指数化都是以标的物 $s$ 为参照的。这样一来，$s$ 的价格变化就会强烈地影响到债务方的收益回报，成为收益决定要素，债务方必须要明确保护此项收益。如此，用 $s$ 来表示 $A$ 的价格就与中央银行的行为无异了；这种相似性尤其体现在能够进行干预和决定兑换金额两个方面。

从理论上讲，$F_{II}$ 形式的回归可以理解成争夺一般等价物功能的斗争。货币合法性的危机表现为 $\{A-s\}$ 兑换限制逐渐显露。能否促成这一变化的关键在于商品财富以何种方式

## 第一章 货币的暴力(节选)：货币危机

进行重组，以及新等级体系以何种方式对不同利益进行权衡取舍。我们也可以说货币形式 $s$ 的出现表明无差异化进程的最终局面正在逐步形成。我们观察到让经济主体免于被 $A$ 传播从而感染的替代解决方案似乎也在隐约形成。$\{A-s\}$ 兑换限制是新社会关系的世俗权力。借助于这一限制，先前过度发育的货币组织将会被完全摧毁。在此阶段，清查危机要通过与 $s$ 相近的私有货币完成，同时要靠某些巨大利益和新的等级体制来推进。制度化运动的目的在于逐步消除与 $s$ 的近似性，通过宣布全部债务具有新的合法性来掩藏就个别利益而产生的敌对关系。

从这个角度来看，危机以一种特殊的方式明示了中央货币的矛盾双重性，中央货币一直在试图延长其权力合法性与建立新融资循环来逃避合法性这两种做法间摇摆不定。因此我们会看到两种全然不同的逻辑叠加在一起，并依次在社会大舞台上粉墨登场。宣布货币政策通常发生在政府想要收回通货膨胀溢发货币之时，并且政府想要通过郑重地建立新行动框架的方式来收拾超发货币带来的混乱局面。政府总有意向制止事态和冲突发展。根据数量学派的观点，这种意向通常表现为控制货币总量的增长速度。国家的目标是帮助恢复旧货币秩序。为了达到这一目的，就需要让模拟极化向中央货币看齐并逐步趋同。提高利率就是这样一种尝试：要重新赋予收入有限制的统治地位，以便直接对物权进行估值。

但有时通货膨胀的能量会吞没这些尝试,建立起新的资产,从而让国家控制货币总量的意图破灭。由于私有投机活动与价格上升紧密相关,同时可以刺激货币发行,私有投机便登上了社会舞台。这也蕴含了危机的基本原理:由于危机通过万能的私有货币传播,政府没有能力遵守其既定目标。正如货币现实观察家查尔斯·P. 金德尔伯格写道:

我们进行一下历史性的概括,可以说,每当政府稳定和控制货币数量 $M$ 时,或者控制其绝对数量,或者让货币发行沿预先设计的趋势线增长时,货币发行都会增多。近代货币主义学家很难决定是否应该将货币定义为 $M_1$、$M_2$、$M_3$。我了解到有些学者甚至定义到了 $M_7$。我认为这一过程是无尽的:无论确定任何 $M_i$,市场都会在繁荣时期创造出新形式的货币,以便规避限制,并出现确立新变量 $M_j$ 的必要性[①]。

## (一) 流通手段的危机:让 $F_1$ 回归或选择新货币

如果说投机危机没有导致新的融资等级划分,没有导致新选择标准的出现,换言之,如果中央银行一直试图通过更大范围的融资来规避偿付限制的话,那么危机就会进入最终阶段。投机行为的扩张会沿着模拟动力引领的方向进行,从而导致对于相同标的物的社会全员极化。此时暴力发展到了

---

① C. P. Kindleberger,(*Manias, Panics and Crashes*)《狂热、恐慌与危机》,Macmillan,1978:57-58.

## 第一章 货币的暴力(节选)：货币危机

顶点；而暴力引发的极度分裂也明确了新标的物的范围，这一范围也是新标的物宝贵而神圣的特征。在这一时期，货币A被完全摧毁。之前它还能起到的唯一作用就是作为流通手段的功能，但现在这一功能也土崩瓦解。社会全员对于$s$极化的合理化表现就是他们在交易中直接拒绝接受货币$A$[①]，当然这也是经济主体反对的。危机就是$F_1$的回归：所有社会成员都处于完全对称的关系中，从事生产活动再无任何可能性。每个社会成员都关注投机，但由投机引起的得失却可能没有任何意义。这些得失只是"固有暴力"爆发而引发完全毁灭的幻影。

占有欲的完全趋同也可以理解成经济主体对新货币的自发选择。商品关系破灭的威胁突然出现在整个社会面前，但同时新的太阳也冉冉升起。重新构建社会秩序就意味着要有额外的变化，即驱逐$s$，将它的影响力排除在投机竞争的私有领域之外。如果做不到这一点，模拟极化最终很容易，也只能导致商品关系的全面崩塌。这是一种净化过程，通过这一过程，社会成员将他们的暴力矫饰升华为新的社会规章制度，我们可以将其定义为暴力倒转或者全员性暴力。全员性暴力之所以取得成功，是因为它在我们眼中是全员团结的结果，并且可以在个体中继续保持。这种暴力的起源可能是多

---

[①] 这种情形在近代社会比较罕见,只在奔腾型通货膨胀出现时才可能表现出来。

重的：区域性的、家庭性的、语言的、心理的等。在我们深入探究了商品社会以后，我们也不再那样天真了。我们已经学会了怀疑商品社会大量传播的各种矫饰伪装，不相信商品经济用来困住社会成员的镜像游戏。商品社会给我们呈现的最后一种幻象是：隐藏在社会秩序根基背后的基本社会团结，本来属于人类的天性。但是我们现在如何能够再次相信这一点呢？这种社会团结是全员性倒转暴力的外化，也是为了避开其大量扩散带来毁灭性结果的最后努力。

在这段漫长的理论论证结束时，暴力循环终于闭合了。我们从第二章 $F_{\mathrm{III}}$ 的形式出发，将其引向能否成功选出/驱逐货币。我们也对所有矛盾点进行了逐一细致的论证，甚至专注于扩大、激发这些矛盾点，以便揭开这些矛盾问题的秘密。在我们理论的攻讦下，这些矛盾问题终于"怒火中烧"。这些矛盾性在愤怒的作用下，撕下了长袖善舞、令人心安的伪装，却也事与愿违地让我们看到了其实际动机：既得暴力以及"随扈"的模拟趋同。在这次理论探险的末期，我们到达了最后的圣殿，从那里放眼望去我们看到了暴力是如何铺设其所有分支机构的。就像《现代启示录》[①] 里面主人公发出的惊叹一样，我们也惊愕异常，因为我们亲眼见证了新秩序从人类社会不死不灭的胚胎中冉冉升起，这胚胎便是暴力。

---

① 弗朗西斯·福特·科波拉的电影，1979 年上映。

# 第一章 货币的暴力(节选)：货币危机

货币的起源已经被十分清楚地解释了。相信除了"双重性"，没有词汇可以更好地总结其特点。因为双重性表明在货币产生过程中，助产士的形象和杀人犯的形象被某种行为集于一身，这行为便是模拟极化。

## （二）结论

通货膨胀现象的发展，表明了集中模式在全力抵抗经济权力的重组；阻止经济权力重组则要仰仗扩大化的中央融资以及对占有关系的各种修订。已经存在的私人利益结构则试图通过加速铸币、弥补亏空的方式保证其再生产，但这种方法只会让其损失不断扩大。

可以说，通货膨胀是横亘在私有商品物权等级制和新型增长模式间不平衡的标尺。通货膨胀表现为私有货币的大量增殖导致盈余/亏空两极化。其关键在于通过物权转移来重建经济审查制度。为了理解这种制度重建的难点，我们需要清楚地知道任何秩序都会在一定程度上固化占有关系，因此旧秩序总显得无能为力，难以配适社会结构中出现的新约束条件。可见危机爆发具有其必然性，正如当新经济权力重组时，旧秩序只能被连根拔起却无计可施。

我们的分析已经证明，将通货膨胀定义为价格升高或者增发货币都只是展现了其结构的同质性，这是非常肤浅和表面的。数量学派的观点通常正是掉入了这种表面性的深渊。

通货膨胀危机的不同发展阶段已经在表2-1中总结出来。每一阶段都有不同的成因，其具体结果也因此不同，并且每个阶段都会或多或少地引起价格升高、银行结构的转变、生产的衰败或者狂热的投机活动。因此，该过程中的每个阶段也同样会引起社会组织的质变，这也正是"经济还原论"从根源上摈弃的东西。

表2-1 通货膨胀过程的不同阶段

| 聚集亏损端策略的行为变量 | 导致分裂行为取得成功以及新的调节阶段 | | 根据不同的评判标准导致暴力传导并回归至原始端 | | |
|---|---|---|---|---|---|
| | 债务方止损行为根源的差异化本质 | 调节阶段命名 | 体系中相互关系的本质 | 引发模拟聚合、调动受影响的主体采取回应措施 | 危机命名 |
| 相对价格 | 生产活动异化、自治主体分离 | 瓦尔拉斯阶段 | 价格名义体系中的相互依存关系 | 部分指数化扩散 | 计量单位危机 |
| 价格提高 | 货币秩序导致社会关系制度化，进而引发指数化速度差异 | 爬行型通货膨胀或再分配型通货膨胀 | 需求与实际收入的关系 | 消费缩减、投资减少（乘数加速器） | 销售危机 |
| 以次级货币为中心的再融资 | 等级化体制内部分裂：次级货币与中央货币的矛盾关系，牺牲某些融资中心 | 债务方重构导致的通胀式增长 | 债券金字塔体系中的集中化关系 | 部分货币融资方向为中央银行再融资 | 货币异化、投资循环发展 |

续表

| 聚集亏损端策略的行为变量 | 导致分裂行为取得成功以及新的调节阶段 | | 根据不同的评判标准导致暴力传导并回归至原始端 | | |
|---|---|---|---|---|---|
| | 债务方止损行为根源的差异化本质 | 调节阶段命名 | 体系中相互关系的本质 | 引发模拟聚合、调动受影响的主体采取回应措施 | 危机命名 |
| 向中央银行再融资 | 投机标的物异化形成新融资分层（新等级化体制的要素），牺牲某些投机者与生产者 | 国家控制下的投机型通货膨胀 | 债权人利益一致化 | 投机活动自动生效普遍化，生产者收益的名义标准毁灭 | $F_{II}$回归或货币竞争 |
| 投机活动 | 通过暴力倒转驱逐 s | 新货币秩序 $\{s=M\}$ | 社会全员模拟极化 | 选出 s | $F_I$回归或商品社会完全毁灭 |

我们从每一阶段的结果中可以看到最重要的结论，那就是导致结果的动因都源于相同的逻辑。这种抽象的逻辑依靠自身的普遍性向世人展现出来，是理解商品现象的基本原则。现在我们要对不同时期的动因进行简要概括。

旧调节机制失灵造成了困难的局面，从而导致一部分占有权受到攻击的经济主体开始采取行动[1]。这种反应改变了

---

[1] 这些困难的本质，以及让这些困难走出潜伏期、转变成个别经济主体回应方式的过程，从某种程度上对我们而言是未知的。这就是为什么逻辑推理会让这些困难变得不可理解。同样地，只有完全领会 $F_{III}$ 的形成/毁灭循环，才能理解对 s 选择/驱除的过程。理解这些过程显然需要我们的观点拥有二元论逻辑。所有依靠传统机械论方式的线性分析都是无效的。

经济社会关系，打乱了原有的因果关系，又推动了新的行为，最终促成新的调节形态。我们观察到新的社会联结形成了新的宏观经济相互依存关系，即能够保证自动再生产的经济关系也形成了。从某种意义上说，每个阶段都对应一种独特的宏观经济关系。此类宏观经济关系经常由一大批模型以及理论文章发表展示出来，而那些理论发表又充斥着政治经济学以及对超级通货膨胀的矛盾化解释①。但是政治经济学从来不讨论宏观经济关系应该遵守哪些限制来得以延续。政治经济学极度推崇现实运动，并将其描述成一种纯粹的、不变的机械运动②。而对通货膨胀的分析则正相反，强调了局限性和稳定性条件。

新建立的模式之所以能够稳定存在，是因为它被证明能够将困局控制在某些方面，尤其是将其严格地限制在商品流通领域。此过程只能通过等级化制度的制度差异来实现，也正是这些制度化的差异性展现了困境中治理能力。得益于某些社会阶层暂时性或永久性的牺牲，处于困境中的经济主体才能够重新建

---

① 理论的超级通货膨胀就像货币超级通货膨胀一样，都展现了通过增发一种符号来回避结构性难题的意愿。但是这种无节制的生产会导致与预期完全相反的结果，即导致所有符号实际价值的整体下跌！在经济学领域我们观察到货币实际价值整体下降，详见原书第五章。

② 从某种角度看，无论是在实验科学中还是在科学的研究方法中，着魔般地使用解释性图表，说明了机械性表述仍占据统治地位。但机械性的表述在社会科学里却没有被以同样的强度强制使用，即便大量的社会性实践都对其有效，并能促进其发展。机械性表述就像用极简单的逻辑框架来塑造个人和集体的策略，并以此回应急迫的需求。这一观点在原书第一部分的总体结论中已详细展开。

# 第一章 货币的暴力(节选)：货币危机

立霸权。它们的策略是将那些通货膨胀危机引发的强制性贬值引向某些在社会差异化体系中被支配的经济主体。

但是实施这条策略却贻害无穷，它与均质货币概念衍生出的大量相互依存关系针锋相对。货币体系的中央化，将增长模型再现所必要的利益关系也纳入体系当中。同时，货币体系的中央化也会散播限制条件，这也是模拟传染的一种表现。经济主体渐渐发现它们以往的决策行为无法再达到相同的效果。这是在背后动摇根基的行为，以熵增的方式一点点腐蚀社会分隔，影响标准选择。从传统意义上说，债务阶层被腐蚀的诀窍就在于此。

社会传导处于调整的核心地位。一旦社会传导达到了一定程度，模拟趋同就会产生，并转化成冲突，同时引发重构行为和新回应，以面对债务方发起的挑战。一些前期的生层在此过程中被溶解。

应对的效率反过来取决于对债务人策略的瓦解能力，以及应对方式产生的差异化水平。随着传导机制不断铺开，原先相对独立的经济活动会受到越来越多的影响，而传导的效力也会越来越强，返回债务人身上的暴力的破坏力也会逐步增强。债务人看到了隐匿在背后的将债权人团结起来的利害关系的重要性[1]。他们对私有财富的占有欲损害了整个社会

---

[1] 我们这里所说的"债务人"和"债权人"都是广义上的。很明显，根据去差异化过程，上述现象与广义范围内涉及的某些阶层具有直接关系。

团体的利益，他们也与社会的财富面相对立，所以他们对其所付出的努力感到失望，这会促使他们按照相同的逻辑采取新的策略。

在中央货币的流通过程中①，某些循环会对整体经济循环带来影响。与经济循环均质的看法相反，上述措施明显强调货币生层与融资生层，以及与基础循环相关的时间特点。正是这些因素帮助我们理解为何局部地区的波动会被体系吸收，抑或与其他地区交互导致调节的质变。该分析强调了一种不确定性，它存在于"岔路口附近或社会系统面临两种运行制度的'抉择'处"②。由于存在非量化和非宏观经济的分析，在某些概念中出现了极特殊的重要现象，并将理论与历史紧密相连。评判标准的形成以及阶段变化的不可逆性之间有着某种优先的联系。"浮动变化的使命变成了……特殊存在，需要研究每一个特殊的个案中，离散……是如何脱离传

---

① chapitre 1(Aglietta – Orléan, 1984).

② I. Prigogine et I. Stengers, op. cit. 即使在这部作品中从未出现此类有关模拟的问题，但地区性异化与联结区域体系传播速度的关系是众多思想的核心：在这两位作者看来，物理结构的稳定或质变可能取决于"将所有体系内区域勾连"的能力(p.178)，取决于催生"评判尺寸"的能力(177 – 178)。另外，即使他们对原发地区波动扩大的分析，也并非与模拟极化的过程毫无相似之处。他们的论题与我们的论题很相似：在自动调节机制的作用下，微小的扰动怎样不被消化溶解？他们得出的答案也十分有趣，因为他们的答案是基于大量统计研究得出的，这在模拟现象中也经常出现。我们在总结时不希望违背两位作者的思想和推论：正如大数定理和玻尔兹曼公式表述的那样，如果浮动没有被清除，那是因为它掀起了一系列连锁反应，这是一种积聚性运动："(一种产品)密集型越高，(变化所引起的)集中性越强。"(变形虫和白蚁的例子,175 – 176)这难道不是一种简单的模拟行为逻辑吗？从这一前提出发，实际上我们就能理解一个体系是如何产生差异化与组织结构的了。

## 第一章 货币的暴力(节选):货币危机

统模式的,以及脱节到何种程度①"。这种使命取决于竞争双方所处的社会地位。而社会地位是许多关系的集合,这些关系不仅仅局限于商品关系。从这一角度来看,对评判标准的分析位于交界处,其中构成历史研究的不同社会关系相互渗透和交融。

事实上,不同的阶段并没有被严格地分割开。它们相互交叠,而且其影响也可以结合起来分析②。但是对我们来说等级制仍然是恰当的表述。根据不同货币功能所承担调节机制的重要性,等级制会逐级摧毁这些货币功能。从这个角度看,我们在分析表2-1时不仅可以横向看,也可以纵向比较,这样就会发现新的结果。例如,有关第二列的内容研究如下。

不难发现,异化过程的逐步深入带来了一些生层现象,筛选新标准也越来越直接依附于国家的裁决③。当然这种依赖性始终存在。但是在危机的最初阶段,这种依赖性很好地

---

① I. Prigogine et I. Stengers, op. cit., p. 177. 两位研究人员基于他们物理化学的认知基础,所得出的结论与我们的结论十分契合。当我们远离了均衡,也就是说,当"波动(能够)随时扩大,直到完全扰乱状态"(p. 175),就不可能再从宏观层面来描述体系了。即使对于物理体系来说,任何预测都是不可能的(p. 175)。

② 分析这些动力的结合只能导致一种史考虑现实的虚幻感觉,因为具体的货币变化主要是由混乱引起的,混乱又是由货币政策(详见第六、第七章的分析)以及中心化和分裂化的操作引起的。

③ 我们要注意的是,实施政策以及构建越来越严密的法律规定网络,都源自即刻兑现限制压力下所采取的经验主义措施的沉积作用。承认这种经验主义做法是武断的、不公正的,也就是否认了其合法性。政治宣言(经济宣言亦如此)的作用就是隐藏这种经验主义。人们企图借助于道德标准,要求在实行之后推演出其合理性,或者以更"科学"的方式求助于经济学永恒定律(同上引述,第一部分结论)。

隐匿了起来。通过修正筛选全员一致认可的条款（即牺牲某些群体的意见）而获得合法性，这些条款是基于货币秩序的。在危机过程中，从前支配经济主体日常活动的公认条款的基础逐渐从迷雾中显现出来，以前这些基础都被深埋于货币的杰出表现背后。这一逻辑也适用于社会标准评判的外显、政治合法性的分解或者组群间的外化斗争。

### 四、通货紧缩式危机

对通货紧缩危机的分析与对通货膨胀危机的分析所蕴含的理论关键是不同的，道理十分简单。在通货膨胀过程中，是中央货币 $A$ 本身受到质疑，也就是说，整个等级化体制的核心、等级制度调节能力的根基受到了怀疑。$\{A=M\}$ 关系的坍塌，会引发社会一致认可的参照标准缺失。这是一个影响范围很大的灾难，会导致一些难以解释的问题。在通货紧缩过程中，人们不会期待货币有杰出的表现。同时，参照标准的基础体系保持稳定：标准 $N_0$ 以及计量单位维度的货币无可置疑地继续发挥功能。即使在极端的情况下，通货紧缩危机能够导致 $\{A=M\}$ 关系破裂，指的也是一种"超出过多"的悖论过程，而非与货币 $A$ 相关的参考体系崩塌。同样地，在通货紧缩过程中，这种货币表示财富的能力从来不会遭受经济主体的质疑，而是达成方式产生的问题。通货膨胀通过一种陌生的或从某种意义上来说奇幻的乔装隐藏式的游戏给人们制造了恐慌和障碍。没人知道何种面具下隐藏了占有欲的财富。在通货紧缩过程中，这种不满以一种更平凡的逻辑形式表现出来，即使其经济后果同样严重。我们从一个充满变化的迷人世界坠入了一个必须通过劳动才能生存、计数的世界。然而我们再次发现通货紧缩的原因也随着一个一个接连的阶段而递进，这与通货膨胀的现象是类似的，但内容却"恰好相反"。

## $\{V=A\}$ 关系的危机

### 1. 相对价格变化

这次是由盈余一端首先发起的。它们想要实现利润盈余的资本化，以增加对生产环节的控制。如果这些战略性计划要通过重新定义生产标准来实施，通过相对增加它们的投资与支出来实现，情况就未必危险。可以观察到产业上的变动，即通过总体深化劳动分工的方式逐渐吸收这部分盈余，可以说这种方式增加了社会财富。

### 2. 价格降低

但是创新能力的变化是有限的。创新的实现需要特殊条件，并不只由债权人才能完成。债权人试图通过行使融资权来拓展他们的权力，他们勒令债务人如期偿付债务。正如我们所见，债权人通过货币差异化体系要求偿还债务来获得权力感。在纯粹的通货紧缩过程中，由于中央银行支持债权人战略,并且拒绝任何的再融资形式,债务人(也可能是生产者或融资中间人)没有任何脱身之法。由债权人引发的经济范畴 $T$ 的缩紧,将最终演变成越来越紧迫的偿付限制。对于债务人来说,应当避免破产或被吞并,即避免丧失自主决策权。他们当前或近期的名义收益在资产评估中起至关重要的作用,而超出经济时期范畴之外的部分则不会影响评判。这种情况会引发价格下降,以期尽快地、尽可能多地交割资产,同时增加现有收益,即便这样做会与整个生产环节脱钩。我们观察到的发生在某些地区的贬值,其实是围绕价格的力量关系相对稳定的结果。

3. 货币无差异化

但是凯恩斯乘数理论下的通货紧缩会反过来影响债权人。债权人会看着他们的资产变成受怀疑的目标。一向固执的货币发行机构仍然不会采取措施,最终制造出紧张、怀疑的氛围。那么 $\{V=A\}$ 的关系,即债权评估的过程,也会受到质疑。通货紧缩导致等级化制度的断裂,由此诞生 $\{V=A\}$ 的关系危机。债权人试图通过转让资产来逃避企业困境,他们尝试将资产兑换成更安全、更有信服力的货币形式;而在这些货币的选项中,处在第一位的必然是中央货币。可以看到公众对现金的普遍需求会引起融资链的内部破裂。所有的债券和实体资产都会以无差别的方式被人们感知,但这需要一定的过程。只有能马上用中央货币表示,这些债券和实体资

第一章　货币的暴力(节选)：货币危机

产才有价值。从债权人的角度来看，协商谈价与资产转让最终都可以归结为价格问题。所以这些债权人的操作方式会不会被 $\{V=A\}$ 的关系棱镜所折射出来，成为一个问题。

诚然，我们已经看到了这一保障形式背后隐藏的东西。正如所有财富形式一样，一种资产的"价格"，即其货币承诺形式，只能依赖于制度性现象，而此类制度性现象又被货币流所操控，从而被纳入融资结构中。一种资产的价值总是被纯粹虚构出来的，其真实感源于它可以进入生产领域及其特殊的时效性。资产只是在某一时期对支付限制的延期交付[①]，而危机则会将这种功能交给私有主体来负担。当私有主体被卷入竞争的旋涡时，他们便再找不到任何替代品了。而竞争也不再是等级制货币结构的间接载体，竞争引发的混乱冲突不会让任何制度性表现脱颖而出。这样的关系赋予了货币一种能力，即支付经济主体获取意愿的能力。这便是数量评估的条件，关键在于要让社会普遍接受这一条件，而物权在其中则发挥了对未来收入管理的作用。

4. 回归债权人和中央银行

如果贬值作用发生得不够迅速，所有财富的次级表现方式无差异化会加剧危机。根据模拟的逻辑，比社会生层被打断更严重的是我们观察到了所有资产价格呈断崖式下跌。这

---

[①] 同债权人一样，经济学家也陷入了等级化体系引起的幻象中：价格体系将一切都均质化，同时也在数量维度上缩减了一切。

会导致生产领域被破坏,最终所有的生产活动都会终止。这种情况源自随着通货紧缩不断发展,时限 $t$ 逐步降低,趋近于零。那时,所有成员都是同质的,每个人都会发现自己是债务人。我们发现关于中央货币的一致性极化出现了,除了中央货币 $A$,所有客体的价值都降为零。

在此类极端情况下,出于货币性质而持有货币看起来就像是一个圈套。它的价值是无限的,没有任何其他东西可以比拟。但是货币也不能再进入现实世界了,它被完全神化了。

这种现象不应该让我们感到震惊。应当以一种尤为特殊的方式对其进行总结,因为在通货紧缩的过程中最核心的部分就是:对纯粹性的执着追求。这一点在债权人和中央银行身上体现得尤为明显。它们用来评判特殊要求的政治哲学沿用了清教徒式的道德标准:一丝不苟地遵守协约,仇视只能让人松弛、堕落地妥协让步,即"义务理论"[1]。

这一策略不能被实施,原因在于它涉及货币关系的内在特殊方面,而脱离于 $\{A=M\}$ 关系。货币为了能够不断增加,不应该过多地参与私有冲突,否则就会像在通货膨胀中一样受到影响。货币规则应当自动出现。为了不成为众矢之的,为了被奉为圭臬,货币应当让人们相信它的形成不受人类制度影响。货币的这一特殊面在黄金上表现得淋漓尽致,

---

[1] Honoré de Balzac, (*Le Lys dans la vallée*)《幽谷百合》, Folio, 1972:152 – 168.

它既被精细加工，又欺骗性十足。在经济文献中，尤其是马克思主义经济文献中不断夸大黄金自我调节的性质，尽管一系列经验论的研究对其提出了质疑①。卡尔·马克思深受传统李嘉图学派的影响，受制于高度物化的商品关系而未能揭开货币的面纱。金本位制没有任何特殊的优越性，它并没有展现出货币关系不可超越的性质。黄金偶尔又会出现在货币舞台的中央，那仅仅是因为它展现了某些特殊社会阶层的策略，如某些债权人想利用黄金让他们的利益增值。通过优先强调黄金在货币保值方面的作用，债权人赋予了货币合法表达占有意愿或者实现他们对债务人实际控制的功能。在货币秩序中，黄金体现的重要性只取决于债权人与债务人之间等级制体系所建立的裁决方式，而不取决于其他任何事物②。

5. 驱逐货币

在货币秩序通货紧缩过程的最后一个阶段中，商品社会被完全摧毁。毁灭有明确的形式，即完全驱除货币 A。

它获得的无限纯粹性无法再让私有冲突成为中间媒介；

---

① 例如，A. I. Bloomfield, M. de Cecco 或 P. H. Lindert 的论述（详见参考文献）。
② 尽管戴高乐将军自1964年起实行了黄金储备政策，但如果只将其看成不可见力量，严格地将货币体系并入其自然形态，则无疑是幼稚的。从更普通的视角看，这关乎一场竞争，一方面取决于主导者力量地位敌对的竞争性利益，另一方面则取决于将它们聚集起来的相互依存关系。等级制货币体系完全可以弃黄金不用。我们一起回顾前工党大臣1931年的声明，终止必须用黄金交易而改用英镑："它们从未告诉我们可以如此做。"［引自 R. Dehem,《De l'étalon – sterling à l'étalon – dollar》《从英镑本位制到美元本位制》, Calmann – Lévy, 1972:77］

它也无法继续维持 $\{V=A\}$ 关系双重性的另一组成部分。

  危机也能最终促使新货币秩序形成。我们发现融资担保的金字塔体系从私有债务的循环领域开始缓慢重组。这种变化想要产生，则必须要伴有中央货币发行规则的改变。等级制货币体系从尚未完全贬值的特殊债权领域逐步重组。这些躲过灭顶之灾的债权，赋予了持有者们巨大的融资权力。这些债权持有者在定义新货币制度中起决定性作用，而新的货币规则又会令新的等级制体系显露出来。

  对危机的分析展现了两种对立货币策略的失败形式：一种是集中式的，另一种是分裂式的。通过不同的路径，$T \to +\infty$，$R(t) \to 0$ 或 $T \to 0$，$R(t)$ 任意两种策略最终会造成相同的结果，那就是所有生产活动停止；所有资产没有任何价值（$T$ 代表偿还限制期限，$R(t)$ 代表未来 $t$ 时期的贴现收益）。如果人们明白货币政策除了经验主义的变化以外都可以归纳为集中式或分裂式的态度，那么很明显我们的理论排除了一切绝对管理规则出台的可能。社会法规的设立不应源自内在原理的机械性运用！

  我们可以将两种危机的极化过程总结为等级制体系与其中一种组成趋势的逐渐认同过程：在通货膨胀情况下与集中体系认同，在通货紧缩情况下与分裂体系认同。透过极化结构导致商品秩序毁灭，我们重新认识了这些极化结构的单边特性。这些极化的结构展现了商品暴力的极端形态。

第⬡章 货币的暴力(节选)：货币危机

针对此类极端暴力形态的研究，在理论方面十分丰富，因为这一研究让货币秩序最深的奥秘重见天日。得益于此，我们才揭示了构成货币起源最纯粹的两极：选择与驱除。

## 参考文献

Aglietta M., Orléan A., *La violence de la monnaie*, Paris, Puf, 2ᵉ édition, 1984.

Bloomfield A. I., *Short term capital movements under the pre1914 Gold Standard*, Princeton Studies in International Finance, 1963, n° 11.

Bloomfield A. I., *Monetary policy under the international Gold Standard* (1880 – 1914), Federal Reserve Bank of new York, octobre 1959.

Boyer R. et Mistral J., *Indexation de fait et inflation : l'exemple français 1968 – 1975*, Cepremap, n° 7807, mars 1978.

Brown W. A., *The international Gold Standard reinterpreted* (1914 – 1934), National Bureau of Economic Research, 1940.

Cecco M. de, *Money and Empire*, Oxford, Basil Blackwell.

Dehem R., *De l'étalon – sterling à l'étalon – dollar*, Calmann – Lévy, 1972.

Keynes J. M., *Théorie générale de l'emploi, de l'intérêt et de la monnaie*, Petite Bibliothèque Payot, 1971.

Keynes J. M., A Treatise on Money, Mac Millan, 1930. Kindleberger C. P., *The formation of financial centers : A study in comparative economic history*, Princeton Studies in International Finance, n° 36.

Kindleberger C. P., *Manias, panics, and crashes*, Mac Millan, 1978.

Lindert P. H., *Key currencies and gold* (1900 – 1913), Princeton Studies in International Finance, n° 24.

Marx K., *Contribution à la critique de l'économie politique*, Éd. Sociales, 1972.

Marx K., *Texte sur la méthode de la science économique*, Éd. Sociales, 1974.

Modigliani F. et Padoa – Schioppa T., *The management of an open economy with 《100 % plus》 wage indexation*, Essays in international finance, n° 130, décembre 1978, Princeton.

Robinson J., *Essays in the theory of growth*, Mac Millan, 1962.

# 第三章

# 《主权货币》合著序言[1]

米歇尔·阿格列塔、让·安德罗、
马克·安斯帕克、雅克·比鲁斯特、
让·卡尔特利耶、丹尼尔·德科佩、
夏尔·马拉穆、安德烈·奥尔良、
让-米歇尔·塞尔韦、布律诺·泰雷、
让-玛丽·蒂沃

---

[1] 本文作为 La Monnaie souveraine(《主权货币》)一书(米歇尔·阿格列塔,安德烈·奥尔良,主编)的序言首次公开发表,巴黎,Odile Jacob 出版社,1998:9-31。

本书致力于解析一般货币现象，主要运用具体对比的方式，而非以普世的、教条的和抽象的视角进行分析。为了做到这一点，本书侧重于货币关系以及货币关系所属的特殊社会的研究。经过深思熟虑后，我们认为对这些货币关系所属的特殊社会的研究，可以参考对当代西方国家而言遥远的异域国度，可以是古罗马、吠陀时代的印度、非洲的主权或者是美拉尼西亚社会，所选取的货币体系应当属于每个社会的不同时期。在这样的条件下，就不会只出现唯一的货币，货币产生的历史也不会相同，如此进行比较分析才能对整个人类社会更具价值，更有意义。

然而，这些研究只是集体思考成果的第一部分，其作用是让读者理解不同社会中货币的地位，而在第二部分中我们以同样的分析力度将现代社会作为比较的一方，以期找出其中的差异。当然，所有分析都是基于承认每个社会内在逻辑性成立的，我们也在对比中考虑了这样一个事实，那就是我们的研究是针对西方社会的，是针对当代世界的。本书的结构设计正是基于这样的双重考虑,这一点也体现出本书的独创性。

我们应当在此强调,上述两种考虑十分不易调和。事实上,在完全符合逻辑的条件下考虑古代货币,往往很容易暴露其组织原则和价值承载与近代社会货币的截然不同,这就会给我们的对比研究带来难题。如果说我们的学派已经成功避免了该问题带来的研究障碍,那一定是因为我们掌握了货币现象与社会全体性的特殊关系,以及这种关系中蕴含的统一性——货币展现出并增强了社会的全部价值。这也是本书所捍卫的核心理论假定。即便这一理论大概不会让人类学家和历史学家感到意外,就像我们在书中所研究的非洲、美拉尼西亚、罗马和吠陀时代印度的例子,但会给经济学家带来可怕的冲击与挑战,因为经济学具有统治地位的学派坚持认为货币的概念是工具性的,货币充当的是交换媒介。由此可见,我们坚持的理论假定与主流经济学派相去甚远。

本书的作者们认为,如果只在货币中看到纯粹经济学领域的研究对象,那就过于狭隘了:现代货币仍然是社会全体性的体现;货币也仍然保留着社会从属性"记录员"的身份。这就是为什么我们将合法性,或者说货币主权性的概念置于研究的核心。此观点与主流经济学派的观点相悖,主流经济学坚持将商品交换简化为单纯的契约关系,这是远远不够的,因为它忽视了货币作为个人附属品与社会整体相连接

## 第三章 《主权货币》合著序言

的重要作用。从这一角度看,现代货币已经发生了深刻变化,并被赋予了特殊性,既不是由于货币转变为与社会全体相连的纽带,也不是因为当今社会全体性构成的方式。在我们的分析中,两种演变产生了决定性影响:①个人在价值等级制中居于首要地位;②经济范畴内产生自主性,即想要与社会相分离并企图控制社会。

第一种演变体现出人与社会全体的关系被彻底改变了。今后,最终价值应该由个人掌握,因此集体形式可以被看作是服务于个人的。价值的翻转是制度个人主义学派的核心,这一学派利用翻转价值高效地赋予社会成员期盼的满足感。货币工具主义的概念,即货币作为商品交易便利化载体,是对社会关系整体看法的缩影。但是我们也考察了这一演变的影响,发现它导致了个人与社会之间的负债关系。这样的负债关系在本书中对于读者理解社会联结发挥着基础性作用,它表示社会对个人的负债,而不再是每个社会成员对社会全部的负债。第二种演变对我们来说是至关重要的,让我们发现第二种演变的是不同现代社会的差异化,以及将货币禁锢在经济领域的倾向。从这一点出发,私人与公共部门便分开了,经济债务与社会债务也分开了,但后者往往会受到质疑,因为社会债务和经济债务之间不一定存在可公度性。

细心的读者不难发现,上述两种演变反映的正是经济工具货币产生的过程,但这也正是我们要反对的概念!我们的分析与传统主流经济理论的差别在于是否承认这两种演变不可能完成。实际上我们认为这是不可能完成的，因为无法完成正体现了人类集体应该遵守的基本约束。换句话说，经济的自主性、集体形式的工具化以及权力关系对权力机构有优先性并不能展现出有逻辑性的社会模式，相反，必须以权力关系对权力机构的从属性为前提。

权力机构是集体价值的载体，借助这一名义社会的逻辑性得到了肯定。这些集体价值是指导个人行为的规范、标准。可以说权力机构在价值方面从属于权力。权力代表一种支配关系，建立在能让某些个体决定其他个体行为方式的基础上。权力的特点是，除了对立的另一种权力之外，没有其他的限制。权力的关系会引起策略性对抗，导致不确定性结果。权力听任自身的安排（即不接受权力机构的命令），但它也会破坏社会的逻辑性。权力机构与权力的对抗也构成了现代货币的内在二元对立：货币在创造时参照了高级权力机构的等级化安排，但在使用时又追求平等原则。债务由于体现出了这种二元对立性，成为我们理论创造的突破口。

从这个角度看，序言部分应当介绍一下我们集体创造的概念，这些概念一起构建了本书的理论结构。序言第一部分将从更广义的视角观察社会全体内部的货币，这一视角最后会转向分析现代社会例外的最普遍特征。第二部分则会从反思经济变得社会性隔绝的角度出发，深入分析现代货币的矛盾性身份。第三部分向读者展现通过债务来理解货币的社会纽带作用是十分恰当的。第四部分集中研究货币信任的基础，我们将从货币信任的三种基本表达方式的等级化差异入手进行分析。最后在序言的第五部分，我们将从先前的研究分析中受到启发，提出对欧元的部分看法。

## 一、作为全体的社会

要开始将社会理解成全体性的社会，我们就要愿意走出两个被社会性限制的概念。

第一个概念将社会局限在订立契约个体的简单集合上。这些个体是自由的、平等的，他们之间的产品交换也源于满足私利。这就是主流经济学派的定义。社会被主流经济学派视为外部事物，主流经济学派以抽象的方式将社会当作大量交易的统计结果，无论这些交易是合理的还是混乱不堪的。依照这一原理，社会是个人的社会，而个人出于神的旨意或自然法则，抑或历史原因甚至对独立日益强烈的向往，会要求摆脱从属的地位，转而根据普世伦理道德对货币和其他事物进行控制。如果作为道德主体的个人是社会结构的最终价值载体，而以上帝面前人人平等的名义任意获取商品和货币，实际上则会成为阻碍平等实现的障碍，因为既然劳动不是每个人都能付出的，那么商品和货币对于一部分人而言也是触不可及的。由此，新型关系被建立起来，不再是个人通过社会与相同权力机构的从属与被从属关系，而是权力机构与没有资产、没有社会联结的人的压迫与压迫关系，与某些待之如无用之物的个人的强权关系。

第二个对社会的定义尽管局限范围小于第一个概念，但却在第一个概念中个人之间的层面引入了政治因素。在这一方面，冲突被以协商的方式处理，达成和解，有专门机构实施仲裁，市场无法供给的服务都被提供了。但是至此问题的出发点仍然不是社会全体，而是个人。正是个人在获得物品和货币时受到保护，免受交易造成的不可抗拒的影响。结果是，为了所有自由个体达成一致意见，个人组建起了政治团体，之后又通过委派制度组建了评议会。评议会在个体（晋升为公民）和国家之间添加了法律规定，建立了民主制度。但是如此设计出来的民主制度注定是脆弱的，它的建立过程是人为的、武断的，因此也必然拥有内在的弱点和危险。民主制度实际上源于西方异常珍视的神话：社会的形成缘起于自由平等的个人，他们决定依照社会契约联合起来，并且在他们中间建立联盟。由此建立起来的政治则想要掩饰公民社会，因为政治的目的是通过实施凌驾于所有人之上的权力来支配社会。因此社会是从属于政治的，政治是一种高于个体相加的单位。但社会起源于个体意愿，即个体想要通过努力建立起高于个体、让所有个体以及他们的后代臣服的实体，一种新价值的集合。单凭这种意愿就足以建立起社会关系吗？

## 第三章 《主权货币》合著序言

政治联系的概念毫无疑问是积极的，但是它会不会有潜在的风险？即从某种意义上说，隶属于某些政治宣传的价值是人为地包装了现实情况，在这样的包装下个体首先会被视作独立的，也会被说服他们每个人都是集体最高价值的占有者。对高级联合体内部添加约束实际上变成了强权和极权的残酷手段，这种现象在20世纪尤为明显。

将社会视为一个整体则全然不同。在这种情况下，社会一直以来就是独立存在的，即便社会拥有对个体的权力，这种秩序关系也不是其成员在事前明确表示赞同才形成的。这一结论来自历史观测，我们可以借助于某种事实来检验其真实性。那便是依据价值具象化而组织起来的社会能够维持现状并不断更新，可以将过去、现在和将来结合起来。这种历史观测被证明只有在一种情况下是可行的，即所有组成社会的关系都隶属于一个权力机构，从某种意义上说，它就是价值的高级单位。而社会全部是建立在相互依存的关系上的，从根本上表现出不对称性：事实上，社会关系并不是由个体按照自我和他人之间的平等原则建立起来的；相反，所有的社会关系大体上都是依存关系，依存于一个能够彰显个体的高级单位，然后才创造出个体自己的社会关系。社会全部的成员在价值上从属于这个高级单位，而最被人们所熟知的高级单位形态就是价值等级制形态。比如说一对夫妻并不是她和他的简单相加，而是她和他组成了一个新的高级结构来塑造两个人的行为与规划：所以说夫妻关系就是这样的高级单位，让双方在价值上隶属于它。因此，我们可以将这一规律推演到所有社会单位，无论范围大小，如家庭、村镇、公民范围或者社会。

由此我们回归了最初分析权力机构的道路，即权力机构不是依照实物组建的，而是依照所有社会关系的价值组建的。这样一来，我们就很快能理解为什么权力在价值上隶属于权力机构了，因为无论多大的权力都无法做到这一点，但权力机构可以。任何形式的社会或社会关系都是基于权力机构，依照价值而不是依照权力建立起来的。社会全部的组建逻辑，更确切地说是价值等级制，被认为要依靠两个层次实现：其中一个层次即权力机构；另一个层次从属于第一个层次，包括竞争、冲突和权力。我们明白社会全部的秩序是具有非对称性的，因为它是靠部分与之的依赖关系建立起来的。与权力机构的关系是由这种依赖关系以及社会全部构建的，权力或权力引起的顺从关系都不能完成这项使命。

## 二、不同的社会全部、不同的货币

我们在分析之前应认识到存在这样一种主张，认为每种货币都属于赋予它生命的社会全部，如罗马的年贡税制、吠陀的献祭关系、非洲的主权以及美拉尼西亚的社会宇宙关系。本书中所展现的不同社会都有着不同种类的社会全部体现，

## 第▨章 《主权货币》合著序言

同时也向我们展现了一个重要事实：社会全部的参照物并不是所有单位相加的总和，不是地域幅员，不是人口总数，也不是货币资产。相反，涉及的每个社会，其社会全部都是对崇高价值的安排方式。因此，我们应该摈弃过于简单化的社会全部的概念，即将社会全部简化为清点数目，试图从中摘除人类活动对价值等级制的限定。这样的定义会削弱面对社会全部关系的思考与行动能力，并将社会个体禁锢在强制力与权力构建的实体维度中。

与之相反，我们已经掌握了另一个关于社会全部的定义，社会全部能够建立起社会关系与货币关系的集体体系，并通过几代人形成可传代的社会成员形象。在这个定义中，社会秩序与自然秩序并不相悖，反而相互交错。男性/女性以及生/死的非对称性结合起来形成整体，以便支持社会全部在代际更迭中能够长存、更新和转变。可以说，社会源于自然，同时也延伸了自然，补充了自然。人的社会维度属于自然，始终盘踞于自然之中，尽管一个多世纪以来它展现出了超凡能力，开始脱离自然甚至与自然对立。

由此可以看出，社会关系操控着社会全部，但最高社会价值却赋予了每个社会成员明确的地位，这种地位仍然从属于价值。这种情况下，货币也从属于社会全部，进而从属于控制社会全部的价值等级制：货币完全符合价值等级制的安排，也充分展现了两种价值之间的矛盾，一种是极具包容性的社会价值,例如,罗马人民、吠陀时期纯粹的宗教和社会服务,非洲社会对自然宇宙主权的保护,美拉尼西亚以社会关系折算成货币;另一种是被包容的价值,它必然罕有社会性,甚至是反社会的,比如罗马权力拥有者的地位、对婆罗门权力献祭的报酬的兑换、非洲权力的诞生、为了获得一种货币在美拉尼西亚进行的凶杀。

上述的社会全体性是同时具有集体性的,而如今西方社会已经不尊崇这种集体性,也不再依靠其生存。这些社会全部的内容都是可计数的,而且它们如今都处于从属地位。社会全部的可计数性展现的差异性地位多于财富权力。它们由两种不对称的视角组成:一种视角相对来说能够包含全部,而另一种视角相对来说则被组成部分所包含。从综合性视角着眼,包含对更高级层面必要的支撑条件:价格的从属化表达拥有地位并保持着对包含体的基本依赖性。

### 三、现代的例外

相对于最高社会价值,分析现代的例外对我们而言作用更为重大。现代的例外明确了纯粹非社会价值,这不是每个社会必须承认的个体行为经验,而是全人类的课题,首先是"上帝的恩赐",随后是人类不可剥夺的权利,最后是对物品和货币的"私有物权"。如果我们拒绝承认最高价值从社会全部转移到个人的结果,随着个人主义的影响力不断增强,

## 第三章 《主权货币》合著序言

我们很快就会发觉彻底的翻转产生了，以至于社会全部的结构配置变得不真实，甚至是虚构的。实际上，个体本身是可以理解的、不可缩减的。除了短暂的个别存在于可以相互交换的机构间的社团以外，没有什么比所有个体更具有包容性了。可以说等级制的未来被打乱了。传统情况下，个人只能根据对社会全部的从属性获得价值，即对社会全部的严格依赖，这是由权力机构授予的，表现为不同的物品存在，尤其是货币存在。但在现代化表现中，情况却恰恰相反，社会变成了社团一样的残留价值，受个体身上的至高价值制约。能够自由获得物品与货币是最为重要的，因为这符合个体之间社团形式的根本优势。但与此同时，自由获取也导致了竞争，最大化地产生了排除权力的行为。经济理论总试图证明存在个体之间协调一致的均衡状态。在这种均衡状态下，社会对个人是完全透明的，这无意间把个人的归属问题交给了社会全部。但是除这种特殊情况外，竞争让权力间不可判定的冲突浮出水面，竞争制造了黑暗。

怎样才能让这些本身对立的需求达成一致呢？人类间的社团形式大部分受权力关系支配，而货币既是个人之间的纽带，又是个人间冲突爆发的原因，怎样才能让社团形式让位于必要的货币调节呢？这个问题的关键在于现代货币现象具有双重性。

### 四、现代货币的矛盾状态

与阿雷阿雷①社会（尤其是丧葬习俗方面）、古印度社会（吠陀时期）和罗马社会（上缴年贡时期）不同，现代视角下的货币既不能控制社会宇宙关系形成的等级制体系，也不能对不同社会关系的异质性和复杂性进行准确表述。在西方社会，现代货币就像一种工具，本能地展示出个人间关系的同质性和最基本的平等性。如此一来，货币自然就成为经济学研究的对象，但是它作为经济学研究的对象却是充满矛盾的。事实上，价值理论和价格理论都从基本假设上完全排除了货币，当涉及货币时则用货币中性来解释，用另一种方式解释货币的存在是无关紧要的。由于经济理论未能意识到货币存在的重要性，货币便顺理成章地被忽略了。

然而这种矛盾性不仅体现在标准经济理论赋予货币理性的形象上，也体现在社会活动的参与者展现出的本能的控制力上。作为所谓的"天然"的经济客体，货币构成了社会关系的整体。这些社会关系都可以被客观化，它们共同组成一张巨大的、可以计数的关系网，并且拥有独立逻辑和内部规则。这样的关系体系形成了有组织的、自主的社会全部。从

---

① 法语 Aré'aré, 阿雷阿雷居民生活在所罗门群岛中的较大岛屿马莱塔岛（Malaita）南部。——译者注

# 第三章 《主权货币》合著序言

某些方面来看,其组织原则是独立的,是经过充分考量后制定的。即使没有经济理论,货币及其计数体系也会最大限度地表现出其经济逻辑自主性,而个人则会愈加服从于这种自主性。对经济逻辑自主性的信仰看起来是与另一种信念共存的,即经济不是唯一的社会现实,也不是唯一的社会维度。

货币以及抽象的数量是无处不在的,这也启发了经济学的自主性,但经济学的自主性是实际存在的还是虚幻的?现代货币是否与我们所考察的社会有本质上的差别?异质价值等级制的消失能否揭示同质化财富数量的阶梯式下降的原因?货币仅仅是道德上中立的工具,却无限度地侵入我们的生活,还是与此相反,货币的使用与表现展现出了道德等级分化的烙印,而等级分化又将货币排除在某些使用范围之外?在这种假设条件下,现代货币不能或者不愿意被挖掘出隐藏的一面,由此而来的实用、客观的货币表现之间的紧张局面是如何被隐藏起来的?

我们从比较学的观点出发来研究现代货币,会导致将货币本能地看作经济学研究客体,从而备受质疑。这也毫无疑问地招致了双重的评论分析:首先是来自政治经济学的分析,它将经济学相对于其他学科的特殊性推上了风口浪尖;其次是对当前社会的分析,更倾向于将经济学领域的自主性视为需要被破译的高深表述,而非价值等级制消失的原因。

今天,货币通常被视为代表一种制度,尤其是经济制度,但历史学和人类学却告诉我们，事实并非如此。只有在近代，即中世纪末期，保障物质生活运行的生产活动随着商业资产阶级和后来工业资产阶级地位的上升才开始得到政治的承认。社会生活和政治关系的内容遭受了越来越多的生产和交易限制，物质生产固有的从属现象则转变成了等价交换的原则。对于劳动，亚当·斯密将其赞誉为"栉风沐雨①"，李嘉图将其描述为"生产难度"，在之后却变成了"负效用"。最终结果是现代经济理论将个人的理性简化为在预算和科技条件的约束下实现效用或利益的最大化。这种做法实际上承担了原本社会物质条件下再生产带来的所有负面效应。

理性与自由表明个人进入了以商品等价交换为基本原则的关系中。未经改变的商品世界独立于所有社会性机构，尤其是独立于货币秩序（物物交换的传说），只有在这种框架下看待等价交换的问题，社会化方式的自主性才能得到保障。此时货币再不会出现，而是成为商品关系发展的结果。在这样的价值经济理论概念框架中，货币只处于次要地位，是微不足道的。社会全体成员的平等原则可能是由社会关系简化成数量关系导致的。数量关系不平等，基本表现为"财富"

---

① 原文表述为"toil and trouble"，作者引自亚当·斯密《国富论》第一卷第五章中关于劳动定义的一段话："Labour, therefore, is the real measure of the exchangeable value of all commodities. The real price of everything, what everything really costs to the man who wants to acquire it, is the *toil and trouble* of acquiring it."——译者注

不均等，只有在社会成员存在潜在的平等可能和拥有相同地位的社会中才有意义：从根本上来说，他们是可公度的。

相反地，所有关于现代货币名副其实的分析，都应当解释清楚现代货币的矛盾性，即它同时带有等级制和平等性、被迫性和自由化。

## （一）货币与同质化经济

对货币关系的分析揭示了货币隐藏了优先行动和没有优先行动个体间的根本异质性。权力平等是具有欺骗性的，货币持有者永远不会和卖方处于完全相同的层面。这一点在劳资关系上体现得尤为明显。工资制在等价交换方面显示出平等性，而在生产关系从属方面则显示出非平等性。这是支付方式和生产方式差异化所导致的。劳资关系因此不能简化为等价交换关系。一边是企业家，在亚当·斯密看来，他们发号施令并且有能力为支付工资举债，而处在另一边的员工却没有这种能力。社会给双方分配了不同的地位和数量。亚当·斯密和古典经济学派认为，工资与收益是由不同的数理规则决定的，其中，收益被定义为资本比例。事实上，工资与收益的产生被认为是源于相同事物的数量（所支配的劳动或货币），但这并不影响劳动和资本成为不同的经济学变量，也不会改变资本所有者对员工行使权利。所以说尽管被简化为数量，但在劳资型社会里也存在不平等与权利支配。当然，这种异质性可能会被新古典学派否认，他们将此解释为具有平等权利个体间的交换具有排他性，在生产关系中亦是如此。

可见货币本身不能除去社会中所有的支配关系。但是以金钱为媒介的支配并没有被限制在生产和交换关系中吗？那么隶属于企业的员工与企业家并不享有同样的公民权利和政治权利吗？货币面纱背后的权力或许不会浸染全部社会关系。对于经济上的从属性和政治上的平等性的差异，可以有很多种解释，但其中有两种极端的解释十分抢眼。一种解释是经济具有实际的自主性，而政治却少有自主性：资本主义既可以在代议制民主社会发展，也可以在专制独裁体制中发展。另一种解释是经济和政治的差异化是虚构的，法制平等和政治平等只是诱饵：政治只是经济的投影，资本主义会将其秩序规则强加给所处的社会。

在以上的情况中，我们思考的问题最终都落脚在经济自主性以及货币关系上。想要研究清楚这些问题，我们就要厘清用货币表达的社会关系所形成的表面同质化是如何影响价值等级制的。

### （二）货币与价值等级制

现代货币及与其相关的一般计数体系将社会地位的差异隐藏在纯数量变动的同质化背后。这些社会地位按照财富所有等级降序排列。我们是否可以由此得出结论：价格出现了

# 第三章 《主权货币》合著序言

平均化,或者价值等级制受到了挑战?想要理解现代货币,最根本的问题还是要对我们所处的社会进行分析。

一方面,应当强调是什么让我们的社会变得特殊,又是什么将我们的社会与其他社会区别开。从这一角度出发,我们要重点说明当代社会并非那些古希腊城邦中具有特权的社会,例如,外国商人只被允许在城市周边范围内活动;也不像在旧制度下,即使获取土地和官职有助于得到更高的社会地位,金银也并不直接占据社会秩序中的重要地位。我们同阿雷阿雷社会还是有相当大的差距,在那里,货币并没有被规定特殊的适用范围;恰恰相反,货币是等级化社会关系中不同阶层进行折算的依据。这样的定义有助于得出以下结论:现代货币由于客观性,成为主要的度量手段,也不再显示出价值等级制。它的经济作用使它耗尽了连接社会异质阶层的能力。

另一方面,在某些社会中,货币是一切的总开关,而在另一些社会中货币只具有纯粹的经济学功能,想要明确横亘在两种社会中间的分水岭是很难的。我们不否认人类社会存在着本质差别,我们的比较研究也清晰地展现了这些差异,但是从生产和交易的自主性角度来进行研究仍然是行之有效的,不会受到差异性的影响。

在经济秩序中,货币是个人在集体中、私人在社会中的换算工具。但是我们不能将这种货币换算视为社会整体化过程，因为它被限制在了生产和交易范围内。它与个体（数目）有关，而非与人有关。货币折算是纯粹的经济学行为，大家对此都心知肚明。此外，这也是经济学在表面上相对独立所带来的最直接后果。因此，现代货币所处的地位与阿雷阿雷社会中的社会宇宙体系或者罗马的年贡体系的地位是不可同日而语的。社会屈从于经济学，导致货币成为能展现等价标准的总括性事物，但是与此同时这也说明这种总括能力并不能涵盖社会全部。

经济学价值理论中由于排除了货币，形成了很多难点。我们隐约感觉到存在另一个层面的事实，这在主流经济学对社会的表述中是无法回避的。我们应当认真看待主流经济学理论没能考虑货币影响的这一事实，也应当看到有某个学派总是从货币分析出发，将货币处理为数据而不是研究对象。货币并不是经济学的独立概念，它也处于社会当中，正是借助于货币，经济学才可以被研究，原因在于研究经济学只能从非经济学事物入手。

我们不应该以我们所处社会现有的方式来看待计数的金钱。由货币和计数体系代表的经济学自主性，正如马克思所理解的，是一种表象。这种"真实表象"会掩盖价值等级制仍旧存在的事实，并且可以证明我们更清楚地描述了现在社会和其他社会存在的差异。

事实上，其他社会中的价值等级制与我们所处社会中的平均化并不存在明显的对立，澄清价值之间不同的构成关系才是正确的做法。身份和地位的价值并没有脱离我们的社会。名望、知识、表现，还有夫妻、家庭、文化单位等，仍然是获得财富的不同方式。毫无疑问，它们与经济的关联方式相对于现代社会来说是十分特殊的。怎样才能在不同的社会维度间建立联系，同时破除对经济自主性的信仰呢？这种问题会不会放大我们社会的开放性特点？为了继续在这条路上探索，我们需要将货币关系概念化，同时考虑到货币关系在充满经济主体的社会的认知方面具有基础性作用，正如它被普遍接受的支付方式的作用一样。

## （三）债务与货币

首先我们对已经分析过的问题进行简单总结。货币是一种具有两面性的社会关系：一方面是必要性与义务性，另一方面是对交易的开放性和对其他事物的信任。正如在本书中所展示的，这种两面性所涉及的社会比当代商品社会要更具多样性。如果说货币的出现在历史上是浓墨重彩的一笔，那么它就不应该从商品交易中被抹去。更确切地说，人类学教育中完全不承认寓言故事的真实性，但经济学家们却对寓言故事异常珍视，并在研究货币过程中发现了物物交易的发展。货币强制性的一面也随之展开，其社会从属性实施者的地位建立在比交易媒介更广泛的假设之上。这一假设就是货币来源于主权性债务，即源于价值的等级化。

这便是令经济学家感到吃惊的一点，他们习惯于将金融看成经济交易的延伸部分，把金融关系看成需要时间介入的特殊交易关系。然而历史向我们展示出金融关系比现代金融交易关系的出现还要早得多。但是我们不应当以为债务关系从一开始就是一种建立在独立主体之间的关系，就像在当代私人金融领域一样：债务关系是一种社会关系，它刻画了这样或那样的社会中主体的模样。之前不属于社会的个体既不能建立社会关系，也不能在彼此之间建立联系。

原始的债务，或者说最初的债务，既构建了有生命的个体，也促成了社会整体的存续。这就是生命负债，在生命负债的早期接受中，它代表有生命的个体对主权权力的依附性，这种主权权力可能是神，也可能是祖先，他们来源于宇宙的力量，并赋予了生命个体一部分宇宙的力量。赐予的力量让生命能够得以维持。作为交换，这些生命体必须在一生中偿还这种让他们成为生命载体的生命力量。但是连续不断地偿还也不能完全消弭最原始的债务：原始债务构成了主权，巩固了集体并延长了时限，特别是通过牺牲、典礼和献祭的方式。

在了解货币属性的过程中，我们可能会犯下的最严重的错误就是抛弃了原始债务的概念，并托词说我们不会再使用这个历史传统遗留给我们的辞藻了。因为生命负债的假设让

## 第三章 《主权货币》合著序言

我们意识到如果社会不能保证满足其再生条件,那么社会就会受到来自其内部团结的威胁,甚至会威胁到其存续。

下面让我们举一个当代的例子,来更好地感受这种实实在在存在的威胁,那便是俄罗斯的例子。这个社会近来经历过,而且仍然在经历着共同价值崩塌、高级权力机构被否决、立法权力的合法地位丧失以及沟通体系破裂。这种悲剧般的社会联结毁坏既对集体生产能力造成了影响,也对个体生命保护产生了影响。这一切的发生就好像俄罗斯社会不会再履行其自身存续条件的债务了。生产年复一年地大幅度下降,并且没有能够恢复的迹象。私有债务由于缺少能够评估的正式机构而变得极不稳定,并且被认为没有能力如期兑现,国家面对公务人员和民众都不承认其债务,结果是集体财产很快遭受损失,国家稳定状况急速倒退。地方性的暴力活动入侵整个社会,因为黑手党赃物已经取代公债流通成为财富转移的新方式。

但是相反,这种极端的情况并不能展示出民主社会有多么牢不可破。在那些面向未来开放的社会中,作为社会关系基础的生命负债假设也许就不太合适了。当然这并不是我们的观点。相反,我们认为原始债务的概念始终是合适的,也可以用来分析社会全部以及社会运动。至于现代的社会关系观点不承认原始债务,理由则是原始债务一部分转化成了经济学属性的私有债务,另一部分转化成了政治属性的社会债务。但这并不妨碍生命负债作为社会联结的假设继续帮助我们理解货币。

事实上，即便经济债务是以私人抵押关系呈现的，它也有整体的协调性，因为经济债务将个体安放在了隐藏在交易活动背后的劳动分工之中。想要成为具有自主性的商品经济成员，从行动能力和决定力角度来看，就要让其生产的产品经过一系列货币参与流程后仍然能够被承认。货币的持有者买入产品，是作为社会的匿名成员进行活动，而非作为与卖方进行专门交易的特殊经济主体。货币流通就是交易背后债务的运行规则。因为支出开销是劳动分工中保障经济主体的根本行为，为了在劳动分工环境下投入他们生产的产品，就需要提前抽取社会的资源。我们面对的是私人担保下的一般债务结构。货币本质上被纳入这种结构，是因为货币是偿付义务的表现形式。这是一种私有主体和社会整体间的相互债务：我们可以将事先抽取的社会资源交还给社会，只要社会能够接受我们之前从中获取的产品作为劳动分工的一部分。在结清特殊债务的同时，货币可以通过创造新的债务来复苏社会关系。货币正是债务一般结构的中枢，劳动商品的分配能够持续也依赖于此。

私人债务则代表了个人对社会的依附关系，个体凭借私人债务获得了社会认同。但是有一种债务代表了反向的依附关系，即社会全部对社会成员的依赖，那就是社会债务。我们在资本主义类型的社会中观察到了这种翻转。其实在那些根据价值等级制组织起来的社会中（当然价值应当是被证实、被承认、被尊重的），生命负债就是一种社会成员面对主权的债务，这种主权能够保障生命维持和发展的共性条件。与之相反，在资本主义社会中，这些条件属于政治秩序的范畴，与公民社会相分离，所以这些条件构成了主权对个人发放的公共债务。作为面向社会成员集体性债务的交换，社会成员获得了一些社会权利，如受教育权利、面对群体性危险获得保护的权利以及使用保障性基础设施的权利等。想要实现这些权利，就需要社会团结所依赖的集体权力以及社会总体生产力。这就是为什么在劳动分工中，安置个体的条件仍然主要取决于个体对商品活动的参与程度。然而公共债务的金额、结构以及效率都由国家主权所控制，而只有当政权稳定时，国家主权才能保证偿还公共债务。正如我们今天社会保险的贬值一定伴随着政权稳定性受到削弱。

私有债务和社会债务的嵌套是可以实现的，需要将二者的计量标准逐步统一，而且要强制使用货币偿付。因为货币可以统一债务体系，并且在一定时间内控制债务评估，可以说货币身处经济逻辑与政治逻辑的连接处。然而经济逻辑和政治逻辑潜在的分离与对立性又将货币变成一种附着于政治权力机构的制度。政治权力机构制度应当建立起某种代表模式，并且能够让私有融资的等级化差距也能遵循这种模式。

在当代社会，中央银行代表了权力机构对货币的新模式。货币是一种包容性的社会联结，因为它实现了所有债务之间的转换。但是这还不足以让它成为社会的代表，因为社会整体集中在价值等级制的保护下，而这些价值决定了社会成员的共同归属。社会成员联盟不能建立在对货币共同接受的基础上，除非货币不由权力机构所决定。只有对货币产生信任，就像接受他人所言的开放性态度、相信一种承诺一样，我们才能把握货币是怎样获得权威的。货币通过每个人的信任而成为个体间的共有价值。

### 五、信任的基础

"信任"的大体概念对应了众多现象，这些现象一旦被认定，就能够区分出不同的种类。更为特殊的是，对货币的信任展现出了三种紧密相连的逻辑关系：等级信任、逻辑信任和伦理信任。

#### （一）等级信任

等级信任就是他者转变为主权权力机构，借用精神分析法中的说法，就是转变成"大他者"①。这需要承认存在一种

---

① 法语 grand Autre，英语 Big Other，由精神分析学家雅克·拉康（Jacques Lacan）提出——译者注

## 第三章 《主权货币》合著序言

上层机构,它脱离了简单个体间关系中的第三方。面对第三方,一种对价值的从属关系被建立起来,从而帮助每个人克服日常的意外风险。这样一来,他者就不能仅仅被看作提供帮助者或共同契约人,而是成为主权机构的担保人,并制定官方标准。至高权力机构就这样依靠保护行为而诞生了,从而个人和他人的联系就变成了和社会的联系。至高权力机构按照等级制被建立起来并且能够引来主权保障,所有人都臣服于它。当个人关系中的偶然互助在内部和外部同时让位给权力机构时,生命负债就得到了公认。除了对实际突发事件的管理,这种抽象的权力建立起了一种信任,那就是社会价值等级制的持续性表述。这样的表述在一定期限内确立了上诉机制、保护机制以及担保机制。

在个性人格的构成中,等级信任以保护性权力的形式被内化了,这种权力将整个联盟都授予了个人。守护天使、仙女的形象与神灵甲胄或其他星宿、星座符号一样,只是一些想象出来的形式,但它们萦绕在个人生活的深处,掌控着人们的命运。它们也是源于心理作用的通俗化身,心理作用引导个人尽力去掩饰那些主权机构过于偶然的干预行为。结果个人本身也变成了主权权力机构的担保人,保证人们可以信赖这种不会被日常行为影响、拥有永存不衰权力机构的准则,尽管某些现实事件可能在社会联结中摧毁这种信任。

在货币秩序中,等级信任表现为一种制度形式,可以规定货币的使用规则并且规定最终支付方式。制度是对货币关系整体质量的担保，即保证货币与颁布的标准保持一致。主权权力机构的地位决定了它可以将货币排除在日常支付之外。但是只有当它发行的货币能够保证与其他所有货币保持可兑换性的时候，它才能够实行担保，这便是货币系统呈现为等级制结构的原因。在私有经济主体层面存在着大量的货币符号和交易媒介，即银行代表货币。而在这些货币关系之间，关键在于它们的可兑换性。实现兑换，就意味着主权制度要有效参与到货币间的交易中。这就意味着被主流经济关系排除的第三方，反而作为等级制原则参与到了货币体系中。

### （二）逻辑信任

逻辑信任在维护每个人与他人关系的安全方面发挥着作用，尤其体现为货币秩序中的支付安全。逻辑信任源于帮助交易顺利完成且具有相同本质的重复行为。因此，常规、惯例就是逻辑信任形式的源泉。这是一种遵循客观规则的信任，通过自动运行来掩盖权力机构的存在，而正是权力机构制定了规则并确保规则实施。简单的支付规定就能催生未来的行为准则。

从个体间关系的角度来看，逻辑信任管控着人与人之间的关系。在社会心理层面：符号、角色和功能都可能偶然间建立或破坏社会关系，从而保障它们许诺的安全或者点燃它们蕴含的危险。那究竟是否应当给予它们信任呢？上诉的机制是否无效？是否存在风险？还是一种陷阱、一种圈套呢？逻辑信任只有依赖规则的效力才能挣脱等级信任的桎梏。逻辑信任的精神就在于尽力抵消强制性奴役，所以逻辑信任的产生是从无到有的：它只代表了除去质疑后剩下的部分。产生疑心、开始怀疑、信任动摇，无穷无尽的担保与再担保过程，质疑与监督工作是信任的组成部分，但我们可以看出这些工作仅仅是实施安全策略的结果。当可运行的整体安全设施被证实不能检测出最细微的风险时，信任便走到了尽头。因此，可以说逻辑信任是批判性怀疑的结果，它不能压制住等级信任。我们或许可以更好地将它定义为"不质疑"，由此而来的社会联结则变为一种为了建立重复行为而产生的相互依存关系，承认这种关系可以帮助我们推测安全情况。情况的重复、现象的重复、因果关系的重复、多重类比的重复都表现为一种公理，即自动忽略特例。社会符号的一致性列表被建立起来，每个族群、每种文化都有自己特有的符号，重复这些符号为削弱或承认"不质疑"提供了程序上的依据。从这一角度分析，有助于理解集体模拟在质疑中或不质疑中起到的强力作用。寻求这些程序的帮助可能会增强客观真相决定的集体动力，当然这也是建立安全环境的源泉。我们之后将会分析到逻辑信任和"不质疑"是如何阐释金融领域审慎原则的融入问题的。

## (三) 伦理信任

伦理的视角就是指从人权普遍性出发的视角。在我们这个充满个人主义的社会，伦理将更高的地位赋予了在等级信任中得到承认的社会和个人，因为个人价值的优越性超越了所有其他的社会事物。另一层原因是伦理信任依靠上层价值和人类的廉正才能居于等级信任之上。等级信任则依靠政治权力提供的保护，居于工具化、常规化的逻辑信任之上。而逻辑信任只能在有习惯性重复行为的范围内管控个体间的关系，它也为此建立起对他者良好行为的认同符号。

在伦理信任的优越性和资本主义发展过程中，市场经济自主权逐步形成，并与伦理信任存在着紧密联系。人类被卷进了经济的发展中，以求得到永久不断的幸福。只有尊崇这些构成人类生存基础的最高价值，人才能成为经济主体。但是人类自由化的基本设想却受到未来不确定性的威胁。伦理信任要求市场经济能够长存，因为经济主体的设想都体现在市场经济中。长久性既体现了市场自主性原则下的价值等级制，也体现了在民主社会时期的可行性。这也解释了为什么与社会整体稳定性息息相关的等级信任既是必要的，又是从属于伦理信任的。

## （四）信任形式与货币

怎样才能明确表述三种信任形式的存在以及它们在金融领域的等级化关系呢？

逻辑信任是每天都在发挥作用的，它被安插进了市场的实践中。逻辑信任一般出现在金融市场的操作人员之间，以便在没有法律有效支持的情况下也能完成金融交易。在某些金融活动中，特别是在有长期共同交易习惯的各类机构之间，逻辑信任得到了广泛应用。它是一种在金融相关职业中进行风险管控的方式，这些金融职业者都对潜在的金融风险或潜在的入侵思想所带来的连锁反应有着清醒的认识。逻辑信任在同行人警觉的目光下起到了安全纪律的作用，根据俱乐部精神驱逐了"鱼腩部队"。由于银行遵守支付体系运行规则，在银行间的损失共担协议中，我们经常能看到类似的安排。我们也观察到，在设有票据交易所的市场中，银行也会进行风险控制和催缴保证金，也就是说，担保的财产会随着风险覆盖范围的扩大而增加。最终我们观察到，金融机构破产或受到破产威胁的情况可能导致不信任外溢到整个金融行业。金融行业公司会集中起来向经营状况不良的机构提供贷款，获得其资产甚至在其改组的情况下承担其损失。

等级信任基于银行体系的等级化结构而存在。商业银行在创造货币时拥有支配权，代表货币在很大程度上取代了信用货币。中央银行作为货币的发行者本应处于从属地位，但是中央银行作为最终支付方式的制定者仍然占据高级地位，此举是为了维护货币整体的稳定性，货币稳定则是社会联结所倚仗的关键。但是金融危机会引发对货币稳定性的质疑，现实情况的回归会产生摧毁经济关系甚至社会联结的威胁。在经济主体宣泄不安心理的情况下，债务体系就只能依靠信任维持了。但是逻辑信任是不能够处理所有人对所有人都产生怀疑的情况的，因为债务人不再让人相信他们能够遵守诺言。作为主权货币的担保人，中央银行自身能够应对危机，也就是说，中央银行可以通过将自身变成最终贷款人来保障债务体系的持久性。在主权机构中存在着等级信任，因为主权机构可以终止在危机背景下散布不信任的市场规则。这样做是出于让市场经济至高利益能够存续的考虑。

在我们刚刚提及的危机产生逻辑中，等级信任与最终贷款人密切相关，因为我们相信最终贷款人能够在私有债务体系脆弱不堪时对其进行保护。但是，还存在着另一种社会债务冲突引发的危机。实际上，债务的增长与融资可能会引起不可兑换的债权转移。对抗冲突不再受国家团结价值的压制，继而爆发，而此类债权转移正是以国家的名义执行的。危机的形式可能是极端的通货膨胀：一方面，随着社会债务的增加，中央银行为了掩盖私有经济不再提供资金的事实而不断发行货币；另一方面，个人为了保证私有财产的交换价值纷纷抛弃货币。在这种情形下，货币危机就会形成政治危机。危机转变的关键就在于如何对公民权利进行重新定义，因为公民权利是社会债务传播扩散的重中之重。为了避免形成严重的危机，政治权力机构应当遏制社会债务发币导致的权力斗争爆发。在自由民主的当代社会内部，等级信任在一种新型组织中得到了有效庇护，即独立的中央银行，其货币权力独立于政治统治，是唯一有权监护货币稳定的机构。

但正如之前所说，等级信任受到伦理信任的限制，因为社会全部的紧密联系从属于一个更大的价值：个人的充分发展。但这种从属关系不是自发产生的，因为主权权力机构总有因权力而堕落、腐败的倾向，有时甚至会在备受个人主义浸润的世界中向极权主义发展。这种现代社会的根本趋势在最终贷款人的模糊性方面体现得尤为明显。首先，最后的干预会引发社会成本。这样的干预行为会将已经破裂的私有债务转化为社会债务，以防破产激增而摧毁社会的金融体系。其次，以违反其自身原则的方式保护市场会产生道德风险，并且破坏了危机之后在商业领域建立起来的逻辑信任。最终贷款人的主权有可能退化，成为保护某些私人利益而不顾他人利益的专制行为。这时保护市场只是为了让其剥削市场的行为得到支持。这样一来，每个人的经济福利，也就是个人充分发展的条件就受到了侵害，因为市场的估值可能会背离公平价格。让等级信任从属于全社会的伦理信任则能规避这种恶行。作为至高准则,从前的私人契约经济价值具有优先性,它展现了伦理道德的态度,强制管控中央银行并且限制中央银行行使货币权力。这也就是为什么实施最终贷款人制度是典范性措施:它是货币当局的郑重警告,同时伴有对发起干预的私人经济主体的威慑性惩罚。

## 六、欧元与主权

欧元的诞生为实践上述理论提供了良好的试验田,同时可作为货币产生的特例供我们思考。

在我们生存的欧洲大陆上,货币的变化不应该被低估。那些从我们使用货币开始就成为日常生活中不可或缺的一部分的货币、那些已经承载国家文化几个世纪的货币,都被要求用一种新货币替代。我们可以判定欧元将会成为欧洲更强大集体感的承载体吗?欧元又将会采取何种货币主权形式呢?

欧洲经济货币联盟的形成经历了长期的经济一体化过程。这一过程从根本上改变了20世纪80年代颁布的建立单一市场并在其中融入金融业务的计划。国家调节将从各国历史中承袭而来的社会价值付诸实践,而经济主体至上原则又从国家调节中获得了确认。德国奥尔多自由主义学派①主张给市场运行设立经济宪法,从而避免竞争退化成私有权崩塌。该

---

① 即联邦德国新自由主义学派,亦称弗莱堡学派——译者注

学派的经济宪法设立了一系列准则,其中处于首位的原则就有货币稳定,其目的是为公共利益引入市场调节。这种调节通过建立劳动工资契约和企业共同管理的方式,化解了集体归属和追求个人福利之间的矛盾。按照这一方式,法国有效地发展了国家保护下公有私有交叠的传统,国家在发展市场的同时推行收入分配标准,为经济增长保驾护航。

这些经济组织原则表达了至高的价值,通过这些价值,欧洲社会试图建立统一、属于它们的历史时代:在德国创立承担保护中央银行使命的宪法秩序,在法国建立以国家为代表的普遍利益。这些主权机构的形式经历了国际市场扩张的考验。经济一体化的限制干扰了国家调节,而经济自由主义却在动摇着已被证明调节合理的政治经济学学说。思想统一化的时刻到来了。事实上,金融全球化给跨境金融主张注入了决定性的力量,跨境金融并不根据之前的价值等级制来评判国家的政治经济学。15 年来,逐步退化的国家调节原则与无处实践的金融主张间冲突不断,这使人们在对政治经济学的信任与不信任间摇摆不定。

欧洲货币的到来能够克服这些冲突吗?对此,表示乐观的人认为欧元将会在单一市场覆盖的范围内建立起货币主权,并且能够在这一范围内再次让等级信任从属于伦理信任。但是欧洲货币主权的问题远远没有被充分理解。

欧洲中央银行建立之初的原则就是保持独立性。在国家内部，这一原则将中央银行与行政权剥离，并且赋予中央银行单独决定货币质量的自主权。但是这种独立性是由立法权授予的，这就意味着中央银行有责任证明，也必须证明其执行的行动符合目标任务。

在货币联盟内部，各成员国的中央银行和欧洲中央银行一道构成了欧洲的中央银行体系。这就让欧洲中央银行在某种程度上成为国家中央银行的分支机构。欧洲中央银行仍然位于整个体系的穹顶，因为欧洲货币政策是由欧洲中央银行管理委员会批准的，管理委员会由各成员国的中央银行行长与经欧委会成员国首脑会议批准成立的执行委员会成员构成。欧洲中央银行行长在执行委员会成员中产生，在欧盟范围内拥有既定权力。

但是这样的制度安排从属于何种主权机构呢？新主权的行使被认为是一起行使了本应授予成员国中央银行的主权，但是建立这种主权的法律却没有得到源自欧洲选举立法机构的授权。因此，欧洲中央银行与民主的关系就与成员国中央银行独立的关系产生差别了。在欧盟层面没有价值表达的等级制让欧洲央行从属于人民主权。同样地，当欧洲中央银行为整个欧洲制定货币政策时，它所拥有的权力并不会被安插在具有相同地域范围的民主社会秩序中。这个问题是十分可怕的，因为在这个新型机构中国家主权被相加起来，但却没有被更高层次的等级制原则所联通。

## 第三章 《主权货币》合著序言

我们有时会认为是单一市场本身将其职权移交给了欧洲中央银行。那么这又是靠哪种国家社会领域构成的联系呢？不同国家的公民能够接受这种定义为欧元、由中央银行体系发行的信用货币吗？欧盟委员会确定欧元纸币图案的方式已经证明了价值等级制不确定所带来的不便。因为在这些国家中，纸币图案应当能够象征纸币作为合法货币流通区域的共同体。但是欧元所流通的市场范围并不是社会价值的共同体。欧元纸币上所体现的是建筑图案，缺乏归属象征的力量。欧洲人怎样才能赞同这种纯符号化的交流媒介呢？伴随着单一市场的完成，经济主体得到升级，尽管人民主权缺位导致等级信任负债累累，但这些经济主体是否足够坚定以至于能形成伦理信任并且给予欧元本体论的影响？抑或欧元的诞生将会使民主赤字变得难以忍受，以至于不得不考虑建立欧洲层面的人民主权？这些正是我们研究的货币等级概念化所涉及的关键。

# 第四章
# 以历史充实货币政治经济学[①]

贝尔纳·库尔比斯、埃里克·弗罗芒、
让-米歇尔·塞尔韦

本文旨在讨论货币经济分析中的三种观点。第一种观点是关于货币实践起源于其商业性的本质特点。第二种观点与支付货币形式的创新相关，特别是货币脱离物质化的过程，继金属货币之后诞生了纸质货币，随后又出现了可以通过手写笔迹来调动银行资产的形式。最后一种观点更偏向于习惯，讨论的是支付的功能性优先问题。本文通过历史研读来扩充货币政治经济学的观念，同时探讨平衡商业货币作用、重建纸币的效能以及提升计量货币的作用等话题。

---

① 本文首次刊登于 *Revue économique*, vol. 42, n°2, 1991:315–338。

经济学家在货币领域要承担起特殊的责任：其他人文和社会科学的专家，不仅包括研究商业和金融方面的历史学家，也包括钱币学家、社会学家、心理学家、哲学家、语言符号学家、政治学家和法律学家等，都会本能地将货币现象看成经济领域的问题。在各种各样的学科中，经济理性通常被用来解释货币工具的运行、货币的形式以及货币产生和发展的方式。而与之相对，经济学家却从其他学科，尤其是历史学科知识中汲取了观点，承认了货币最本质的经济性、商业性基础。因此，我们认为，对历史的重读和研读能够让货币的政治经济学重新焕发生机，从而间接地给货币社会学、货币哲学等学科注入活力。历史学派主要将精力集中在两个互补的方面：思想历史与史实历史。我们在文章中只研究后者。

在研究中，融入货币现象的历史维度，对于更好地理解缘何货币具有至关重要的作用[1]很有帮助。如果只局限于当

---

[1] 对于本文提出的概念，详见 B. Courbis, É. Froment, J. - M. Servet, "À propos du concept de monnaie"(《有关货币的概念》), *Cahier d'économie politique*, 18, 1990:5–29。

今社会（特点是劳资制、生产和交易方式自由化、银行信贷等）的货币实践，那么就会形成一种断章取义和独断专行的印象，在时间上和空间上将货币现象和假设的非货币现象隔离开来。

一方面，在当代社会，如果对货币现象的理解过于狭隘，那么可能会遗漏一部分行为和现象。而更为详尽和更为广义的分析在通常情况下则有可能将这部分行为视作货币现象的参与者。这样一来，当代货币现象只有在发展的动态过程中才能被逐渐完全掌握。

另一方面，关于货币局限性的甚至可以说是民族优越性的定义，会引发一种欺骗性的观点。这不仅仅关系到货币实践是否起源于飞速发展，也关系到我们自己未来的潜在行为，因为未来发展的根源对于这种欺骗性观点非常可能会显得格格不入。

对比多重不同货币实践的研究反而是具有实验性的。由于缺乏社会检验，这样的研究会激发我们思考它在时间上和空间上的交替发展过程。本文旨在讨论货币经济分析中的三种观点。第一种观点是关于货币实践起源于其商业性的本质特点。第二种观点与支付货币形式的创新相关，特别是货币脱离物质化的过程，继金属货币之后诞生了纸质货币，随后又出现了可以通过手写笔迹来调动银行资产的形式。最后一种观点更偏向于习惯，讨论的是支付的功能性优先问题。本文通过历史研读来扩充货币政治经济学的观念,同时探讨平衡商业货币作用、重建纸币的效能以及提升计量货币的作用等话题。

## 一、商业货币

在分析货币现象的研究中引入历史维度,首先要做出否定常规货币历史学派的预设。传统的货币现象历史视角分析依靠的是经济学家们提出的一种既关键又隐晦的假设:货币现象的根本特点是交易。重新定位这种经济学设想,是站在新视角重新定义货币不可回避的先决条件。

如果说传统意义上货币现象起源于公认的交易活动,那么通过对照这一假设同人类学、考古学、语言学等学科的资料,我们会发现不得不重新思考社会货币制度①。我们抛弃原有的商业逻辑,抛弃实际生活中习惯性的货币二分法,引用最传统的论据来批判将货币理解成商业交易的观点,那就是货币现象的"出现":

——物物交易的神话催生了解决物物交换不便利问题的货币;

——古希腊首批货币可能起源于交易需求的推动。

---

① 这里我们用社会货币制度来表示货币实践是整个人类社会的固有行为。

## (一) 以物易物——商业货币之幻象

### 1. "最初的"货币与贸易

首先让我们从众多政治经济学论文都提及的《鲁滨逊漂流记》中类似的船只遇难事件出发。承认货币的历史特点一贯以来都是通过否定过分粉饰以物易物的神话来进行的[①]。然而使用货币不再是"文明"社会的特权,所谓"文明"社会,经历了商品交易的发展,不再容忍继续践行原始的物物交换。使用货币则成为人类社会的普遍特征,它诞生于与兽性的逐步割裂,也就是人性的逐步出现。"人类"是一个用来表示存在的单音节词汇[②],他们禁止发生乱伦的性关系;他们能够扑灭火灾;他们不仅能够生产工具,还能够制造用来生产工具的工具;他们生活在社会中,进行交换,经历着货币实践。但是我们不应该将这些古代社会的货币同最初市场上简陋粗糙的工具混为一谈。那些简陋的初级交易工具只是经济学家们依靠丰富想象推演出来的。我们应当掌握货币最基本的功能,那就是将社会关系标准化。

那些在所谓"原始"群内部的交换,正如现代人类学家

---

[①] 对于这段乌托邦的创造历史,详见 J. -M. Servet, "La monnaie contre l'État ou la fable du troc"(《货币、国家与物资交换神话的悖论》), in *Droit et monnaie*, *États et espace monétaire transnational*, Dijon, Université de Bourgogne, travaux du CREDIMI, vol. 14, 1988: 49 - 62。

[②] "人类"一词在原文中使用法语 hommes 书写,为单音节词汇——译者注

## 第四章 以历史充实货币政治经济学

和经济学家的研究结果展示的那样,始终比我们通过物物交换抽象出来的交换方式要复杂得多。

——人们总试着去想象,那些为了满足最基本需求与进行稀缺性抗争的人类之间进行了交换,首要的也是最根本的原因是为了突破外界环境的敌对限制和谋取维持生计不可或缺的商品。但是人类学研究却显示出相反的结果,产品自远古以来就流通到了远程范围,而"原始"的交换则是依靠那些不对个人生理延续起基础作用的商品;引进的商品具有不同的效用,它们变身成为有效的工具,并在男女、长幼、家族间的社会异化中起到重要作用[1]。

——此外,原始经济的主要表现就是依靠偶然剩余的物品的外部交换。除了每个社群的限制之外,我们可以观察到在很多集体中出现了劳动的区域分工。根据一般规则,每个"原始"社会都会刻意以交换为目的生产一些优先产品(有些生产石斧,有些生产盐条,有些生产瓷器,还有一些生产斗篷,等等),这些有限产品的交换就成为每个集体对其他集体的支付方式。

——社群之间的劳动社会分工不会止步于此。每个社群并不与其他消费他们所生产产品的社群进行直接联系。在这些所谓"原始"的社会中,一些群体开始专门化生产"交换

---

[1] J. - M. Servet, "Primitive order and Archaic Trade"(《原始秩序与古代交易》), *Economy and Society*, (Londres/Boston), 10 (4), 1981:423-450; 11 (1), 1982:22-59.

媒介",并为此奔波几十甚至几百公里。媒介的作用在一定程度上解释了在这些商业关系的框架下支付方式的发展也受到了限制。

从理论的观点来看,我们应当注意到,即便不存在以"交换媒介"为基本功能特点的商业货币工具,在互为支付方式的交易框架下,商品交换也不会减少。我们刚刚简要提及的事实与货币产生于物物交换不便利的幻想相去甚远。

2. 货币实践是社会生活固有的现象

在古代社会中,货币的基本作用是计量和支付,但是这些作用并不是通过纯粹经济学行为得以实现的;经济学不能与社会其余部分分开,而是牢牢粘在①亲族关系、族群与集体联盟、信仰与迷信等方面;多数的制度与实践属于经济学维度,原因在于它们保障了新生劳动力量和生产方式的延续,同时也因为它们使劳动和生产分配合理化。但是如果这些经济学的制度与实践缺少政治、宗教或者道德等维度,那么它们的存在不仅毫无意义,其自身也会逐渐消散。

---

① 我们建议这样翻译卡尔·波兰尼在《大转折》中研究的"经济学嵌入社会"(embeddedness of economy in society)概念,法译本前言由 Louis Dumont 撰写,Paris, Gallimard, 1983: 419; George Dalton, ed., Primitive, Archaic and Modern Economies, Boston, Beacon Press, 1968, LIV,346; H. W. Pearson, ed., *The Livelihood of Man*, New York, Academic Press, 1977, LV,280; et Les systèmes économiques dans l'histoire et dans la théorie(历史和理论中的经济体系), Karl Polanyi, Conrad M. Arensberg, Harry W. Pearson, eds. [*Trade and Market in the Early Empires, Economies in History and Theory*, 1957],法译本前言由 Maurice Godelier 撰写,Paris, Larousse, 1975:348。

## 第四章 以历史充实货币政治经济学

我们更倾向于将所谓"原始货币"称为"古币"①,它们也是社会生活的主体;它们不仅像上述过程一样发挥着作用,同时还被看作族群生存繁衍的基本工具。每种古币都对使用它的某个或某些社会拥有所有权。在现实生活的使用中,古币最常展现出的只有流通功能,它支配着出生、收养、入教、婚配和葬礼等环节,补偿着身体或精神上的损伤,也可能成为宣战或停战的交换方式;它促成了人们与掌控生育、财富和死亡的神明与祖先直接的交流;它也是承诺和记忆。严格地说,古币并不是"抵价物",不像现代支付工具那样用来获取生产资料、劳动力和消费商品。古币之前的货币代表的是社会的交换方式;古币是获取身份和其他产品的方法。古币展示出了稀缺性的特点,也展示出了类似于现代个别货币载体的无用性。重要的是,它提前预示了现代货币工具的经济和政治属性,原因如下。

——就经济层面来看,古币是以计量工具的方式控制活动与财富的产品,其标准化也预示了如今的支付方式。

——就政治层面来看,古币是能让名誉永存、让相对权力发挥作用的符号,它也能让等级化再现,如两性间的、不同年龄层间的、个体间的、亲缘族群间的、部落间和社群之间的等级化。等级化,也就是控制关系和依附关系。它不是

---

① J. - M. Servet,"Essai sur les origines des monnaies"(《论货币的起源》),*Cahiers Monnaie et financement*( Université Lyon - 2 ), 8, 1979:205.

现代社会发明的产物,而是像生产原材料一样,甚至在"原始"社会就出现了,因为我们在某些动物群体中也发现了等级化现象。

人性是通过交换和货币工具(既包括了具有支付功能的工具,也包含具有计量功能的工具)才得以实现的。人性在物质和精神层面制造、再生产并发展了这些社会差距工具,但同时又将这些差距标准化了。

## (二) 硬币的出现

经济学家们在描述"货币的起源"时,经常提及公元前8世纪至公元前6世纪古希腊时期出现硬币的案例①。这个例子可能会引起混淆,至少有以下三种原因。

——古希腊铸币经验只是全球所有硬币发行经验之一,在世界其他地区也有硬币发行的案例(中国、印度和非古希腊地区的小亚细亚半岛),我们严重忽略了这其中严密的年代逻辑以及其中可能包含的相互影响与联系②。

——就古希腊本身而言,也有更早的用于古币和货币载体的其他形式和方法,尤其是著名的铁签( les obeiloï,即

---

① 我们在此引用了结论,具体论述过程详见 J. – M. Servet,"Nomismata. État et origines de la monnaie"(《诺米斯玛塔:货币的形与源》),Lyon, Presses universitaires de Lyon, 1984:196.

② 中国的铸币学作为科学只能追溯到1982年。详见 François Thierry,"Éléments de numismatique chinoise"(《中国铸币现象》),*Cahiers Monnaie et financement*,1987:17.

obole 一词的词源①)②。

——具体到古希腊时期最早的硬币使用时,我们几乎没有把握承认它曾经是货币。不能因为硬币变成了货币具体化的形式就断言它具有货币的本质③。

但我们还是要回到古希腊硬币的例子上,不仅因为历史学家掌握的这一铸币经验的信息比其他案例的要多,也因为当今世界轧制硬币的方式可能都是继承于希腊:古罗马银币迪纳厄斯就是模仿南部意大利古希腊城邦的银币发行方式;在伊斯兰国家中也有类似的承继方式;在东方,萨珊王朝的货币就源于安息帝国,这也是亚历山大大帝军队经过的印记。而中国的铸币传统(以铜浇铸)与西方的传统(轧制硬币)在历史上长久以来都不相同,但可以想见如今的硬币模式一定受到了欧洲殖民浪潮的影响。

1. 对贸易假说的讨论

即便贸易在硬币转变成特权货币工具的过程中发挥了基础性作用(当然也不应该忘记同样发挥基础性作用的财政税收),但这种转变无法证明什么,只能说明贸易在这种工具

---

① les obeiloï 为古希腊钱币奥波尔,即 obole 一词,该词汇在法语中多指小钱,小数目。——译者注
② 在东地中海地区,一种牛皮形状的铸铜块曾在迈锡尼时期流通。
③ 此外,欧洲的殖民活动也造成了众多货币转化为珠宝的例子产生(如玛利亚·特蕾西亚塔勒银币在非洲流通的例子),目的是使人们不会质询为什么他们在使用带有希腊、古希腊或者罗马外沿的硬币。

出现的过程中起到了首要作用。为了证实市场需求是希腊硬币最早出现的根本原因，我们首先应当考虑这些社会的交换机制是否需要货币工具。针对贸易假说有这样一种未言明的核心观点：硬币是标准化的金属块，为了避免称量金属和检验成色，人们就需要生产在交易中能被接受的标准金属块。

这一假设的第一重局限性在于公元前6世纪—公元前4世纪的硬币并不是完全的标准化金属块；直到公元前3世纪轧币技术得以发展，人们才能生产出相同重量和成色的硬币。这就意味着即便我们仍然保留贸易假说，但硬币从诞生起只能在贸易中担任信用工具。我们要得到的不仅是一种简单便利的中介物，而且是一种已经标准化的产物（需要在市场之外有一个权力机构强制要求使用它，并且限制了商业发展假设的说服力）。

第二重可能让人迷惑的局限性在于其发行量极其有限。在公元前5世纪，大多数城邦每人每年还不能产出超过一枚硬币。当古代货币存量足够多时（例如在中世纪），人们才明白发行的硬币太少了，尽管这些货币已经被应用在商业活动中。在希腊，虽然硬币主要被作为交易媒介使用，但数量有限的硬币只能在很狭隘的贸易范围内充当交易工具，这也促使人们思考为什么有必要创造新的支付方式。

城邦不能轧制货币来供给本地交易，尤其是供给日常消费品的零售吗？希腊拥有一个特殊的机构，令外国人感到震惊的是它并不在城门处，而是设立在城邦中心：那便是阿哥拉（agora），它既是政治集会地，也是市场所在地。最初的硬币并没有被用于结算阿哥拉市场的日常购物活动，因为硬币金属重量决定了它的购买力非常之高（铜币实际上出现在最初的银币或琥珀金币之后）。我们当然也可以想象到信贷体系的复杂性，但是我们没有掌握任何信贷交易的证据。

至于城邦之间或者距离更远的交易，其地理距离和交易强度都限制了硬币的发行和转移。那些在贸易方面发展微不足道的城邦先开始发行硬币（如埃维亚岛的城邦），而那些繁荣的城邦轧制硬币则相对更晚（雅典或科林斯）。我们也可以将那些城邦发行的货币想象成出口加工形式的金属，而非承认他们发行一种便于交易的媒介物。此外，如硬币一般的工具很难在海路贸易关系的案例中存在，而海运却是城邦之间出口活动的主要方式：我们很难想象一艘船满载着货物出港，而返航时却几乎空空如也，因为它只装载了一些……硬币。与此相对，在那些贸易范围较广、需要通过陆运商队保障贸易的社会，使用贵金属作为优先支付方式被证明更为合适：在驿站中，粮草食物可以用硬币来结算；在远行结束后，商人则可以出售货物以及运货工具（牲畜或奴隶），他希望尽快带回家乡"拥有巨大价值、重量轻、数量少的财富"；无论怎样，金属铸块在大多数情况下就能满足要求了。

2. 货币——社会总现象

前面我们基于事实的论述与最初希腊硬币产生于贸易的假设恰恰相反，但这不能代表按照其他逻辑产生的硬币从未被应用于贸易中。这些事实论述只是引导人们通过非商业的逻辑去思考货币。除非追随新经济学家的脚步，将所有社会关系简化为商品关系，否则我们应当在不考虑古希腊硬币案例的情况下，结合丰富的历史经验重新构建货币的概念。这个概念应当包含所有的社会方面，不仅包括商业、经济方面，也应当囊括政治、道德和文化等方面。

首先，货币是否也隶属于行政范畴（表现为货币化的强制征收、缴税、罚款以及缴纳公共社会保险）？是否能够认为从前城邦轧制硬币，并强制使用硬币的目的是获取新资源？遗憾的是，我们没有任何证据证明铸币税法的存在，也不知道最初的硬币是否以不同于其金属重量的价值流通，即无法确定最初的硬币的发行和定价是否由城邦决定。仅仅在最早轧制硬币出现两三个世纪之后，古希腊城邦就经历了金融困境，这也许能够解释在希腊出现了硬币。另外，我们很难相信硬币曾经被用来促进城邦的管理趋于理性化，所以城邦很长一段时间处于比较原始的管理状态。人们有资格获得金钱的假设能够解释某些货币实践的发展，尤其是在埃及[1]和美

---

[1] Didier Gentet, Jérôme Maucourant, "Pratiques monétaires en Égypte ancienne"(《古埃及的货币实践》), *Cahiers Monnaie et financement*, 1990: 7 – 79.

## 第四章 以历史充实货币政治经济学

索不达米亚,但是在希腊,这种假设对应的年代是不正确的。

还有一种假设认为首次出现的硬币是祭祀工具(如今大多数宗教还不需要硬币作为献祭物品吧?)。此外,硬币应当能够更好地衡量祭祀物,在城市化的社会中,人们拒绝流血牺牲的献祭也很好地解释了这种替代关系。有一点是不容置疑的,那就是古希腊硬币有一个特点:它被印上了神圣的烙印。尽管十分具有迷惑性,但这种假设不能解释清楚这些最古老的硬币在最初诞生时的使用差别,也不能单独地解释硬币的商业化发展。

因此必须找到一种假设,既不完全抛弃贸易、金融以及文化的假说,又要超越它们,将这些假说融为一体。对金融和文化假说的检验表明,城邦在铸币创造方面发挥了基础性作用,由此一种政治性的假说(政治源于希腊语 polis,即城邦之意)能够证明人们意识到这一现象的复杂性。原始硬币在被分发的同时,伴随着城邦的深刻变革(由贵族政治秩序向民主秩序转变)。硬币是一种新型的计量工具,一种族群间和个人间冲突的新型"算账方式"。

从多维度的社会现象角度出发,我们认识到货币的功能就像社会关系的齿轮一样[1]。这些社会关系是不能被简化成经济—商业交易关系的,也不是简单的个人行为集合。获得

---

[1] Karl Polanyi, "Money objects and Money Uses"(《货币目标与货币使用》), H. W. Pearson, ed., *The Live - lihood of Man*, New York, Academic Press, 1977:97 – 121.

的逻辑和利益不是理解社会现象的万能钥匙；事实上，我们不应该掩饰统治关系，这是社会主体实际的表现，依照这种关系社会主体的行为被组织了起来，同时加剧或规避了社会主体间的矛盾。货币处于社会化进程的核心①，因为从构成货币融入最基本的过程来看，不仅是经济活动的融入，更广义上是个体和族群的融入。所以说货币是总社会现象②。

## 二、纸质货币

第二种观点将提出货币形式的逻辑与年代表。标准经济学着重强调支付形式，描述了如下的"程式化现象"：继物物交换经济之后，货币经济经历了三个阶段，即以硬币形式出现的商业货币经济、以纸币形式出现的符号货币经济或信贷货币经济、以代表性财富出现的银行货币经济。这种经过严密推理的西方货币史重建是由经济学家设计的，他们从现代货币形态出发，并从中汲取了两种观念：一方面，货币创新首先关系到纸币替代金属货币，随后简化到使用银行代表的财富即可；另一方面，掌权者掌控着货币去物质化的进程，并且在纸币替代金属货币时保留了铸币垄断，后来又用非直

---

① Michel Aglietta, "L'ambivalence de l'argent"（《货币双重性》）, *Revue française d'économie*, 3, 1988:92-93.

② Marcel Mauss, "Essai sur le don, forme et raison de l'échange dans les sociétés archaïques"（《关于原始交换形式——赠予的研究》）, *Sociologie et anthropologie*, Paris, Puf, 1968:143 及后文．

接控制手段将银行货币的发行权特许给同使用者有联系的商业机构①。

与之相反,欧洲的历史向我们展示了纸币并不是直接替代金属作为货币使用的,纸币自13世纪起在多重银行技术的支持和保障下投入运行,但实际上需要通过手书签字的支付方式要早于纸币而诞生。而之后的历史再次证明了即使在很久之后的17世纪末期,人们以同样的技术制造出了纸币,那也不属于政治权力设计的从"经济学"角度用纸币替代金属货币②,而是从商业票据转变成了纸币,是一种最终被权力机构认可的债权货币化现象。

## (一)支付中的代表性行为先于纸币使用

纸从诞生到作为货币使用经历了漫长的过程。例如,在中国,纸张发明于2世纪,而作为支付方式使用则是从9世纪开始的;西方也一样,纸通过阿拉伯世界和十字军于12世纪传入欧洲,而最初形式的纸质货币却出现在17世纪末期。在中国,我们可以将纸币的出现同印刷技术提升(9世纪)

---

① 这一范例的综述选自 B. P. Pesek, T. R. *Saving, Money, Wealth and Economic Theory*(《货币、财富与经济理论》), New York, The Macmillan company, 1967:490.

② 人们经常低估信贷的作用,而且试图在亚当·斯密之后坚持货币流通的说法,只看到纸币"替代作用"的一面:"用纸质货币替代金银货币,是将一种造价极高的商业工具替代为另一种本身价值极低而同时又很方便的方式。"(《国民财富性质及其原理》,第二卷第二章)。这种观点的系统化也成就了后世的货币学派。

联系起来，但是在西方二者却没有必然的联系，印刷术在15世纪中叶被引入欧洲，这远远早于第一批纸币出现的时间，另外，最初的纸币也不是印制出来的。也就是说，在这种情况下，造纸技术或者印刷技术不会对货币实践产生影响，是这样吗？答案是否定的，只是技术进步和货币发展之间的道路十分漫长和复杂。我们可以提出一种假设，如果没有造纸术的引入，伴随着13世纪欧洲经济觉醒而蓬勃发展的金融技术，本来是不可能出现的。由此从货币的角度来说，这些古老的金融行为由于纸的出现而经历了史无前例的极大发展。这些实践行为也从根本上使用了书写技术和财会知识，同时也会伴随着文盲率的降低以及算数的推广，当然还有一个不可或缺的条件支持：纸张比羊皮纸造价更低①，这样就能生产出更便宜的账簿，也能增加债权证的数量。两条道路由此铺开：一种靠银行账簿上的手书支付，另一种靠代表债权的纸张流通支付②。而只有第一种支付方式从12世纪到17世纪真正被人们广泛投入使用了。

1. 通过转账实现的可移动账户资产

16世纪的威尼斯将手书银行称作"文书长椅"（banchi

---

① Fernand Braudel, *Civilisation matérielle, économie et capitalisme*(《十五至十八世纪的物质文明、经济和资本主义》),Paris, Colin, 1979, tome 1:348 – 349.

② 这里应当区别支付与交易：支付与信贷是相互对立的，表示债务付清。期票只能用于清算或到期偿付，不能用于流通。

## 第四章 以历史充实货币政治经济学

di scritta），而纸张则首先成了手书银行账簿的原材料。这些12世纪诞生于意大利兑换商行为的银行会为在这些银行存款的客户开具一个流动账户，这个账户可以进行转账，并且可以通过这个账户借款。一些大型公有银行于15世纪开始建立起来，而随着17世纪初期阿姆斯特丹银行的诞生，手书支付体系的发展也达到顶峰。从这些历史经验中我们可以看到，货币不是纸张；可以说货币是手书签字，是一种代表，但如果我们将这种通过转账实现的可移动账户资产视为货币，就似乎有些为时过早了，因为除了15世纪在热那亚的圣乔治之家（Casa di San Giorgo）以外，手书支付形式并没有被广泛使用。

这些银行的资产并没有合法的解除义务的权力（在支付时收到货币，却没有实际拿到任何东西），但是能够在事实上和法律上解除债务①（一旦实行，这种行为在法官眼中就被视为解除了偿付人的义务）②。这些操作毫无疑问源于货币的本质，但掩盖了支付行为实际上是债权（在银行存放的资产）转让的事实；支付者清偿都借助于一种信贷工具，即一

---

① Bernard Courbis,"Comment l'État confère la qualité monétaire à un avoir ? De la notion de cours à la notion de pouvoir libératoire légal"(《国家如何将货币性质赋予一种财产？从流通的概念到法律解除权力的概念》),33 - 48, in Droit et monnaie, op. cit.

② A. P. Usher, The Early History of Deposit Banking in Mediterranean Europe(《地中海欧洲早期存款银行历史》), Cambridge (Mass.), Harvard University Press, 1943:2; R. de Roover, L'évolution de la lettre de change, XIV$^e$ – XVIII$^e$ siècle (《十四到十八世纪本票的演变》), Paris, Colin, 1953:23 - 24.

种对第三方的债权,这个第三方就是银行家。但是这种债权是有代表性的,不是靠纸张承载的。纸张仅仅是制造手书账簿页的原材料而已。

在从事贸易的社群集体中,通过从账户到账户的转账支付所涵盖的价值很快大大超越了现金支付。但根据生效的口头约定,转账必须要由支付者本人到银行处理,支票的发展在这之后。因此,在最初的存款银行,纸张的帮助作用只局限于银行账户,而没有真正融入支付秩序之中。

2. 纸张的流通与支付

自从诞生时起,纸张也被用于制作债权证。英国财政部发行了多种纸币,这比诺曼人入侵英国时期代表债务的 *tallies*(榛子树枝)使用起来要方便得多。威尼斯自13世纪起在市场上发行了可让与的公债证。但是从货币化的角度来看,这些纸张的流通,无论是公共发行还是私人发行,都是不可或缺的,正如期票发展所展示的那样。在12世纪中期,为证明债权存在,可以由公证人开具必要的文书来证明债权在法律上与交换契约相关联;将支付文书与公证文件关联起来是非常普遍的做法,这也符合一般操作规程。至于汇票,则是在14世纪时,将义务文书和操作规程有说服力的特点都集中在了汇票这唯一一份文件上①。这样一来,向公证人求助的必

---

① Jacques Bichot, *Huit siècles de monétarisation*(《货币化的八个世纪》), Paris, Economica, 1984:62.

要性状况就得到了缓解，同时也给予了起草交换文书的商人们一种工具，保证了交易、信贷和支付流程的顺利进行。

如果汇票发展起来了，那么可以将它定位成可支付的货币。首先，就其本身而言，汇票并不是一种支付手段，而是一种债权，支付行为只有在到期时才发生。其次，除了活动参与者（受票人、开票人、受益人、付款人）以外，汇票同其他事物一样很难在中世纪时期流通；债权转移应当包含证明行为，多数情况下采用公证书或者债务人亲自到场的方式；可能由于转账是围绕银行进行的，到场出示汇票的方式就成问题了，毕竟这是一种远距离的工具。最后，汇票在到期时就会转为支付行为，但是这也意味着债权的销毁；实际上，在多数情况下，支付是通过交换票据实现的：这种技术手段如同银行转账一样，都依赖于集中操作（在交易所进行）、代表性实践方式以及相关方到场。对于未换票结清的一部分，则可以通过在银行账簿上记录转账或者交付现金的方式结算；当然也可以通过在后面提到的一种交易所进行结转。

可以看到，即便纸张在短时期内增发了债权，这些纸上债权流通甚少，也不曾成为货币。直到17世纪支票背书在安特卫普出现，才开启了纸质的流通，同时可能导致了纸质货币的出现。

3. 商业创造、品行与社会

临近1650年时，也就是纸张在欧洲流通近5个世纪以后，最广泛应用的货币形式无疑仍是硬币。是硬币从货币形态上构建了社会，它在商人间流通，可以用来缴税以及慢慢地促进人口数量增长①。代表形式，即可以转账的移动账户也是存在的，但是它仍然被限制在商人之间流通，也没有全部融入社会。

那么就会产生两个问题：

——为什么可移动账户会出现在银行券之前？

——为什么相对于17世纪货币的发展而言，代表性实践行为发展如此缓慢？

中世纪人类的道德标准也许能为我们回答第一个问题提供思路。人与人之间的直接关系是必不可少的，参与者出席通常也是必要的，因此直到16世纪，口述合同都要优先于纸质合同使用。在转账中也是如此，指令由顾客在银行口头发起，纸张只在传递手书时参与到转账过程中。同样，物品流通在很长一段时间都是由参与者（让与人、买主和最初债务人）直接会面完成。用纸张作为媒介可以令让与人和买主省掉最初债务人环节，但这种行为需要长时间的试验和政策许可。纸介的匿名转让令人十分灰心，因为它仅是一种贸易工具，并没有像硬币一样被赋予政治的、神话的色彩。自相矛盾的是，可移动账户这一最现代的货币形式在中世纪商人之

---

① 直至17—18世纪，许多支付仍然处于"原始形态"，或者借助于无商品价值的中间产品（纯铜硬币或私人筹码）。

## 第四章　以历史充实货币政治经济学

间的流通效果比银行货币要好。

至于代表实践操作发展缓慢，我们则可以在银行的发展中找到解释。手书银行，即管理账户存款的银行根据"贷款带来存款"（loans make deposit）的原则，能够发行债权并能获取债权的来源。然而在很快成为大型公共机构后，这些银行迅速转向交付给存款客户的支付服务，而不是转向汇票业务。因为汇票业务的开展是经济发展的要求，该业务通过背书和贴现的方式，最终由于增发债权会大量发行货币，所以这些银行逐渐被历史边缘化了。最好的例子便是令约翰·帕姆斯丘奇、约翰·劳、亚当·斯密以及其他大师着迷的阿姆斯特丹银行。作为光荣荷兰时期国际贸易的灯塔，阿姆斯特丹银行的出现却象征着一种历史倒退，就像古代的机构一样，它只局限于向流通环节投放一种便利的替代物来替代金属，并没有发展信贷。而未来是属于另一些银行家的，他们会在具有更高可流转性①的环境下取得债权，同时也能发行硬币的完美替代品。在世界经济中心由阿姆斯特丹向英国转移的时候，在商业城邦向民族国家让位的时候②，银行券从商业信贷中诞生的时机成熟了。这种形式的纸币经国家批准后，

---

① 17世纪在英国获得通过，"可流转性"原则是指不仅开票人，所有之后的背书人都对持有人在无法兑付债权时负有连带责任。这一原则似乎在汇票和贴现证的流通中发挥了至关重要的作用。它在债权转让时消除了流通过程中参与者实际到场的负担。上述观点参考 R. de Roover, *op. cit.*, p. 84, p. 110–117, 以及 J. Bichot, *op. cit.*, p. 118–122。

② F. Braudel, *op. cit.*, tome 3, p. 145 及后续部分。

也可以向整个社会推广。

## （二）债权货币化：从商业票据到纸质货币

到 17 世纪末，一段漫长的试验期结束了，一些西方社会似乎准备好了接受纸质货币。对英国开启纸质货币实践的考察能让我们分析出，银行券的发展是一种社会整体适应商业实践工具的过程。

### 1. 英国经验

17 世纪的英国是货币革新的试验场，有大量的商业票据和国家票据流通。在传统的汇票业务方面，出现了境内汇票，这是一种在国内流通的汇票，仅仅起到了计量单位的作用，这也相当于宣告现代的汇票"摆脱"了交易合同。英国国家层面也发行票据（财政部即期票据），通过背书的形式进行流通。我们会认为货币的推进作用直接将公发票据转变成了纸质货币。"经济"学科的观点也本应该得到证实，那就是货币的生产者在垄断情况下恰当地使用了某种技术，用最低的成本制造这种货币[①]。而政治权力试图通过推行纸币，让针对国家的债权渐渐不再需要偿还了，这种债权的利息便会

---

[①] 大多数情况下，经济学家不对国家发行纸质货币、法定货币、君主意志、银行券以及源自银行信贷的货币进行区别。详见 B. courbis, "Réflexions sur l'effet d'encaisse réelle : le dilemme effet de richesse – effet de répartition et la production dans le domaine monétaire et financier"（《实际储备效应的反思：票据财富的分配与货币金融领域生产的两难困境》），*Revue économique*，septembre 1975：776 – 777。

流失，但货币却会被大量发行（英国财政部指令，1667—1672年；1690年，英属马萨诸塞州殖民地的纸币）。这些公共部门实验并没有后续进展，相反，对于商业债权而言，货币化的模式则更加精妙、更加坚实。首先，这种模式依靠贴现手段，从而"可流转"的票据背书不再是为让与人的利益而开具，而是为了金银商人的利益。这项17世纪的重大发明还要依靠金银商人的地位，他们很少会从他们的本金或通过新债权发放的预借款中退还现金给让与人，这时就需要借助银行券了。通过银行，流通性不足的债权（私有票据为主的债权，也包括公发票据）转变成了一种更具流通性的债权，即纸币。这样就开启了由信贷创造货币的大门。这种操作同时结合了资产负债表两边的扩张，资产增长通过购买债权进行，负债增长通过发行纸币进行，这似乎正是1660—1665年伦敦金银匠的实际做法[①]。这种非常务实的实践仅局限于商人团体中，但它被1672年英国财务站（Stop of the Exchequer）直接将公债货币化未遂的行为深深动摇了，又从1694年起，由英格兰银行在更大范围内重新推广。银行券此时还不完全具备货币的特征，尤其是不具备合法化免债权。但是

---

① Fabienne Thiollier, "Note et bibliographie à propos de l'apparition du billet de banque : comparaison entre l'expérience de Palmstruch et celle des goldsmiths"（《关于银行券的记录与书目索引:帕姆斯丘奇与金匠的经验比较》）, *Cahiers Monnaie et financement*, 2, juin 1976:87 及后续。

它却一定能慢慢征服所有阶层的人，从而变成实际掌控大不列颠的货币，正如一个世纪之后可兑换性终止所显示的那样①。

2. 银行券、信贷货币还是纸质货币？

虽然银行券的作用不断扩大，但所谓纸质货币的成功仅仅体现在货币流通角度上。与某些经济学家的观点相反，这并不是一个被限定在商品化货币（一种生产成本趋近于零的商品）中的例子。银行券和资本账户一样，是一种信贷货币。这仍然是一个有局限性的案例，但却是一个被限定在债权（一种流动性及利息都趋近于零的债权）方面的案例。银行券就像代表货币，不是由商品化货币去物质化而得到的，而是源自信贷的货币化。其表象是通过纸质形式与实物商品世界相连，但除此之外应当明确什么才是在经济层面构建银行券的真实内在：是信贷而非纸张。如果纸币和代表性财富同属于一个家族，那么研究一下究竟是什么因素推动了纸币发展，并暂时赋予它超越代表货币形式的优势，会非常有趣。这些因素不仅是贸易层面的，也有政治层面的，从广义的角度来看也包含文化层面的。

---

① 另一种由约翰·帕姆斯丘奇在斯德哥尔摩发起的当代金银匠的实践却遭遇了失败。1661年，作为合法货币的银行券很快全部被印制出来，可兑换金属，在信贷操作时发行，十分具有现代性，但过于脱离时代发展速度以致管理体系难以有效对其进行控制。信贷滥发以及假币激增实际上在1663年便占领了整个系统。

## 第四章 以历史充实货币政治经济学

首先,商业纸币的贴现能让货币流通更符合资本主义手工业、工业生产的发展需求,这也从银行媒介方面实现了经济发展必要的支付方式,让货币创造成为信贷活动的副产品,虽然银行并没有真正意识到这一点。乡村银行伴随着英国工业革命大量增长[1],这是一种自18世纪以来从事汇票贴现业务,以及在领土范围内引入银行券的省内发行银行。纸币发行体系自然集中在英格兰银行,它也充当最终贷款人,这一身份在1797—1821年纸币无法兑换的时期表现得尤为明显。这种体系诞生于英国,也逐步向工业化的国家推广开来,但其中或多或少有运气的成分在。与诞生在启蒙运动时期的汇票——这一欧洲贸易工具远远不同,我们探讨的是国内私有债权货币化的过程,伴随着民族国家发展、金融逐渐融入国家经济的过程。多亏银行的创造,纸币才能作为最具流通性的票据从商业流通中诞生,但纸币的意义远大于此。

其次,在纸币的发展过程中,政治因素也同样重要。传统的银行券可以兑换金币,但主要是出于银行信贷的目的发行,是商业推动和政治权利折中的产物。创建英格兰银行的

---

[1] 在此我们可以看到银行业务发展同工业化并行的状态。部分历史学家认为经济增长中银行的作用只是次要的、附属性的。详见 M. Lévy‐Leboyer, "Le rôle historique de la monnaie de banque"(《银行货币的历史作用》), *Annales : Économie, Société, Civilisation*, janvier‐février 1968:1 – 8;另一些历史学家则恰恰相反,认为银行是经济增长的发动机。详见 F. Crouzet, *De la supériorité de l'Angleterre sur la France*(《英国相对于法国的优势》), Paris, Librairie Académique Perrin, 1985, p. 144, 以及 *L'Économie britannique et le blocus continental*(《英国经济与大陆封锁》), Paris, Economica, 1987:103 – 104。

目的，就是将金银匠信贷发行票据的行为与公共债务货币化的微弱愿望结合起来。以给予奥兰治·威廉三世的贷款为抵押，一些伦敦商人于1694年成立了具有发行银行券功能的机构[①]。银行的资本数量同时取决于国家贷款总额与票据印发上限。这样一来，这家私有强权机构的发展扩大就必然与国家联系起来。此外，在英格兰银行创办的起初几年，公有融资十分明显，它将政府票据转化为纸币。至此我们已经非常接近纸质货币了，只要英格兰银行的资产负债表能够对票据使用者和国家进行阻隔，并且保证发行的票据能够兑换金属货币。但是在18世纪时，英格兰银行发展了私人票据贴现业务，实现了商业融资和政府融资的并轨，对商业信贷的银行券提供公共担保，并且赋予票据一种近乎属于王室的特点，这极大地推动了作为货币的票据使用。

最后，之前两个层面都关系到印发票据的抵押，这是银行的资产，也是货币创造（私有债权和公有债权）的源泉。融资只能根据英格兰银行负债的扩张程度来发展，也就意味着银行券作为货币被越来越普遍地接受。博弈不再只涉及商人范围和企业家范围，在这两类人群中票据使用已经经历了5个多世纪，变得十分平常，关键在于如何将其推广到整个社会。在17世纪末，起决定性的因素是银行家掌管着存款客

---

① 在1708年，这家机构获得了垄断的发行权，这也解释了自18世纪起出现在各个省份的发行银行为什么规模十分有限。

户的账户,而账户存款通常靠存放金币或票据贴现。银行家不仅向客户提供依据提取票据(支票的前身)当面提现的服务,还可以交付给他们带有通用标识的本票(银行券)。事实上,银行券与支票有相同的根源,那就是可移动的银行财产账户。但是银行券很快扩大了流通范围,突破了需持有银行账户这一局限。纸介形式就是争取让无银行业务的民众使用新货币的一种方式,新货币建立在银行信贷基础上。在18世纪末19世纪初,纸张生产、印刷技术(水印、彩印尤其重要)取得进展,刻版方式也限制了仿造银行券的可能。有了银行券,整个社会都参与到了纸介商品流通当中,为缓解劳资关系紧张的融资也变得容易了。

事实上,纸质货币的胜利意味着人类精神层面的一次深层变革:在中世纪,商人们想要在转让债权时与借方直接联系,而在19世纪的街头,人们的态度完全相反,在英国更是如此,人们接受了纸币与金属货币等值的观念。因此我们就能更好地理解货币形态上翻天覆地的变化。在代表性形式方面,虽然很早就出现了账户转账的操作,却应当首先让位于纸质形式:直接、手工的交付方式,与纸币半公立化的特点和暂时性兑换金属货币的权力有关。而这些社会中的人们期望在货币中看到的特点被自然而然地转移到了纸币身上。

对于那些强调货币应当给人带来安全感的人们来说,当他们意识到借助信用货币的概念能够掌握货币时,就会同时意识到货币已经出现。而且货币越来越多地出现在银行资产中，这些银行的资产如今都通过支票来转移。出于经济理性的考虑，皇室锻造金属货币的优先权并没有被转移到纸质货币上，而是被让与了商业银行。与之相反，被金融创造超越的政治权力试图重新掌控货币，这就是货币政策产生问题的根源。在纸质货币范围之外，银行债务逐渐被国有化，被记录在票据上或者如今被电子记录①的资产账户仍然被商人掌控着，而且是由他们发债所引起的。但是为了全部转化成货币，就需要有另一种形式被国家批准生效。

## 三、计量货币

标准的经济学分析虚构了第三种习惯性行为，但历史事实却要求我们揭露其本质：货币在支付方式上逐渐趋同，进而丧失了计量单位的职能；这种表现会极大地损害利益以及经济学信息的存续性，正如当今所展示的那样。

当我们谈及货币起源或货币创造的根本问题时，这种形态转变就很容易被察觉到。基本的论点表述是不变的：问题来源于交易方式的起源或支付方式的创造。

在引述一些关于计量单位的历史教训之前，应当考虑一

---

① É. Froment, "L'innovation dans les paiements"(《支付的创新》), *Banque*, avril 1987: 342–347.

## 第四章　以历史充实货币政治经济学

下关于这一职能在理论上被抛弃的原因。即便某些学者已经事先注意到要从含有计量功能的角度来定义货币，而且这些功能的命名是多样化的（例如价值标准、价值尺度等），却总避免不了出现令人好奇的疏漏。

有三点解释可以用来澄清这种疏漏。

——经济学家没有抵住货币表象的压力，而这种压力也损害了计量单位——其不可触也不可视的功能。但是与之相反，在支付手段方面则有符合重量标准的硬币、可操控的纸币和银行资产。

——对货币内在和外在价值的分析，以及购买力平价理论的强势回归，过度地限制了人们讨论流通中支付方式的数量。有关计量单位价值的问题、货币区域（即计量单位的衔接）、平价的调整都会被简化为有关支付方式的累计、度量、控制和协调的讨论，并局限于此。

—— 在较大范围的国家中，计量货币名称在货币格局中存续良久，以至于经济学家会将其视为恒定量，从而放弃分析其中隐藏的货币职能。

为了解释区域一体化过程中出现的问题，尤其是在欧洲区域一体化的过程中，无论是欧盟委员会层面还是东欧国家层面，拥有一种可以更好地融入计量维度的货币理论是十分必要的。基于历史上出现过的两种货币功能可能被替代的现象，理论的关键通常集中在是否创建发行机构上。当人们意识到，随着当代支付方式朝去物质化和国际化的方向不断发展，货币实践的基础不是被交付的东西，即不是选择何种方式进行支付，而是支付被何种事物记录，也就是这种工具身上的计量单位是什么时，人们对计量单位职能的更好理解便出现了。

诚然，这其中还是有历史的贡献：从货币现象提供的长远角度来看，在19世纪发行银行成立的那段时期，对从前和未来计量单位的形态与产生条件都应该有更多样的理解。

### （一）计量单位形态选择

计量单位都是以单位名称的形式存在的。在这一方面存在两种不同的情况，那就是计量单位名称与支付方式混淆，以及计量单位名称与支付方式分开。当二者分开时，就像法国旧制度时期，人们对计量单位的感知是十分明显的：当代人使用"想象货币"这种表达方式来说明它。

对计量货币形式的观察本身十分具有教育意义，既包含了对其显示出稳定性的研究，也包括对它所保持的名称术语的考察。

1. 单位名称的稳定

历史向我们展示了在这一方面国家的创造能力是很微弱的。如果我们对19世纪、20世纪的欧洲大国进行观察，就会发现尽管这些国家经历了政策变化，甚至国家变革，但货币的计量单位却几乎处于稳定状态（法郎、里拉、马克、卢布）。"专制行为"不代表强权能够抛开公民社会。我们在其他历史时期也发现了这种稳定性，而计量单位的使用期限，如利弗尔、苏、旦尼尔单位所展示的，也证明了这种稳定性。稳定性也展示出了计量货币作为社会联结的根本力量，对其产生怀疑就会引发危险。在计量单位的选择上，习惯的分量是相当重的①。

2. 单位名称的选择

同样令人震惊的，还有对单位名称术语使用的变化非常微弱。在西方和伊斯兰国家中，对古货币名称的参照符号几乎是一成不变的②（如克朗、元、法郎、盾、第纳尔、迪拉姆、里亚尔和埃斯库多），甚至硬币重量单位也是不变的（如利弗尔、先令③、马克和比索、比塞塔或里尔）。而最终人们只是在这些名称前加上了国家的名字，从而对当代大多数货币进行区分。我们似乎可以从中抽离出一种在相当久远的古代时期使用的公共货币，并且民众也可以淘取到这种货币。这样一来，没有人质疑这些名称的重要性，尽管在某种

---

① W. Kula, *Les mesures et les hommes*（《度量与人》）, Paris, Éditions de la Maison des sciences de l'homme, 1984:304.

② M. Bloch, "Mutations monétaires dans l'ancienne France"（《古代法国货币变迁》）, *Annales: Économie, Société, Civilisation*, avril – juin 1953:153.

③ P. Grierson, *Monnaies du Moyen Âge*（《中世纪的货币》）, Fribourg, office du livre, 1976:14 – 15 et 312 ( coll. "Univers des monnaies").

程度上单位名称是国家的象征，却也没有在领导阶层或者国内的强权压力下出现过持续尝试采用新名称来更好地展现集体货币身份特点的事情。对计量货币名称出现差异性的担忧十分少见。

这样的罕见的墨守成规并不能让我们相信在计量货币方面没有出现过丝毫的中断。

（二）计量单位诞生示例二则

在这两个例子中，变化的根本性决定因素并没有令人惊愕之处，其代表性在于它处于经济不稳定时期。

1. 将硬币作为计量货币

在 14 世纪初期出现的弗洛林—厚币体系就是其中一个例子。弗洛林币指的是在佛罗伦萨①地区发行的金币，厚币指的是 1329 年 "O 型"圆银币②。这一体系在法国东南部地区被商人和之后的国家财务人员所使用，是为应对 13 世纪末 14 世纪初期扰乱计量单位和社会关系的突变而设立的。事实上，它参照了利弗尔—苏—旦尼尔体系，而非在债权人和债务人之间建立起稳定因素。但这种参考也变成了不确定因素：皇室的专制决定可能会突然巩固这些被削弱的计量单位，就

---

① 这里可以指多菲内硬币(pièce delphinale)或教皇国硬币(pièce papale)。
② P. Fournial, *Histoire monétaire de l'Occident médiéval*(《中世纪西方货币史》), Paris, Nathan, 1970:143.

## 第四章 以历史充实货币政治经济学

像 1306 年的情况一样①。新体系试图补救计量单位定义的缺位，它也抵御了被用于计量单位以外的硬币名义变化和实际变化的危害，但是新体系依托于金银的固定比例关系可能会使得其在面对两种金属价格比例的估价时产生不便。

另一个例子出现在 16 世纪末②，这个案例与皇室的反馈行为有关③。1577 年 9 月，国王下诏书宣布废除利弗尔—苏—旦尼尔体系，自 1578 年 1 月起，由埃居计量替代，即"太阳埃居"，这是一种当时的法国金币。新体系与旧计量体系的联系由市价保证，同时宣布 60 索尔（sol）兑换一枚埃居金币④，这种市价在重新界定计量单位的同时是有利于债权人一方的。在面对 16 世纪价格升高而计量货币贬值的情况下，皇权发挥作用，阻止了这一情况发展并恢复了民众的信心；但为了达到这一效果，皇权也丧失了所有名义变化的可能性，并且额外保证不会影响到"太阳埃居"。

新秩序的成功包括以抛弃以苏⑤为计量单位的前提，也

---

① R. Fossier, *Le Moyen Âge*（《中世纪》），tome 3, *Le temps des crises*（《危机时代》），Paris, Colin, 1983:51.

② R. Gascon, *Grand commerce et vie urbaine au XVI$^e$ siècle. Lyon et ses marchands*（《十六世纪的贸易与城市生活，里昂与里昂商人》），Paris, Mouton, 1976, tome 2, p. 549 及后续。M. -T. Boyer - Xambeu, G. Deleplace, L. Gillard, *Monnaie privée et pouvoir des princes. L'économie des relations monétaires à la Renaissance*（《私人货币与王公权力——启蒙时代货币关系经济学》），Paris, Presses de la Fondation nationale des sciences politiques, 1986:chap. 9.

③ 尽管是由利益相关群体发起的，但最终由官方决定强制所有人执行。

④ 而非 1577 年的 65 索尔。

⑤ 索尔（sol），后亦称作苏（sou）——译者注

包括放弃了双重计量单位的形式。然而关于计量单位思想习惯上的力量比任何时候都要持久和强烈。很快，新的计量单位就与通过用旧单位的苏来表示太阳埃居的方式建立起了联系，但同样被贬值了：计量的埃居不再与太阳埃居相关联，而是仅仅与它的一部分相关联①。经验教训十分重要：它证实了当代的一些例子，在那些例子中我们也能找到计量单位的力量，以及在宣布废止时对其坚持使用的情况②。这一实践经历于1602年被中断了。以利弗尔、苏、旦尼尔为计量单位的体系被重新建立，并且按照私有65索尔的新官方行价兑换太阳埃居。

2. 集市货币

众所周知，中世纪的集市主要依托国王或封地领主赐予的特权而存在。因此，这种隶属关系先入为主地很自然让我们联想到在集市中使用的货币是政治权力下的货币。然而里昂集市却给我们提供了一个反例。里昂集市由查理八世于1494年重建，以马克埃居为计量货币。这一货币至少从1500年③便开始投入使用，定义为金马克的六十五分之一。马克埃居的命名和定义灵感源自15世纪初期在日内瓦集市上流通

---

① 这里的太阳埃居是以交换价值计算的，这样就能解释该现象。
② 在法国，这种坚持使用的现象如19世纪用里亚尔计量，20世纪中期使用苏，20世纪末使用旧法郎或生丁计量，使用范围也包括在这些单位被废除后出生的人们。
③ R. de Roover(1953)，op. cit.，p. 76.

第四章 以历史充实货币政治经济学

的货币,但是在15世纪末这种货币便不再在市面流通了。因此,商人团体在重新选取参照时既不使用皇室计量货币利弗尔,也不使用国王推行的货币太阳埃居金币。这种行为让商人们可以掌握一种定义稳定的计量单位,因为这种单位不受皇室心意的变化影响①,由此形成了包含商业和非商业范围的债权与债务。自从这些债权与债务被锁定在里昂集市时起,这个场所便开始变得与众不同了。这种由商人发起的,用额外被赋予稳定性的货币进行的"攻占",在很大程度上解释了16世纪初期集市的魅力与繁荣。我们也能从中看到一种由集体进行选择的特殊计量单位,仅凭这种计量单位自身就能创造出独立的环境,即便是在以金属为参照、用硬币交易的年代。这种货币身份即使不能在代表性行为中找到产生的原因,也被代表性行为简化了不少。想要在货币现象中找到一个更能体现出计量货币光辉作用的例子是比较困难的。

马克埃居定义的变化以及1533年被并入皇室计量货币(1埃居值45骑士索尔),都是王权想要重新掌握"货币领域"的尝试。皇室计量货币在接下来一段时期的贬值制造了许多与商人和外国金融家的冲突,并以1577年的"妥协"而告终:一方面,国王宣布放弃使用传统计量货币;另一方面,商人与外国银行家接受使用皇室金币作为参照。这是一

---

① R. Gascon(1971), op. cit., p. 245.

个暂时性的妥协,因为正如我们之后所看到的,1602年在法国领土内最终被强制要求使用主权计量货币。

这些新计量单位出现的案例虽然有些只是暂时性的,却也证实了计量单位多源于不稳定时期的直觉。欧洲计量单位出现在一段货币秩序混乱的时期,也没有违背这一规律。

### (三)尝试设立埃居

关于欧盟货币的问题,在此我们不作透彻分析①,只是沿着之前的历史事件发现了两点值得注意的地方,供读者思考。

#### 1. 关键之处在于对计量货币的规划

推行一种新的货币不能被简化为发行新纸币、强制使用新支付方式或者首先建立起中央银行等操作。因为推行新货币的关键之处不在于此。逐步在商业和金融活动中使用埃居作为计量货币才是让埃居变成社会现实的基本条件。使用一种货币不能简单看作货币的持有和流通,而应该包括所有的货币表现和经济主体的货币经历。所以首先应当攻克的是精神而不是"零钱包"。由于在提到产品和经济行为时反复听

---

① 货币创立的出现与机制详见 É. Froment, "Le mécanisme de création d'écus"(《埃居的创立机制》), *Cahiers Monnaie et financement*, 17, mars 1987:235–252; "L'écu, une création des États dont s'empare le marché"(《国家创建却被市场夺取的埃居》), *Économie et humanisme*, mars – avril 1987:55–59; "Les paradoxes de la création d'écus"(《埃居设立悖论》), *Eurépargne*, 10, juillet 1987。

到和说出"埃居"这个词，公民通过这些灵活的方式逐渐习惯了使用这种新的货币，之后他们才会需要以这种新单位表达的支付形式①。与之相反，如果经济主体在新的货币上发现不了其他效用，那么上述的方式也只能单纯局限在收藏工具领域了。只有在头脑中已经被灌输了欧洲概念的人们，才能想象出通过发行纸币来宣传欧洲货币一体化。但这些欧盟建设的"传教士"只是少数，仅凭他们是无法让其信仰成为全社会的行为基础的。设立埃居不能只依靠将其规定为支付方式，同时应将这一职能视为唯一的传播媒介。

2. 社会传播务必慢慢来

面对计量货币对集体的渗透方式的问题，有以下两种可能出现的态度。

——更普遍的做法：以使用这种货币的利益争取公共权力，以便公共权力强制推行使用货币；

——更务实的做法：通过历史的经验，逐步渗透到社会中去。

考虑到公众对计量方式有持久、内在的习惯倾向，马上劝服所有欧洲人使用新计量单位是否现实？寻找一些涉及范围更小、对多重计量单位和不稳定关系更敏感的群体推行是否更好？那些饱经变化和风险的企业更倾向于单一计量单位

---

① 同时在银行中开设用埃居标识的支票账户，也就是说，选择代表性形式作为支付方式。

带来的简便性和稳定化。为了在思想上进行渗透，首先应当确定多重计量单位的出现给哪些经济主体带来了困扰。一旦问题得到了解决，未来正是这些经济主体出于自身利益才能保障埃居的流通。但与之相反，来自欧洲政治权力的决定强制所有人使用埃居，认为存在一种强大的一体化力量推动公信力，随之取得成功。

在欧共体内部，推行使用新货币并不只是变更终端计量名称那样简单，这与法国大革命时期设立"法郎"①的案例完全不同，也和1990年6月起"东德人"所经历的变故不同，那时人们习惯使用的货币体系被摔得碎片横飞。铭记历史在此时对于必要地变更计量单位没有任何参考价值，因为相对价格和收入结构已经完全发生了变化。一系列的习惯行为都应该被考虑在内。

既然事关欧洲一体化建设，那么情况就与社会组织的持续性无关了。为了保证经济主体能控制货币操作，他们应该既使用新的名字（表面操作），同时不断尝试构建与国家旧参考体系的关联（精细操作）。实际上，如果社会组织结构不是突然遭到质疑，不是强制经济主体重新考虑其包括货币关系在内的所有行为习惯，旧的计量单位和过去的经历又怎能会被遗忘呢？但是如果新的货币使用旧单位计量并且能够

---

① 法郎的金属定义与利弗尔几乎相同，它伴随着十进制货币体系的出台，坚持以苏作为计量单位使用的传统也由此而来。

继续流通，我们就可以认为这种新货币渗透到社会中了吗？

货币，尤其是计量货币，是被社会行为所囚禁的，所以除非改变整体社会行为，否则很难彻底更改。也正因如此，欧洲货币联盟很难超越经济和政治联盟，随着欧洲社会的构建而建立的。

# 第五章

## 货币现象的普遍性与货币的多样性[1]
### ——从殖民对抗到社会科学碰撞

让-米歇尔·塞尔韦、
布律诺·泰雷、泽内普·伊乐迪丽姆

---

[1] 文章首次刊登在 *L'argent des anthropologues, la monnaie des économistes*, E. Baumann, L. Bazin, P. Ould–Ahmed, P. Phélinas, M. Selim et R. Sobel (dir.), Paris, L'Harmattan, 2008:167–207。

在对全部社会现象的分析中，不同社会学科在不同的时间和空间上存在交叉，这有可能导致部分科学研究存在一些虚假的相似性。这些交叉碰撞蕴含着较大的潜在力量，可能产出实际上的公共知识。在货币方面，类似的碰撞会促使人们将货币理解成一种实际生活中很普遍的现象，并指出货币在工具、使用和表现方面存在巨大的差异性，但是这种差异性不一定会长久持续。

时间和空间上的交叉碰撞同样会让人想起殖民时期不同货币表现之间的对抗。在大多数同欧洲人建立联系随后遭受欧洲人殖民奴役的社会中，尤其是在 16 世纪以后的例子中，外来事物的突然闯入实际上经常被解释成存在争议的货币工具替代①：硬币，之后是纸币或其他新的计量单位，这些货

---

① 毫无疑问，将这些历史上由于殖民活动产生的替代货币的例子，与公元前 7 世纪希腊城邦专制君主发明或再创造出的诺米斯玛塔(*nomismata* 硬币)随后被古奥波尔(obeloi 铁签)及其他古老的支付和抵债工具所替代(当然是部分替代)的行为作比较，是十分恰当的。另一个与此相类似的问题也可能会被提出，如罗马占领时期青铜制品主要被用于某些仪式，在高卢地区的阿尔摩里克青铜斧(Hache à douille armoricaine)上出现了"超级通货膨胀"现象(大量青铜斧在湖中和过路桥附近出土)(Rivallain et Servet, 1996)。

币工具首先同原有货币竞争或对其进行补充，之后便完全代替了旧货币。在不同学科和领域中，思想的碰撞也会引起货币不同定义之间的对抗，首先进行竞争，而后意图取代原有常识。建立在物物交换神话基础上的商品货币经济学理论如此，建立在国家绝对权力基础上的名目主义法学理论亦如此。诚然，学科间的研究趋向于社会科学的统一，如同时入侵经济学和法学的观点，我们可能会觉得这种想法就像是痴人说梦。然而实际的情况恰恰相反，经济学的正统观点正在入侵社会科学的全部领域。可是货币的概念化无疑是其中薄弱的一环，甚至成为经济学科的阿喀琉斯之踵（就像公权法法理之于法学一样）。另外，这里所说的入侵并不是指要对经济领域和法律领域进行统治，因为既然关于社会科学的知识范围没有排除统治关系，我们就不会在其中强行加入借助物理学力量的观点。当然这种观点又十分真实，因为它构建的基础是人们不会暴力对待观察到的事物。当人们在解读这些事物时，会让它们尽量符合人类对其先入为主的设想。作为人类普遍接受和社会全部现象的货币概念，是具有启发式优越性的，通过说服和合作的方式，这种优越性可以得到更好的展现。要认识到社会全部现象被货币取代的观点只是经济学的发明，仅仅是体现西方资本主义现代性的狭隘观点。

沿着这样的思路，我们在这篇文章中会同时对两种殖民对抗形式进行研究，其一是"原始"货币和"现代"货币表

## 第五章 货币现象的普遍性与货币的多样性
## ——从殖民对抗到社会科学碰撞

现的对抗;其二是从科学角度对比在不同社会科学学科和不同历史文化背景中占据主要优势的货币的形式与本质。第一项研究主要针对货币现象的普遍性问题,第二项研究则主要针对不同文化下货币及货币使用的多样性问题。总的来说,我们的研究要指出,货币的普遍性是遵循人类秩序而不是历史秩序,同时也要说明作为历史货币一员的西方现代货币不能代表货币的普遍性,它也不是所有货币的唯一真实载体。实话实说,我们不相信现代货币在历史上具有普遍和/或成功的特征,因为如果我们相信它,那它一定与另一种在当代人眼中所谓"普遍"的形象紧密相连,那就是民族国家的形象[①]。

两种形式的对抗实际上告诉我们,社会的货币机构依赖三种类型的社会关系:与自己的关系,与他人的关系以及超越个人和集体的、与社会全部的关系。这些关系形式以及对社会全部的认知方式都经历了文化演变和历史发展,我们可以从中归纳出社会货币机构的不同表现与经历,以及探明完全不同的货币创造信任的过程。但是多样性并不与货币事实的普遍性产生任何矛盾,也就是说,货币是大多数社会的基本制度。

---

[①] 有些令人出乎意料的是,这一观点在经济学家 Jacques Mélitz 批判波兰尼时得到了印证:"人类学家和经济学家一样,在给出诸如货币发展已经达到顶峰这样的建议时应当保持慎重。历史会引发我们的思考,不仅是目前的货币体系可以得到改善,在或近或远的未来,我们目前的体系也会被放进对人类货币经历永无止境的博物馆收藏当中。"(Mélitz,1970:1032)

由此，我们必须对以下两者进行区分，一是处在社会制度化人类集体中的货币现象普遍性问题（本文第一部分）；二是承认历史向统一的现象逐步趋同，如同卡尔·马克思在《资本论》第一卷第一部分和奥尔格·弗里德里希·克纳普在《国家货币论》中所论述的那样（本文第二部分）。给货币一个统一且不排除货币多样性的定义，会造成一些根本性的问题，基于欧洲中心论的事实，这些问题相当一大部分还没有被解决，甚至没有被意识到或尚未被提出错误和质疑。我们将从一部分人类学家和历史学家[①]提出的殖民对抗显示出的特殊性出发进行阐述，同时也会对某些结论（例如本应存在"无货币"社会的断言）进行批判。

## 一、货币事实的普遍性

殖民造成的不同货币体系对抗（当然也有可能是"思想经验"造成的）对于在确定时期和地点、排除地方特色和地方主义来解释货币的结构与发展具有实验性作用。但是对于殖民引发危机的变种分析，尤其是美拉尼西亚的案例［戴维·阿金（David Akin）、约饵·罗宾斯（Joel Robbins）等，1999］，并不会从根本上揭示统一模式发生转变的一般规则。

---

[①] 尤其应当关注 *L'Homme*, *Questions de monnaie*, coordonné par Stéphane Breton (n° 162, avril 2002) 以及 le n° 90–91, 2002, du *Journal des anthropologues*, *Monnaies : pluralité et contradictions*, coordonné par Laurent Bazin et Françoise Bourdarias.

## 第五章　货币现象的普遍性与货币的多样性
### ——从殖民对抗到社会科学碰撞

这种统一模式是通过对某些欧洲社会的观察得出的。这也正是关键所在，无论在何时何地都能成为所有货币机构历史趋同不可抗拒和不可逾越的界限。殖民条件的限制只是被当作这种必然趋同的历史加速器。我们最多认为，实际上由殖民引起的不同制度之间的货币对抗曾经起到并还在发挥着历史加速器的作用，当然要在旧制度没被完全根除时才能发挥出前殖民制度的某些潜在力量。虽然这些制度显示出了纯粹货币的本质，但不见得一定出现在不同货币制度对抗产生之前。

在此情况下，货币的普遍性可能会通过不同的货币体系和它们之间的对比展现出来。洛朗·方丹（Laurent Fontaine）分析的印第安 Yucunas[①] 案例完美地印证了这一点（Fontaine，2008）。正是通过与哥伦比亚比索的对抗，可咀嚼古柯叶（coca à mâcher）才作为货币出现。这一例子表明可咀嚼古柯叶就是货币，也就是说，其在 Yucuna 社会是作为货币运行的。这种对抗在某种意义上像是望远镜，随着倍数的增加，能让我们发现新的星球——这个星球早在我们观测到其之前就存在了，但是我们却忽视了它。

另一个例子是 19 世纪后半叶发生在西部非洲（Hogendorn，Johnson）和奥里萨邦（印度东北海岸）以及 20 世纪在新几内亚（Gregory，1996，1997）发生的货贝"超级通货

---

[①] Yucuna 亦作 Yukuna，是指生活在哥伦比亚亚马逊省 Miriti - Paraná 河沿岸的美洲印第安人，这些原住民的共同语言为阿瓦拉克语系下的 yucuna 语。——译者注

膨胀"事件。首先，在17世纪和18世纪的非洲西部，殖民活动主要以当地政权和欧洲商人结成联盟的形式进行，这些欧洲商人向当地政权支付当地使用的货币，以期获得奴隶并将其贩卖到美洲和安的列斯群岛。欧洲商人们走大西洋海路，从而绕过了撒哈拉沙漠传统路线，而这条路线本身也是奴隶贩卖、黄金出口以及货贝（cauri货贝源自印度洋中部马尔代夫群岛）进口的重要通道。通过这条通道，欧洲商人给西部非洲带来了大量的货贝，即当地传统的货币。之后，在19世纪末期，撒哈拉非洲多数地区的殖民活动才有了直接的、暴力的形式。殖民者从那时起开始在政治上和精神象征上寻找存在感，公然摧毁殖民地的旧支付方式，并强制要求当地人使用硬币支付税金，这种硬币只能通过种植商业作物和从事采摘活动从商人处换取。对货贝的需求由于与白人交易时使用受限而锐减，这引起了货贝的"超级通货膨胀"，强力地动摇了当地价值体系的稳定性，而货贝却又继续在那里流通了半个多世纪。通过强制替代的方式引入欧洲货币的过程进行得过快且过激，伴随这一进程的是社会成员态度的异化，在不同的民众和社会阶层中，有的进行反抗，有的表示赞同①。这一幕在20世纪的新几内亚重演了。

---

① 如果说货贝交易国际贸易的终止预示了货贝在西部非洲内部流通的终结，那么货贝作为货币流通完全消失则在五十多年以后（Gregory, 1996：199）。尼日利亚的案例详见：Ofonagoro, 1979 et Ekejiuba, 1995。

# 第五章 货币现象的普遍性与货币的多样性
## ——从殖民对抗到社会科学碰撞

我们能从这种对抗中吸取何种教训呢？并非货贝作为货币从一开始就没有得到承认，而是这种货币在本质上就属于幻觉。这是一种双重的幻觉。一方面，在殖民者货币被强制使用以后，货贝（以及其他传统货币）仍然在当地社会的交易中流通了相当长的时间，殖民者将这种交易解释为物物交易①。另一方面，货币数量理论则用超级通货膨胀来对其进行了当代的注解②。双重幻觉意味着，对于思想家和西方行政人员而言，这些货币不是实用的商业货币。

欧洲殖民者的出现在这些案例中仍然发挥着显影剂的作用：货币实践和货币体系的对抗让人们的注意力集中在实践行为本身及其差异上。与此同时，对这种对抗的分析也变得更为棘手，这源于货币客体本质和他者货币实践之间互为幻象。

### （一）货币现象的普遍性与货币经验的间断：莫斯 VS 西米昂？

鉴于这些幻象，我们明白了货币的普遍性作为社会全体化的操盘手，一直饱受争议。当然这里我们提到"普遍"的

---

① 详见 Ofonagoro，1979；648. 实际上非洲人进行的完全不是物物交易,他们反而在交易中动用了他们全部的传统货币,但殖民商贸公司却促进了物物交易,以防占统治地位的殖民者强制推行的货币遭受贬值（同当地货币比）,也为了这些货币能够稳定当地进口产品与出口产品的比价,并使殖民者从中获利。（援引自 Ekejiuba,1995 年,第 141 页,东尼日利亚的案例）

② 尤其是 Hogendorn 和 Johnson(1986)，以及对他们"数量主义"解释的批判,Gregory (1996).

意思是人类学意义上的普遍。正如我们在上述的例子中看到的那样，普遍性实际上是通过殖民者实现的。殖民者们在通常情况下不会想到，除了他们自己的货币以外，还存在其他的货币在发挥作用，而非仅仅作为支付和计量工具在运作。如今在某些人类学家和社会学家看来，普遍性概念仍是如此，在他们刚接受这一概念时，仿佛突然被这种概念所阐释的逻辑所震撼。一部分对《主权货币》（阿格列塔、奥尔良主编，1998）一书的批判意见体现了这种震惊，据我们看来这应该归咎于货币普遍性概念本身的双重性：就这些批判来看，拉近原始货币和现代货币是会引起错觉的，因为只有后者才是最终的真实货币。这里让我们暂停一下来检验这一观点，之后再回到殖民对抗的教训上。

这些批判都基于《主权货币》一书中提出的一个概念——"货币现象的持续性"（Grenier，2000：1341）。显然这些异域货币和商业货币之间的持续性是站不住脚的，至少值得仔细推敲。阿兰·迦耶（Alain Caillé）（2002：246）是这样说的："这本书展示了非常丰富的社会和象征性现象，但却没有提出货币身份这一根本性问题。这样做有好有坏，它绕过了这一问题却没有说出来，仿佛一定要让人相信货币身份和货币存续这些不明确的论点，却没有加以证明。"

对于这位社会学家来说，在"原始"社会同在现代社会一样，"货币发挥着决定性的象征和实际作用""这种作用在

## 第五章 货币现象的普遍性与货币的多样性
### ——从殖民对抗到社会科学碰撞

两种情况中差别十分巨大，以至于不再用货币这个说法来定义早期商品价值才更好。这两种社会都是由一系列公式来构建的，公式每次都利用某种数额的货币解开。但是每次都不是相同的货币。"（Caillé，1995：19）。

历史学家西尔万·皮龙（Sylvain Piron）以他的方式说出了同样的观点：《主权货币》使用比较研究法，付出的代价就是产生"盲点"。实际上货币在其中被设计成"一种非历史性原则，它总是表现出对社会全部的相同关系，任何变化也不会影响社会整体的构建形态。另外，这种对历史的忽视却多次被明确提到，想要在货币现象中定义'古老'，这在经济学思想中是无法被掌握的。"（Piron，2002：257）。

哲学人类学家马塞尔·埃纳夫（Marcel Hénaff，2002：403）则认为这本具有争议的书可能是从"错误的航道"出发的，因为"贡献……着眼于对仪式货币和现代货币间存在一脉相承的假设"。对于现代货币而言，事实上，我们"严格地说只能在商业交易的情境下提到货币……"（Marcel Hénaff，2002：406）[1]。正是就这一观点，西米昂曾经和莫斯展开过辩论，后又被历史学家让-伊夫·格勒尼耶（Jean-Yves Grenier，2000：1341）提及："货币应该被视为一种新的

---

[1] 犹豫甚至拒绝将早期货币或异域货币完全视为货币，认为即使"原始"货币也能自己成为货币（Breton，2002 a：8），并非没有回想起19世纪经济学家的观点，他们拒绝承认银行货币是真正的货币，在他们看来真实货币只能表现为金属货币。

制度，与现代性相关的新制度"，这一立场明显与下面安德烈·奥尔良（1998）的观点相反："在任何时期，货币事实都含有一种纯古典'整体论'的维度……其逻辑从根本上避开了经济秩序的现代性。"格勒尼耶在这里回顾了莫斯和西米昂辩论的内容和方法论，同时，很遗憾这样关键的问题没有被考虑到。

现在开始考虑这样的问题无疑为时不晚。首先应当想到没有任何进化假设是关于货币"原始"形态——如莫斯的互相捐赠货币——向货币现代商业形态过渡的，而在《主权货币》一书中也没有提及。在《主权货币》中只考虑到了商业贸易方面，并预先假定了货币的存在。货币的起源在献祭支付中，不是在横向贸易情境下由互惠性原则引起的，而是在人与权力之间的纵向"贸易"中出现的，这种权力被人类视为主权[①]。这种货币和祭祀之间的根本关联相对弱化了货币的普遍性特点，因为并非所有社会都经历过祭祀仪式，特别是人们从事狩猎采摘工作的社会。根据埃纳夫（2002：219及后续）[②]的研究，这些祭祀活动只在农牧社会出现。在这

---

[①] 如前引述，Stéphane Breton（2002b）近期因如下介绍案例而受到关注：Wodani 社会的原始神话，将让人不再死于饥饿的种植园发展起来，同祖先 Buda 的自我牺牲联系起来。这种牺牲在象征性模式中可以循环重复，用不同种植园产品、Buda 身体的某些部分来比拟社会结构。借助于那些被某个部落抛弃，又被其他部落接纳的人所使用的各种抵偿性支付货币之间的"同构现象"，展现本体和喻体之间的相似性。

[②] 参考了 R. Hamayon, *La chasse à l'âme*, 1990, Nanterre, Société d'ethnologie.

第五章 货币现象的普遍性与货币的多样性
——从殖民对抗到社会科学碰撞

类社会中,人类试图支配大自然,利用自然资源和驯化动物来掌控生活,这相当于侵占了一直被视作领主的宇宙权力领域,而且相当于欠下了对宇宙权力的债务。祭祀活动是一种人类通过牺牲活物而将自然和生命的最终控制权交还给神的过程,尤其是那些被人类私自窃取的生命。……世界秩序也因此开始变化,由横向转为纵向(埃纳夫,2002:229,232)。

这些观点让我们想到现代和古代的货币形态拥有着相同的本质,属于生命负债和主权的直接关系。这种"本质"是对古代和异域货币直接观测得来的事实,也理所应当是现代西方货币的核心,因为现代西方货币是沿着古希腊、古罗马货币的轨迹传承下来的(阿格列塔,2007)。所谓货币普遍抽象的概念,是所有具体金钱的共有表现。自从货币的概念被提出后,所有金钱都被视为"一般性"货币,是在不同社会背景下的特殊形式。正是货币的一般本质,让美拉尼西亚某些社群性货币能够融入不断扩展的商业经济框架中。殖民地商品经济的扩张首先是依赖外来殖民货币的出现,而后依赖后殖民国家的自身的货币(Parry, Bloch, 1989; Akin, Robbin, 1999)。

《主权货币》书中解释的论题,是在莫斯和西米昂分析的基础上半路产生的。书中采用了莫斯反对西米昂的观点,认为对原始和古代货币的分析有利于更好地理解现代货币,但不同的是,这本书在分析原始和古代货币时试图在其中寻找所有货币的共同点,而莫斯所做的却是提出一种进化论的假设,认为依照交换逻辑通过捐赠实现的货币与通过商品贸易实现的货币有着历史上的连续性[①]。至于西米昂,《主权货币》一书则发展了他"货币是集体信仰"的主张,即"社会信仰"(西米昂),"近似宗教的社会心理信仰"(齐美尔)。这种信仰不是来自契约,不是来自国家,而是来自作为整体的社会和社会联结。然而,不同于西米昂将货币视为现代性特征的表现,《主权货币》这本书是通过对于非现代性社会的对比研究来判断货币特性的,因此根据这样得出的货币特性,我们能够推断出社会全部的货币表现近似于普遍性结论。

总的来说,如果我们以《主权货币》一书中与生命负债和主权(即个人与集体的生或死的形式)相关的方式来定义货币的话,那一定属于"非历史原则",即与乱伦禁忌等级相同的人类生物学不变原理。但是提出这样一种原理不会引起任何的否定或产生"历史性盲区",却远不及货币现象的文化和地缘来得真实。

---

[①] 这种演变从被莫斯称为"全员补贴"——即在族群间的交易,物质商品只是所有非经济转移中的一种——变成了非个性的个体现代商品交易,中间经过了在全体代表之间的个体捐赠交易(详见 Parry,1986:457)。对莫斯式商品交易传承性的一种批评来自 C. A. Gregory(1980:636),他认为"捐赠交易的未言明原则不是利益",这表明在捐赠的背后,有一种感兴趣和不感兴趣的组合,这是基于存续性假设的观点。有关对抗产生影响的更清晰解释,详见 Parry,1986。

## 第五章 货币现象的普遍性与货币的多样性
—— 从殖民对抗到社会科学碰撞

因此，对货币现象的研究应当包括两部分：一部分是能够产生货币跨历史概念定义的理论分析，另一部分是已经建立起来的抽象性与在某一时期和地点能够观测到的多重货币实践经验相对比的历史学派（库尔比斯、弗罗芒、塞尔韦，1990：5）。

承认乱伦禁忌的普遍性，会导致所有亲族体系趋同一致吗？现代的亲族体系必须永久地践行异族通婚，还具有亲族社会的逻辑传承吗？当然不会！简而言之，我们都同意原始货币、仪式货币或其他货币与现代商业货币有着根本上的不同，但是就像埃纳夫（2002：402）所说的那样，这并不能证明它们与现代商业货币毫无关系。因为这些货币从概念性的角度来看，有着共同的、作为计量单位和支付手段的功能，即便它们计量和支付的性质差异非常大，或者是我们认为的差异非常大（Blanc，2000）。这些货币同样是量化的工具，它们的存在让社会中得到公认的价值能够进行流通和加总。它们在不同的地区将义务变成债务，将权利变成债权。所以说，货币没有历史，它拥有的是一段段不同文化中的故事和或多或少有些差异的行动轨迹，但是这些故事和轨迹都同属于一个更高层次的抽象概念，并共同表达这样一种事实：在社会，或者如马克斯·韦伯所说的"社群"中，存在一种初级的、无法回避的货币形式，它依赖人类智慧的一般特点而存在，拥有让符号数量翻倍的能力，以及通过对其使用来展现社会是一个整体的能力。

## （二）所有社会均有货币：为重读殖民历史提供卓有成效的人类学研究假设

让我们先用天文学的方法回看平行论的发展。首先我们要放下天文望远镜，回忆一下勒威耶（Le Verrier）① 发现海王星的数理天文学推理逻辑。为什么不先假设所有社会都有或有过货币？当然采猎族群不受此限制。这样就不再是以观察现代货币实践为参照，而是从我们刚刚依据计量和支付而定义的货币轨迹中来对货币进行定位。从这种观点出发，殖民地的货币对抗便有了不同的意义。

在此方面，其实也存在令人担忧并难以评判的情况。考虑到当前大多数社会都在很长时间之前就与欧洲人取得了联系，至少是间接的联系这一事实，在有关大洋洲社会的记录中，货币的从属地位得到了证实，这与少数有关美洲印第安社会的记录中货币的主导地位形成了鲜明对比。除了北美东部的 wawpum② 和北美西海岸"夸富宴"中馈赠或毁坏的珍

---

① 勒威耶（Urbain Le Verrier），法国著名天文学家。曾假设存在一颗行星由于引力作用对天王星运行轨道造成影响，从而利用数学方法推演出海王星运行轨道，获得英国皇家学会柯普莱奖章。——译者注

② "wawpum"一词原指一种特殊种类的珍珠，取自大西洋沿岸的某种贝类，珍珠呈管型，直径 3～5 毫米，长度 7～10 毫米。由这种珍珠所制成的项链在美洲大陆东北部印第安人族群中使用，可以作为外交、宗教用品，也可充当交易货币。经过发展其形式也逐步多样化，出现了腰带等项链以外的形式。——译者注

# 第五章 货币现象的普遍性与货币的多样性
## ——从殖民对抗到社会科学碰撞

贵商品这些完美的示例以外，也别忘了类似古墨西哥的可可——这种有着古代货币功能的商品①。这种情况不禁引起人们猜想，在败于白人侵略者和美洲印第安人集体身份消失（即主权丧失）之后，是否有许多前哥伦布时期的美洲货币也随之消失了②。而与之相反，太平洋地区的货币兴旺发展正体现了对集体身份的认同，尤其是对不同族群中每个人的认同，这种认同又在所谓西方文明直接或间接冲击的大背景下得以加强。在这些货币中，有些甚至在殖民或新殖民背景下毫不为外国观测者察觉地成为他们自己的缩影，就像对货轮的崇拜所产生的效果一样（Worsley，1977）。

在这里我们只需要一个简单的例子就能让这种假设成立，那就是位于巴西上黑河地区 Desama 印第安人的例子③。那里的人自 18 世纪起直接或间接地与欧洲人建立了联系，伴随着玻璃珠子的引进，这种联系也给当地人带来了天花和麻疹。玻璃珠子和镜子、铃铛、棉布、钓鱼钩、刀和斧子一样，在

---

① 最后一个示例请参考 Agnès Bergeret 2003 年的著作以及 S. P. Peniche – Rivero 1980 年的论文。同样可以参考 César Gordon 发表的关于 Para(巴西) Xikrin – Mebêngôkre 印第安人的人类学论文，他将这一社会的社会符号再生产核心放在了具有货币本质的传统贵商品流通方面，作者针对当地族群非常顺利地接受了"现代"商品，并将其融入当地传统经济的现象，指出了传统流通的存续性（Gordon，2006）。在这个例子中我们再次观察到了类似于"美拉尼西亚模式"的情况。

② 此外，也有一个假设是由克洛德·列维 – 斯特劳斯在其摄影集 *Saudades do Brasil* 中提出的，他认为在亚马孙大陆曾经可能存在过类似于印加或玛雅文明的巨大文明，但可能随着西方海盗沿亚马孙河的反复破坏性入侵而消亡了。

③ 我们的研究建立在来自 IRD 的 Dominique Buchillet 在亚马孙开展的考察研究基础上。

白人看来都是与当地人进行商业交换和建立关系所付出的交换物。但是这些玻璃珠子并没有被用来表示"货币",尽管这种在美洲印第安社会十分珍贵的商品的社会功能已经接近于在其他文明中被称为货币的商品的功能,尤其是在大洋洲和非洲的很多社会中。货币一词是从人类学角度定义的,而古币①一词则是从铸币学角度来定义的。

然而,根据巴西上黑河地区乌鲁古河(Urugu)沿岸美洲印第安人中 Kubu 萨满口述的传说,白人的祖先苏里布—果阿比(Suribo – Goabi)当时正在锅中制作玻璃珠,而非常不幸的是,他让煮沸的泡沫散落在地上,这些泡沫就变化成了麻疹病。另一个传说流传在蒂基埃河(Tiquié)流域,第一批白人妇女采摘挂在树上的玻璃珠来串制项链,之后她们把项链给了印第安妇女,随后便让她们染上了麻疹。值得注意的是,在这个传说中这些项链也是来自白人之手。无论是第一个传说里面焙煮的,还是第二个传说里采摘的,这些能被视为古货币的珠子在某种程度上都是从饮食方面转变而来的。通过类比古货币,与煮熟的食物或为了装饰而采摘的果实联系起来,我们可以重新构建类似关系,并用以炮制非寻

---

① 这一词汇的解释详见 Servet(1981:81 – 83),在塞尔韦的另一部作品 Servet(1998:295)中也有提及。

## 第五章 货币现象的普遍性与货币的多样性
## ——从殖民对抗到社会科学碰撞

常可食用物质的古货币神话[1],这已经超越了大多数精神分析学家推崇的"金钱肛欲期特点"(Borneman,1978)。

玻璃珠子与天花和麻疹发病——皮肤起疹的相似性,指明了这些珠子与两种"皮肤"疾病是如何实现转化的。面对流感,印第安人试图通过拒绝搬运可能带有流感病毒的货箱来保护自己。而与流感不同的是,美洲印第安人并没有拒绝捐赠或交易以及使用玻璃珠子。我们应当注意到,这些传说并不是关于货币的,而是关于由白人带来的传染病,尤其是那些对美洲印第安人有致死性的流行病。传说警示了他们,这些病源于类似食品或果实(煮制或采摘的东西)的买卖和流通方式,却被异常待之。将客体食品化的方法,将在社会上流通和支付的功能置于消费的对立面,也形成了一旦打破禁忌将受到疾病惩处的观念。

鉴于这些灾难性的结果,玻璃珠子在上述社会中可以被理解成一类"坏金钱",不可忽略的是,上述传说为"坏金钱"贡献了一种外生的起源。人们能够记住的是,这些古货币珠子是通过和白人的联系或交易获得的,同时会招致疾病和死亡。而这些美洲印第安人却让它们流通起来,仿佛可以像其他社会那样,将其用同样的表达方式命名——货币。"金钱"的双重性,一方面是生(流通),另一方面是死(停

---

[1] 此处可参见对掏鸟窝人神话分析中的某些事件,克洛德·列维-斯特劳斯,*Mythologiques*,塞尔韦于1979年重新分析。

止流通），通常蕴含在被认为是古老的社会形态之中，甚至没有货币的社会形态中。如果将引入玻璃珠子看成殖民地西方化的一部分，那又何尝不能将这种行为理解成"他们的货币"和"我们的货币"的缩影①？

## （三）计量（数量）的问题

众多"异域"货币的例子让我们回想起那些有时被认定为货币"去物质化"的过程，这事关从记账簿到电子信息时代货币实践依托物质的演变。从严格意义上说，这样的演变不仅不抽象，甚至不"现代化"。实际上，抽象是公认的最"古老"的货币的核心表现②。

为了让最"原始"的货币脱去物质化货币外壳，殖民者将货币等同于物物交换的商品看待，并把原本认为是"市场经济"的原生功利主义套用在了他者身上。这样一来，"原始"货币抽象的概念就流传开来。货币抽象的问题首先涉及计量实践过程，因为抽象意味着否定了货币功能和实用的定义。既然货币记载于社会关系体系中，就意味着我们不能规避计数问题以及社会关系中的潜在货币维度。

---

① 在此处应当重读在当地人与欧洲税收者的交易中发现的双重财会体系。
② "数字也是字，这一论点可能看似很普通，因为它的完整含义在语言学家和数学家的角度看来已经完全消失了。因为一旦数字的内涵被掌握，就不难看出全体数字，或者说，所有数字（特例可能是数字1）能够展现出全部语言抽象的无限程度"（Crump, 1978:503）。

# 第五章 货币现象的普遍性与货币的多样性
## ——从殖民对抗到社会科学碰撞

波兰历史学家维托尔德·库拉（Witold Kula）曾经明确指出，在许多社会中，对某些商品和人进行计数是犯忌的，这种忌讳可以理解成拒绝对这些商品进行缴税和买卖（塞尔韦，1989）。由此我们不难发现与现代货币双面性（税收与交易）的联系（泰雷，1998），也让我们思考从更广义和更本质的角度来看，货币早已存在于根据社会关系的标准来定义的人类起源时期。这些社会关系的标准可以持续地、普遍地通过婚姻补偿、仪式祭祀、政治联盟工具等众多社会行为得到体现，而此类社会行为又必然需要体系化和抽象化。我们能够在这些行为中发现转移的仪式，以及巧妙的体系化过程、规范化的支付方式和计量单位、债务和债权之间的沟通方式等。如此多的内容不得不让我们思考，货币不是作为解决必要的"物物交换"困境而出现的，而且从更广义的角度来讲，货币也不是诞生于生产和交换关系的直接过程中的。相反，作为体系化的工具和规范化的过程，货币是所谓"市场经济"发展的先决条件。这就是为什么欧洲人大量引入本地的支付方式作为计量单位，正如之前提到的货贝的例子，抑或像在生产复制品的大洋洲部分地区，欧洲殖民者让传统的支付工具贬值，从而极大地影响了其对社会的控制力。殖民者控制力被削弱，不仅体现在商业关系方面，也体现在传统支付工具起度量作用的所有内在、外在的各种社会关系方面。

此外，货币标准化不一定必须固定价值或价格（从更普遍的角度而非商业角度来看，也不必固定"价目表"），也可以通过控制价值来实现。换言之，可以从基数或序数的角度来看待货币标准化问题，也可以从"被动价值"，或反过来说从"使动价值"的商业逻辑来看这个问题。通过殖民，基数和序数的货币标准化方式混杂在一起，就像在斯特凡·布勒东（Stéphane Breton）研究的 Wodani① 贝壳货币的例子中两种方式的叠合使用。这种贝壳货币同时具有：①个体命名（参照其特质命名并围绕不同个体名称调整其价值）；②阶层命名（共有四种，其差异在于"形态标准而非价值标准"，无论这些命名是否体现出等级化，具有最高价值的货币都只存在于某些特殊阶层而非其他阶层）；③序列（共有19层级，最低层级的货币可能分散在不同社会阶层中）；④价值（价值"被划分成从1到3000的不同刻度，价值粗略地等同于以千为单位的印尼盾"）（Breton，2002（b）：228）。两套计量体系似乎是竞争—互补的关系，因为以千为序数刻度的印尼盾与以基数表现的贝壳货币叠用，根据基数表现的贝壳货币就是那些被按照等级划分（分割）的货币，其划分的层级在外观上与货币单位即人体的各部分相对应。事实上，

---

① Wodani 人生活在印度尼西亚巴布亚省（位于新几内亚岛西部），主要在岛屿中部高地和河流沿岸从事农耕活动。传统语言为 wolani 语，多数人口在殖民活动中转信天主教，但当地传统宗教仍然存在。——译者注

## 第五章 货币现象的普遍性与货币的多样性
## ——从殖民对抗到社会科学碰撞

在 Wodani 社会中,"货币被定义为人的符号表现,或者说是人类躯体整体的符号表现"。这个人体整体是"最初躯体的借喻",即原始祖先,"他自我牺牲,并将躯干分解幻化成人,这便是社会和货币的起源"(Breton,2002(b):222)。

用来计数或定性的货币工具可能在流通过程中与客体货币相混淆,但也有可能在计量单位这种完全抽象的案例中与客体货币剥离开。虽然我们不知道会发生何种情况,但无论怎样,正如采信货币功能主义的经济学家和追捧"异域"货币实用表现与流通属性的人类学家所做的那样,我们也应当让计量和调度实践的分析居于次要地位,转而主要去理解对支付功能或社会交易的货币补偿行为①。因为就像并非所有人类社会都在这种工具中混淆了计量方式和支付方式的发展那样,对计量和调度实践的分析首先应当独立于流通方面的货币实践的分析而进行,而后只有计量和流通的连接部分应当被包含在内②。从这个角度入手,除去被否认的部分,在

---

① 1978 年,人类学家托马斯·克伦普(Thomas Crump)曾写道:"会计(计量方式)和算数在小型社会中的地位很少被人类学家所涉猎研究。在原始语言中,计数的局限是非常显著的,但是德科佩专门针对'阿雷阿雷'人货币和货币计数的研究……以及杰尔斯凯尔(Gerschel)的短期普遍研究……是近期仅有的专门针对数字的现象学研究(1978:503)。从这一观点诞生以来,撇开受德科佩开放思想影响的 2002 年第 162 期 *L'Homme* 杂志的 *Questions de monnaie* 特刊不谈,情况并没有多大改观,对客体货币流通的研究仍然遥遥领先于计量体系或计量单位的研究。

② 这种方法的一个示例详见 Andreau(1998)。

人类学家中还是有经济学考虑不到的事，而这些人类学家也由此和大多数的古币学家走向一派了。

## （四）市场或多样化贸易领域

最终，虽然我们以最谨慎的态度说明"异域"货币与我们的货币有着些许关系，但它们在本质上仍有很大的区别。"市场"一词经常被不同的作者使用，却未曾真正被定义。根据许多观察家看到的事实，相同社会的相同商品的流通可能会被说成是以捐赠来兑换捐赠，或者被定性为市场……旅行家的游记则是不同世界相遇或"双重幻觉"相遇的良好显影剂，恰巧就像丹尼尔·德科佩（Daniel de Coppet）所说的那样（Rivallain，1994）。这个案例恰巧说的是西方人和被殖民者的相遇，双方对于"市场"的理解被说成是大相径庭的，所有与交换相对的能力都只能说明交易双方将交易置于相同机构的框架中了（塞尔韦，1992）。

所有的人类社会都经历过使用多样的商品转移方式（不仅仅是从"捐赠"到"贸易"的反差）。捐赠与市场的简单对立，极大地限制了我们彻底理解不同时期货币流通形态的发展逻辑。然而在人们眼中，宣扬捐赠是最基本的美德，也提醒着人们市场反映出的意识形态，以及经济学家口中的神话并非人类生存条件的始与终……因此《主权货币》一书中受到质疑的部分观点在有关市场问题的研究中也应当被考虑

## 第五章 货币现象的普遍性与货币的多样性
### ——从殖民对抗到社会科学碰撞

进去。卡尔·波兰尼以及人类经济学的实际主义（Substantivisme）学派在近半个世纪之前第一次批判了将商业港口和市场相混淆的情况，并且同时明确了二者的差异；但想要理解市场单位在当代社会中是一种陷阱、一种浸润着货币的幻觉，还有很多研究要做（塞尔韦，2005）。

考虑到欧洲人在货币方面已有的商业和税务的实例，重新研读市场和捐赠的种类对于理解殖民地货币现象就显得十分必要。我们知道货币工具能够在非常多的社会生活方面发挥作用：货币可以用来填充嫁妆，可以用来获得木舟，用来补偿名誉损害、谋生，等等。一种货币工具应当能够囊括巨大的使用范围，或者与之相反，被极度隔离，仅有单一或近乎单一的使用功能。因此，面对欧洲人引入并强制使用他们的货币，我们观察到了众多不同的反应（Akin, Robbins ed., 1999）。在某些较为常见的情形中，以前的"货币"适用范围体现在特殊的社会领域，而税收、贸易，甚至在某些情况下的祭祀功能则被殖民者强制使用的工具所替代；不同的工具则被完全隔绝，当然也有可能存在着过渡和折算形态的时期。此外，我们还观察到了其他情形：仪式性的转移补偿，如嫁妆，发生了变化以便给新货币工具（硬币、纸币）留出空间；此类补偿反映出长老或部族强大的控制能力，以及为了融入社会的依赖关系。最后，在某些情况中，长老或部族并不掌控外部收入（尤其是通过外部种植业和做港口苦力工作获得的报酬），他们禁止在社群内部和仪式性活动中使用新支付工具，所以"市场外部"使用旧货币的现象才会长久存在。

"危机"在这些社会中表现为货币工具多重互补性的社会功能分裂、替代工具产生、隔绝区域重组，最后也是最常见的就是所谓"经济"和"非经济"功能的对立。而在某些活动领域却存在过度发展的情形，这并不一定是欧洲人所期待的，就像美拉尼西亚的库拉（kula）和美洲西海岸夸富宴（potlatch）的例子所展示的：战争停火后却变成了和平对抗，其支柱就是珍贵或半珍贵商品的流通，同时还有被称为贸易的交换行为。

这就说明，从人类特有的价值补偿和流通交易形成之初到如今这一段漫长的历史过程中，通过契约建立的支付联系无疑形成了一种新资本，新资本的发展引发了旧关系断裂，这种断裂随着货币在捐赠—逆向捐赠链条中的出现而愈加明显。对于那些通过契约建立的联系，我们可以确信其一直存在于不同社会之间的关系中（Bloch，Parry，1989）。它们迅速地占据了主导地位（殖民活动也极大地在数量上加速了这一进程），并归入了旧联盟关系（通过补偿得到解决的关系）；这些契约联系也必然需要能在支付时打破联系的等价工具。在此让我们回忆一下，一方面，切砍之物（斧子、刀具等）形式的古货币的出现具有普遍性，但在支付时却只是

## 第五章 货币现象的普遍性与货币的多样性
## ——从殖民对抗到社会科学碰撞

在外形上看起来能做切砍之用；另一方面，这些词语的词源都是用绳索和链条来表述债务的，而目前在欧洲仍保留着在赠送刀具（可能斩断友情关联）时要交付少量货币的仪式，这就表示用逆向赠予再次建立起了关系。古货币工具的创新之处正在于，人们信任这种工具有能力斩断联系，了断所有义务。信任从牢不可破的联系转移到了斩断"交情"的能力上。由此我们便能理解殖民活动围绕契约和交换行为制造了大量的社会冲突，而交易双方也会彼此忽视一方在意的"使动价值"和另一方关注的"被动价值"。

支付契约关系的发展损害了补偿行为，却切实加速了货币制度的信任建设进程。联盟关系和补偿关系中的信任直接依赖于个人和他们所属的族群，即使货币可以被崇拜，并赋予表面上看起来固有的魔幻力量（例如，其继任持有者在货币转移时会想起族谱这一事物，因为族谱就像是他们身份的保障）。伴随着支付契约关系的发展，信任似乎也从人身上转移到物体身上，并且被工具化。所有被度量的义务都需要可信的工具来"算清账"，也就是说，让人们相信斩断了联系。这种信任似乎依托于物品（即使通过工具和制度，背后也是靠人类和社会关系将相关方联系在一起）。度量和重量体系的重要性也由此体现，从更广义上来说，也包含货币"进步"中的技术标准。货币因此被认为"值某物"，这种价值是内在的或者被强加给所有使用者的（人们通常错误地将其视为货币工具的去物质化过程)。

因此,货币似乎成了双重媒介:既是中间物,也是彰显信任的工具。双重性在日常的二元体系中体现得十分明显,尤其是在实行旧制度的欧洲,其特点就是计量与支付相分离。一方面,计量体系是通过政治向世人展现的数字秩序(例如,人们用利弗尔、苏、旦尼尔来计量,还有其他所谓想象出的单位,即使这些单位要借助金属棒或缠腰布实现功能的发挥);另一方面,支付大多数采用金属实体的形式,它们自身既展现出一种公共标准,同时也表现为能够将价值具体化的自然物体。然而,炼金术和金属的玄奥将二者连接在了主权上(例如,黄金被认为是典型的帝王金属,因为与火和太阳相关联,而白银则与王后相关联,因为它是女性、水和月相的精华①)。就像帕斯卡莱·阿布西(Pascale Absi)所证明的那样(Absi,2008),金属的内在价值不能只建立在银行家和商人之间的天平上,因为宇宙秩序和其所导致的政治秩序会渗透到每个人的日常行为之中,这让每个人理解世界,并以此指导人们行动。

由于采用了金银本位制,19世纪货币秩序被赋予一种科学性的幻觉,当时的货币秩序仅建立在某种金属性质(重量和成色)的客观价格关系上,而不是靠价格关系——由不同

---

① 这个例子在前哥伦布时期的安第斯文明中表现得尤为明显,在那里,黄金代表太阳的汗水,白银代表着月亮的泪水(Harris,1989:258)。

贵金属和半贵金属为构成原料的相对条件而确定的。欧洲人非常渴望将货币和价值物化的观点强加给其他地区。这种观点认为信任就是经济主体对金银相对行市的看法。实际上，相对行市也明显取决于政治秩序下的人类约定，而政治秩序则将金属变成了货币——虽然不是在所有地方，也不是一贯如此。克里斯托弗·A. 格雷戈里（C. A. Gregory）在一次报道中很清楚地展示了这一观点。他报道了一位所罗门群岛的征税者在对当地居民征税时，一位居民上交了4先令而不是要求的5先令。面对征税者的强烈要求，居民回到家中，将当地传统货币贝壳珠子砸碎，花费好几个小时的时间将其中一颗打磨成了和先令一模一样的形状。一天之后，他向征税者上交了这枚模拟产品——将珍贵的贝壳珠做成了硬币形状，但是他不理解为什么征税者拒收了这枚在他看来承载了其祖先烙印的珍贵之物，他认为这远比那印有远方人头像的金属硬币贵重得多（Gregory，1997：253）。

## 二、关于货币的多样性（社会/领土层面）

外族货币和本土货币在殖民地形成了对抗，而货币的概念也在不同的社会科学学说中形成了对抗。虽然货币存在着多样性，但我们也能在这些差异和对抗中提取出针对货币并行不悖的普遍看法。无论货币的融入程度如何，也无论货币在社会中整合具体观点的能力如何，除去其物质形态和使用上的差异，货币始终是一种抽象的统一体。在某些情况下，由于工具的多样性，统一似乎总是想象虚构出来的，甚至只存在于传说中。货币这种统一体好像预设了分裂的特质，但相反的是，货币的多样性存在却总维系在既对立又互补的辩证关系中。

此外，由于不同的社会在历史和地理方面都存在差异，其组成和集群的原则亦不相同。可见，要求使用普世货币而非多样化货币，从某种意义上来说就是要求历史终结。因为这种做法实际上宣扬了世界线性进化论的观点。现代货币同时具有资本主义的控制力量和普世性要求，可能会被当作人类历史的终极结果。这种想法与历史事实形成的对比恰如殖民者货币在殖民地已有的货币实践中遭受限制。

语言具有欺骗性，把货币说成是统一甚至唯一具有普世性的实体是很容易做到的。然而，撇开城邦不谈①，现代国家的货币体系具有集中性和调节的特点，其核心是反对非现代体系的分裂特点。一方面，我们可以将这些货币体系称为

---

① 这些城邦只有形成联邦或者城市邦联才能得以存活。而城市邦联中的众城邦中会形成某个城邦对其他城邦控制的局面，由此城市邦联就相当于形成了一种类帝国的形式。在这些联邦或者帝国中，就像东方的帝国一样，并不存在强制有效的货币垄断。即使在罗马帝国这样高度集中并且具有高效行政机构的帝国，如让－米歇尔·卡里耶（Jean－Michel Carrié, 2007）所言，在外围省官方发行的货币，其质量和价值都远低于在帝国中心流通的货币，可见货币体系均值化问题不是必然产生的。

## 第五章 货币现象的普遍性与货币的多样性
### ——从殖民对抗到社会科学碰撞

"领土的"货币体系（Helleiner，2003）[①]。这些体系本身就是多重的，其中还充斥着竞争。而用普世货币取代多样性货币则需要形成全套规则，这会让人类全体像社会全部一样构建和思考。各类纯粹超国家的和非帝国性质的货币联盟屡遭失败的经验表明，失败的根源在于国家之间会为了权力而竞争。这一问题在资本主义的框架下很难找到答案，因为资本主义的标准模式是自由银行制度，这也是货币分裂的理想类型。另一方面，这一问题也可能有解决之道，比如建立世界性的国家联邦，那我们也就无从谈起现代货币的唯一性了。甚至在最优化、最稳定的民族国家中，货币的唯一性也并不是准则。我们充其量可以探讨一下计量单位唯一性的问题，因为在支付方式层面存在多个发行者乃正常情况。纸币通常由中央银行发行，而硬币发行者则是国库（财政部门），至于商业银行，则被授予发行不同样式代表货币的权力。

在现代国家中，大量的支付方式在多种有组织的信任网中流通，这些公有和私有的银行网络几乎和货币流通渠道一样多。在这些网络中，货币是统一的，即官方的计量单位和支付单位混淆在一起，这仅仅是因为银行网络通过建立可兑换制度而被联通。这种可兑换性涉及众多支付方式，需要依靠等级制信任而得到承认，因为等级制信任的来源是能够聚

---

[①] 作者将在领土范围内拥有流通政治垄断的本土货币与自19世纪以来形成的民族国家发行的国家货币进行了比较。

合全部体系的货币权力。现代货币引起的社会集聚也因此不太会一劳永逸地选取类似国家的"单一"形态,而是倾向于采取各种社会货币发行力量和货币使用力量的折中形态,如能够稳定各种货币之间内部汇率的社会公约。这种做法显然是依照经济逻辑(资本主义—商业)、政治逻辑(税收—财政)以及社会逻辑(互助—互惠)的,但在这些逻辑中也可能产生矛盾。也就是说,这一模式还应当进一步复杂化,以便顾及多数所谓的民族国家。事实上,根据宪法,民族国家不能进行绝对主权的转移,即不具有可以保证上述的社会公约在全部领土范围内实行的权力机构(这种情况在政治联邦体系中体现得尤为明显)。因此,应当在现代货币体系统一的条件列表中加入建立领土公约的事宜,领土公约应建立在与政治秩序分担职能的各类统治秩序中。

正如《货币由危机揭面》(*La monnaie dévoilée par ses crises*,泰雷,等,2007)一书中所述,实际或潜在的货币发行者和使用者之间的不同安排,是人类活动导致社会和领土分化所要求的,这些安排可能会不断产生问题,却没有一种安排能一劳永逸。比现代货币唯一单位更重要的是集中式的政治规划,或者说是基于世俗主权建设伦理的规划。虽然这种规划在历史中很早就有记载[1],却从未真正地实现(除非将

---

[1] 这一观点大致形成于17世纪中叶威斯特伐利亚和约签署时。威斯特伐利亚和约被视为民族国家国际体系形成的前提。

# 第五章　货币现象的普遍性与货币的多样性
## ——从殖民对抗到社会科学碰撞

布雷顿森林体系视为辉煌成就)。从历史角度看待问题会产生一个缺陷,那就是有可能导致现代货币被视为一种不存在于历史和文明中的货币,不像古代货币或异域货币一般①。然而作为历史货币和起源于区域(西方)的货币,从货币的本质和概念上看,现代货币应当被视为和古代以及异域货币相差无几的货币;只有当比较所有"种类"的货币时才能得出这样的讯息。考虑到这些货币种类之间的延续会有间断,我们应当认识到,现代货币不应是普世性货币产生的深层性质所要求的终点。可以说领土货币是近代历史上的新创造,甚至对于有些国家来说是非常新近的②。但同样地,领土货币"从未上升到支配的地位,也是在当前公众意识的启发下被大众自愿接受的。它们经常遭受各方质疑,而在今天看来这种质疑不无道理"(Helleiner,2003:第二卷)。

国家货币的未来尚未得到保障:大多数国家出现美元化和货币币值不稳定现象,反复出现金融危机,欧盟为了保护欧洲免受多重历史上出现的灾难而设立欧元。这种不稳定性

---

① "直至今日,关系到货币的历史问题在学术文章中从未得到应得的关注。大多数分析当代货币转型的经济学家并未尝试在更长远的历史背景下研究这些发展变化。货币的领土化问题也一样缺乏广泛研究,在研究领土主权历史和国家建设历史的文章中同样甚少涉及货币问题"(Helleiner,2003:1)。

② "它们在19世纪首次出现,在20世纪时便成为大多数国家标准的货币结构了……在19世纪前,包括欧洲在内的全世界货币结构大致在领土模式上有三个本质区别:外国货币同时与本国货币在领土内频繁流通;小额货币并未完全融入官方货币体系;国内官方货币远未达到同质化和标准化"(Helleiner,2003:2-3)。

并不太有利于创立普世货币，随之而来的是金融和贸易的全球化趋势：一方面，当前全球范围内的货币发展趋势是纯弹性汇率制度数量不断增多①，这种趋势背后的原因是不同国家在财富和获得生产力能力上有差距；另一方面，欧元成为在欧洲大陆建立有限联邦型的区域政治新秩序标杆，这成为迈向世界性货币的另一重障碍。事实上，在现实情况下，社会政治组织参照标准的变化代表了联邦制取代单一国家的趋势，这难免令人想起了由古代城邦向帝国过渡的过程（古希腊和罗马）。正如在那一时期，类似的演变并不一定沿着铸币集中到世界范围或到区域联邦内部的方向进行。

无论怎样，一旦人们能给予历史学和人类学资料一些信任，一旦人们摆脱了创造普世货币理念的控制（当然这种理念是世界性资本主义的理念，即非局限于一国的资本主义发展无法避免的结果），那么一切都表明人类的常规做法不是需要一种普世性货币，而是多样性的货币，无论社会货币还是领土货币皆是如此。显然对于支付货币来说，唯一性是集中式通货膨胀情况下显露的特征，而流通中的唯一货币却又有可能在危机中被摧毁。尽管在现代领土货币上这一点特征体现得并不十分明显，但对于计量货币来说却是真实存在的，我们现在就来对其进行证明。

---

① 尽管十余年间确实存在一些货币局制度模式，但在1991—1999年固定汇率制占全部汇率制度的比例还不足10%（Théret, 2003:78）。

# 第五章 货币现象的普遍性与货币的多样性
## ——从殖民对抗到社会科学碰撞

### （一）计量单位的唯一性与多样性：围绕现代领土主权国家永久的紧张对立

在非现代社会中，计量单位的唯一性并不受法律规定，这一点在众多人类学和历史学研究中都已经得到了证实。在《货币由危机揭面》一书中所考察的众多多重货币体系里，我们还可以加入 20 世纪初中国的例子（Kuroda，2005）。我们发现，在中国超过 3 个世纪的时间里，"两"作为称重银钱的计量单位，也以银锭的形式流通，"文"则是铜币（现金硬币）的计量单位，1 贯钱等于 1000 文，以线绳捆扎 1 贯钱的价值在世面流通。但是这些计量单位在不同地区和不同交易商品中有不同的价值，即使用银锭和铜币将官方面值的 1 文表示出来，其包含的价值也因个案而异。即便在每个地区都有标准的"两"作为参考，但却没有法定的行价。此外，在这些根据地区估值的金属货币中还融入了外国货币（特别是墨西哥银圆）以及由当地商人和某些银行发行的纸币（主要集中在贸易港口城市）。最终"不同形式货币之间的汇率几乎每天都在浮动，直到 10 分的银圆和 1 银圆分开标价"，而不再是完全等于其十分之一了（Kuroda，2005：106）。

另一个例子发生在尼日利亚，尽管英国殖民者想要在尼日利亚强制使用英国本土的统一货币体系，但尼日利亚多重货币体系一直延续至第二次世界大战结束。直到被最终禁用之前，根据不同的交易类型和地区差异，货贝、不同类型的马尼拉雪茄、铁棒和黄铜棒、铜线以及传统货币，相比于殖民货币来说都更受青睐，这些物品之间有着多种可变的汇率，受季节等因素影响，短期和长期的汇率都有所不同（Ekejiuba，1995：137-138）。

至于西方的现代货币，我们一般认为领土主权下计量标准统一化可以被当作"程式化现象"和功能型特色成果。经济学家本不会对此感兴趣，但是众多观察结果让计量单位这一原已淡化的概念再次受到质疑。例如，在表象之下，多重计量单位是金银复本位制的内在要求，而这种制度在欧洲大陆和美国直到19世纪末期都占据统治地位。这种多样性在两种固定比率的本位中运作，也就赋予了计量体系应有的单位。然而依据格雷欣法则，当两种金属的市场交易比价逐渐远离官方规定比价时，就会出现计量单位两极化的现象，市场比价高于法定比价的铸币金属所代表的计量单位或会逐步退出市场流通，而市场比价低于法定比价的铸币金属的计量单位则会继续在市面流通。换一种说法，作为价值贮藏手段的客体货币，其计量单位是由金属市场决定的，而作为流通方式的客体货币，其计量单位则是官方法定的，这二者有着本质差异。值得注意的是，这种二元性并不一定是货币危机的成因，因为它与货币单本位制是一样的。单本位制建立在一种

## 第五章　货币现象的普遍性与货币的多样性
### ——从殖民对抗到社会科学碰撞

有公信力的货币上，由高估值的金属铸造，当然这种金属不应当被出于投机目的而积攒（Gillard，1991）[①]。

这种计量单位两极化的过程却不是可兑换金属货币所独有的。我们发现在部分美元化情形下的自我参考货币案例中，美元被用作贮藏货币，而国家货币则被用来固定价格和价目——热罗姆·斯加尔（Jérôme Sgard）将其称为计量单位（实际的）与支付单位（官方的）的分离过程（Sgard，2007）。在这个例子中，计量方式的两极化是信任危机的象征，对国家货币的信任危机与官方法定计量单位的购买力逐步丧失有关。离当今较近的货币局制度旨在摆脱这种信任危机，但却治标不治本。因为在货币局制度下，将多重可兑换本位制维持在官方固定汇率，这样一来，通货膨胀率差异和各国之间生产力的差异就无可避免地与货币联系了起来，这终将导致未来的计量单位两极化。

货币的多元化是社会在商业领域分裂的固有特征，在这样的社会中，相同商品可能有不同估值。所谓西方社会，特点是所有商品普遍可以用货币换取，也就是说，相同的货币在整个社会中无差异地流通着，而维维亚娜·泽利泽（Viviana Zelizer）却证明了事实可能与之相反。她用极具说服力的方式证明了即便在美国，19世纪、20世纪期间，那些来自欧

---

[①] 在此我们要感谢 Laurent Le Maux，他引发了我们对学刊（*Les frontières du dollar*）《美元的边界》的关注，Dijon, université de Bourgogne, 13 mai 2005。

洲的人对货币使用加上道德印记,从而导致了这些货币在使用上的分隔（Zelizer,1997,2002;Salmona,1999:375）。分隔现象可以与货币多样性起源于债务联系起来,各种交易类型（商业的、税务的、社会的、国内的）将分隔打通,因此债务的入账方式也并不相同。例如,国家账目（其中没有资本账户,因为在这里折旧毫无意义）与企业账目（其中资本在企业发展中起至关重要的作用①）配适不同的商品和服务生产、消费的发展体系。这样一来,根据其损害的利益以及记账原则,通常会将相同的产品以不同的价值入账,这就意味着估值所使用的计量单位并不一致。因此一定存在多样的计量单位。

在此方面,为使不同的计量单位能在国家政治领域范围内逐步均质化,国家计量单位身负在多重计量单位之间偿兑债务的使命,这些债务包含在不同交换和货币流通领域内的经济、政治和社会债务。因此美元上印着这样的话:"这张纸币可以合法支付任何公共及私人债务。"（This note is legal tender for all debts public and private）这种计量体系的统一,意味着在交易领域汇率被固定下来,如果汇率按照规定与汇兑平价关联,那么就会完美地制造出计量单位统一的幻象。货币危机会让隐含的规定和幻象浮出水面,同时也会让汇率

---

① 马克斯·韦伯认为企业发展到一定程度,才是出现资本主义萌芽的真正标准。

## 第五章 货币现象的普遍性与货币的多样性
### ——从殖民对抗到社会科学碰撞

甚至可兑换性遭受质疑。

最后我们注意到,交易方面的社会断裂一般情况下会被视为空间形式的统一,但货币危机也同样证明了存在着深层货币领域的区域性断裂,尤其是在联邦制政体下。最近在阿根廷发生的危机中,省级货币以国家计量单位标注,但能够同时在省际以更低的汇率交易,从而导致省级货币大量增发,这一危机表明相同的计量单位也存在不同区域之间价值差异化的潜在风险。

只有在"现代"货币体制稳定的时期,计量单位统一,或者至少计量体系的单位统一才可能在主权控制下成为政治统一的领土内人们遵守的规定。计量单位的统一是伴随着统一领土国家的理想政治而诞生的标准,而随着帝国升级成联邦国家,理想政治再次革新(虽未言明,但事实如此),计量单位统一则成为从领土国家向联邦国家过渡的必要形式,以保证共享边界的国家之间保持和平,这是无可争议的事实。现在让我们重新思考欧元问题,除了规定欧盟法优先于国家法外,欧元可谓欧洲超主权国家建设的第二大支柱了;在交易领域的各个方面(食品、汽车、不动产等),当欧元计量单位在日常货币实践中取代不再被官方承认的各国旧计量单位时,难道不存在任何困难吗?我们同样要考虑一下欧洲建设产生的政治问题,其解决之道要求这种"单一货币"能够在一定时期内长存。只是禁止外国货币流通和颁布计量单位是远远不够的，还需要货币使用者加入这种计量单位，让以这种单位注明的支付方式能够在日常交易中永久流通。这表明信任在由计量单位统一支付方式的社群内部起到了完美无缺的支配作用。

但这种"标准"却十分脆弱，因为计量单位只有依靠集体信任才能保持完整性。集体信任取决于同主权国家专制的结构性博弈的结果。主权国家作为至高的权力机构，具有颁布计量单位并且对其控制的能力，而社会主体和群体作为支付方式的使用者或发行者，需要通过信任行使策略权力，从而在货币流通中占据重要地位。当然他们也能够为了促成交易另择本位制，比如采取特殊的支付方式作为新标准。但是信任也取决于不同政令间的内部政治博弈。

计量单位与其说是被颁布的，不如说是被选举出来的，它是在权力博弈中为了稳定而相互妥协的结果。因此在相对价格秩序和计量建设过程中，也就是说，在根据社会归属和领土归属的债务、债权分发过程中，计量单位都不是社会性中立的[1]。只有当债务债权分发不会加剧分配冲突，且不会完全与社会形成过程中出现的价值等级制形成对立时，计量单位在同化了集体的支付方式后才会稳定下来。最后，计量

---

[1] 在阿根廷2002年货币局制度最后的危机过程中出现的不对称比索化现象，以及随后发生的联邦国家回购省级货币现象，都是具有代表性和说服力的案例，甚至安德烈·奥尔良(2007)所描述的德国在20世纪20年代摆脱超级通货膨胀的案例亦是如此。

单位也与主权行使的方式、类型及其合法性相关,恰如货币历史上充斥的货币变迁与争论所显示的那样。

## (二)不同的社会有着不同的计量单位体系

信任的建立并没有万能秘方,除了日常行为(逻辑信任)和策略行为(等级信任)之外,最终都要借助能让一切臣服的伦理与符号。每种社会管控和摆脱货币危机的方式都各有特征,但货币危机可以感知到的形式却具有相似性。因此,可以说计量单位具有后天专制力——就像语言符号的专制力一样——可以表示它未受任何客体和经济理性的规定,这无疑解释了经济学家在这一点上的傲慢态度。讨论专制力并不是想说计量单位体系的选择是偶然实现的,实际情况恰恰相反,因为这样的专制力必然要求政治行为将货币与整个社会的想象关联在一起,这种货币对于经济价值形成和社会价值等级化都有重要作用。计量单位在政治团体的政治史中出现,并被这些团体采用,纳入其"精神""制度化思想"和民族语言中。

在这里,如果我们承认"只有一位能力卓群的语言学家可以用多于一种的语言表述基础的算数问题"(Crump,1978:510),就相当于承认,信任对一切强烈不稳定性和一切计量体系的变化有着巨大的影响力。我们明白,只有当社会群体的符号生效范围发生变化时,当主权的表达方式引发危机时,用于参考的计量单位体系才会发生变化,当然这一切变化都体现在过去货币实践的持续性中。一个典型的例子便是刚诞生的美国,采用创造性的政治手段将美元(在当时与墨西哥比索完全不同)作为计量单位,并采用十进制的计量方式,以便更好地展示出与英国监管和英国传统利弗尔、苏、旦尼尔古币体制决裂的革命决心,这种决裂在组成联邦的美洲殖民地已经形成的"比索化"进程中表现十分抢眼①。

这种计量单位有着先天专制力②,同时具有协议性质的特点,表现出一切事物价值的关联性、文化性、政治性和历史性本质③。价值、体系和计量单位都是在历史和地理上存在过的事实,它们的创立属于政治活动范围。它们的多样性可以追溯到领土内社会的文化多样性,是各个领土国家各自历史的繁衍结果。计量单位代表了本应该被代表和被设想的社会全部,除非缺乏想象力,否则每个在历史上创立和领土化的社会全部——当然我们不必一定将其简化为单一国家——都一定有自己的计量单位:

在每个主权地域中,都存在唯一的国家计量单位体

---

① 雷亚尔银币组成的西班牙比索,由墨西哥货币局(Casa de la Moneda de Mexico)轧制,因为其与印有玛丽·特蕾莎王后头像的奥地利塔勒具有相似性,所以以后又更名为美元,曾经是在当地主要流通的货币(Desmedt,2005)。

② 这是我们能够从计量体系中扩展得来的,鉴于基数排序的多重逻辑基础(十进制、十二进制,甚至 Tzoltil 人使用的二十进制—Crump,1978),以及序数视角下可能出现的实践组合,例如 Daniel 和 Coppet 研究的所罗门群岛阿雷阿雷人的例子(1998)。

③ 此观点详见齐美尔(1986),其后续发展详见 Appadurai(1986)。

## 第五章 货币现象的普遍性与货币的多样性
### ——从殖民对抗到社会科学碰撞

制……也因此存在着与不同主权领域一样多的计量体系定义（布瓦耶—格赞布、德莱普拉斯、吉拉尔，1986：39）。

这种逻辑隐含地表明了对于经济学家来说非常神秘的一点，即凭经验观察到的多重计量单位远远不能实现完美兑换和替代，因为它们表明了社会和领土的断续与不平等。多重性则启发我们不能只在当地讨论计量单位，真正要研究的问题应当是"本土化"的空间界限。

计量单位生效的领土规模范围问题是当代世界的核心问题。其中，统一的计量标准成为民族国家的政治理想。但这个问题却被表达成一种表面的悖论，在那些共享世界空间而未覆盖主权的领土国家范围内，考虑到国家的多重性，这种理想政治不会导致单一的计量单位，而是引起多重计量单位。这样一来，我们仅仅是从一种外国和本国货币流通相对自由，超出货币发行者权力政治边界的情况（布瓦耶-格赞布、德莱普拉斯、吉拉尔，1986），过渡到另一种货币被领土化，在边境之外不再具有合法行市（边境被增强）的情形，除非货币联盟出现或新型帝国再次创立。如果我们将当今世界与负有普世使命并得到普世性宗教支持的帝国时代相比，当今世界的新状态实际上从某种意义上来说是一种倒退，而非普世主义的进步。换句话说，货币计量单位的国家基础统一与世界货币空间的割裂有关，而不是由本地和区域空间的集中化造成的。在这里我们再次发现了上文提及过的集中化与分裂化二者间存在既对立又互补的辩证关系。

计量单位多样性的革新在其命名中亦有所展现，这反映了国家和资本主义机构建设的主观性。货币的命名可能是借用重量单位的名称（利弗尔、马克、德拉克马、比索、比塞塔），也可能是以主权作为参照标准（达克特、雷亚尔、克朗、索维林、埃居），或者以所属共同体命名（法郎、弗罗林、博利瓦、欧元等）。从这里可以看到货币理论的对立面显露出来，计量单位合法性的两种原则分别对应货币两种相互矛盾的用途，即商业用途和税收用途。然而，即便是某些重量单位名称对货币的存续有贡献，也并不全然因为在保留这些名称的社会中商业具有巨大影响力。主要原因在于这些命名方式同时具有神话性质，可以力图让货币价值客观化，同时也为计量单位的国家裁定和价值尺度无法客观化这两处污点蒙上遮羞布。这种带有典型欧洲中心论思想特点的崇拜的根源远早于轧制货币机构的出现（通过古希腊而被欧洲采用），可以追根溯源到美索不达米亚、埃及和阿拉伯世界的称重金属硬币。但是在其他地区的历史中，尤其是从中国的例子（Thierry, 1991, 1993; Kuroda, 2000; Lamouroux, 2007）中可以看出，在中国，货币并不起源于称重金属，而是更像一种抽象单位或者无法精确计量的标准，通过不可减轻重量减小体积的货币品质而得到承认，这就让计量单位金属化概念的全球化特点遭到了质疑。在其他传统习惯中，计

# 第五章 货币现象的普遍性与货币的多样性
## ——从殖民对抗到社会科学碰撞

量货币的出现远早于欧洲中世纪末期的二元制货币,独立于客体的本质为其提供了支撑,就像建立在集体信任基础上的想象实体。

另外,我们应当在国家计量单位多重性中去探寻国家货币空间的统一化永远不能完全达成的原因。无论是将汇率固定还是将其放由国际市场逐步决定,抑或任其在一定范围内自由浮动,裁定货币的逻辑实际上符合国家计量单位的汇率,这也是政治行为的结果。这里的计量单位多样性的情况与货币多重金属本位制相类似。既然在外部换汇时,国家货币获得的价值不一定与其国内价值相等,而是应当以购买力"称重",或者由主权印章"轧制",那么由于受价格的集中控制和固定价目的辖制,相同的货币必然会有双重性的计量单位。同样地,多重性也可以与计量单位体系兼容:只要货币计量在内部和外部交易时有差异,货币流通相对封闭且内部外部之间保持单向沟通交流,支付方式由内到外或由外至内时象征性地兑换价值,那么兼容性便足以实现。正如 Lucien Gillard(2005)指出的,荷兰联合省级盾在近两个世纪的时间内(17—18 世纪)都有两种计量单位,通过阿姆斯特丹银行为媒介实现,这种金属材质的货币在国家内部流通,或由银行为外部交易提供服务。在古巴也是如此,自 1993 年以来,在财政重新分配循环中流通或在外部流通时,古巴比索兑美元就有两种汇率(Marques Pereira,泰雷,2007)。

最后，在现代计量单位多重性根源的背后，国际货币的分裂与国家货币增值的多样性同样可以导致国际私有商业货币的形成。众多的历史案例都表明，某些社会群体（流动贸易、流散而居的游牧民或移民、欧洲银行家庭、奥斯曼税收农场主）靠商业或国际货币计数，与主权货币二者择一。这一情况发生在16世纪银行商业发达的欧洲，有翔实资料记载，在当时唯独本票被计入了交易货币，要么与领土内计量单位相混淆，要么为了交易由票据特意创造出来；所以在里昂和鲁昂出现的马克埃居与法国的计量单位差异一直保留至1575年（布瓦耶－格赞布、德莱普拉斯、吉拉尔，1986：39）。

而在20世纪70年代时，伴随着欧洲美元市场的发展，我们再次在身边发现了类似的情况。

## 三、结论

所有的社会，即便是在货币被广泛地当作工具和被使用的社会范围内，都经历了或大或小的货币分裂，这里的货币分裂是指多种工具并存，造成使用上的相互隔绝。这种分裂毫无疑问会发展到某种程度，以至于没有任何抽象的词语再能像"货币"一词一样，将所有工具聚合起来。因此在我们看来，某些历史学家和人类学家认为这些社会不会产生货币的观点是有误的。与之相反，在某些社会中，当然也包括我们的社会，将货币看成是统一的，进而看成一种能被替代的

## 第五章 货币现象的普遍性与货币的多样性
—— 从殖民对抗到社会科学碰撞

商品。但是通过比较不同货币的硬币,以及探查货币危机隐约透露出的内容,我们不禁相信,从法律层面上看,这是政治规范而非结构现实。

有一种观点将所有货币都视为社会加总的操盘手,而货币分裂的出现并不是对社会加总的否定,因此进程过快可能会使其终结,正如不同社会集群形式之间存在符号竞争与对现代社会自身建设所有特点所展示的那样。实际上,四大类支付方式与四种货币价值保障与证明方式一一对应,分别是:称重(商业货币)、轧制(政治货币)、签字(私人信用货币)和汇兑(国际货币)。不同种类的货币对支付社群的定义也有本质上的差别:称重货币(价值取决于参考实体的重量)在等价交易的圈子中流通,将至高的人类权力抛诸脑后,只建立在等价条约的基础上;轧制货币(价值取决于掌印当权者的征税需求)是城邦或国家的货币;签字货币(价值取决于个人信用签字)在个体组成的公民社会中流通,这种社会由从属的社会关系网构成;汇兑货币(价值取决于不同支付社群间的力量对比)则在集体化的个人社会(国际的)中产生和流通,这种社会类似于上述的团体扩大到了国际范围。每种货币的社群形式都可能产生属于自己的计量单位,以至于所有领土上由国家颁布的官方计量单位可能会同时受到三重质疑。结果是,除去总体上在国家内建立四种形式群体和加固各自边界的价格操纵之外,计量单位的统一和货币在一般情况下可替代,二者均无法在日常生活中得以实现。从历史角度而非人类学角度来看，普世的货币是不可能存在的，甚至是不与民主意愿——这一现代性的另一支柱相兼容。

在具有欺骗性的表象下，现代货币与其他货币一样，内部都存在着一般性兑换和兑换隔绝的紧张较量。社会等级制与道德秩序确定了货币的使用规则，但也给出了同样多的限制，以至于在产生多样化的同时也造成了碎片化。然而这并不一定会导致货币工具的使用被完全封闭。怎样来解释这种现象呢？怎样去理解众多观察家眼中的隔绝是大多数所谓原始社会的显著特征，以至于将这些"原始货币"与所谓现代社会的"万能货币"对立起来？由此是否产生了货币表现的另一极：一般可兑换性？另外，如果说货币没有在所谓西方社会中经历一般性兑换，我们又如何能将货币视为统一的工具呢？

为了回答这些问题，我们假设各主体在面对货币发行主权时，有潜在的不平等倾向，或者说教徒在面对神时也会产生不平等，甚至反抗的人们在面对外国占领者时也会面临不平等，这反而促使被认为具有唯一性的工具能够较为长久地流通①。想要采用统一的货币表现（将其视为经济或政治客

---

① 统一单位的观点是用相同货币将各类主体连接起来。但事实上，这些主体却需要由国际货币来证明其效力。这些国际货币在材质上与国内货币通常有极大的差异，例如，我们经常会发现国内货币是银质而国际货币是金质的。

## 第五章 货币现象的普遍性与货币的多样性
## ——从殖民对抗到社会科学碰撞

体,或极其重要的流通方式),一个根本的条件是其使用者(在某些文化看来,货币被视为生命的气息,而使用者将成为货币流向的助力支持)能够从某些角度上被平等对待,即便货币作为法定工具运作流通,也会产生不同的认知和效力。

出于政治主体地位,怎样去理解那些在基督教国家的非基督徒(例如犹太人),或者在伊斯兰国家的非穆斯林(例如犹太人或基督教徒),为了保住自身的特殊性而缴纳捐税的行为,和他们服从在经济活动中使用和其他人相同货币的行为呢?同样,在实行旧制度的法国,对一般可兑换性和社会群体价值等级制之间的矛盾的调节,可能与未禁用各类硬币(尽管一些社会群体并没有引入这些硬币,例如金币)有着密切关系。而与此同时,某些享有特权的群体(贵族、教士)并不需要支付一些有损名誉的捐税,如象征奴役的税款,这些税只有第三等级的群体才被迫缴纳。在奥斯曼帝国也一样,作战精英与农业生产者在缴税方面有着巨大区别,组成奥斯曼帝国的差异性社会秩序也是由此类税制决定的(伊乐迪丽姆,2000,2007)。

在现代民主制度当中,我们也能在共和制(Res Publica, Common Wealth)之中找到这种潜在的平等,结果是一种"经济"主体想象的货币统一,被视为"市场"上的潜在平等。尽管如此,经济秩序中的价值压缩还是会与等级制和构成社会的道德秩序产生矛盾,由此,可替代性和隔绝之间的紧张局势再次出现。

当代印度无疑被视为"世界上最大的民主制国家",此外它还采用联邦制结构,我们最后以这个具有象征意义的国家来收尾。在印度,一部分印度教徒有回避的惯例,但这也是十分具有强制性的,这种回避达到了不与达利特人(旧称贱民)共享食物的程度,这样就不会因做出在更高种姓眼中的不洁行为而遭到惩处。但是如何解释在这样被种姓制度分割的社会中,仍然存在支付社群的现象呢?难道货币拥有能够经受住平等和等级制较量的能力,就能让民主国家和种姓制度长期共存了吗?

一方面,种姓社会的组成,需要商品和服务生产行为所造成的社会高程度分化。所有种姓都专业化地实现有限数量的工作,在整个社群中他们不能去完成一定数量的其他工作。这种强制性的相互依存关系需要靠相互供给和商品材料的转移完成,这就有可能催生统一的货币工具或者实用的器具来结算各类交易。放款人在种姓制度中本身就属于专门从事储蓄和放款的群体。他们甚至会有一种强制的道德义务,这让他们免受农民的羞辱,也不会被政治强权所威胁①。

另一方面,在同一时期,货币工具实现支付功能则要依靠人与人、族群与族群之间的直接生理接触来实现。在我们

---

① 从这个角度看,殖民摧毁了这种平衡,而引入了"商业"原则,对放贷人和农民一视同仁,而"放高利贷者"则变成了农民起义的替罪羊(Hardiman,1996)。

## 第五章　货币现象的普遍性与货币的多样性
### ——从殖民对抗到社会科学碰撞

看来，他们的回避习惯非常复杂，比如不能在相同的器皿中吃喝。有些历史实例表明，不仅非常多的支付"以实物进行"（一种深入的分析将其理解为部分地、隔绝式地使用支付方式）和存在非常多的相互交换服务，而且"贱民"对更高种姓的支付是靠向盛满水的壶中投币的方式实现的，这就避免了直接接触。大多数限制使用公共货币的阻隔都逐渐消失了，令人感到震惊的是，在某些村庄，所谓高级种姓的人拒绝饮用平底杯装的茶水，因为平底杯也可能被达利特人使用。因此，他们要求茶水只能用一次性塑料杯来盛装，而同样还是这些高级种姓的人却可以接受一枚所有人都可能触碰到的硬币。

货币因此具有了超越不同种姓的能力，甚至可以说货币建立在等同于国家主体之间的政治关系上。毫无疑问，货币也就成为制度行为妥协和演变的产物。出于同样的原因，不同种姓的人可以在公共交通里保持一定距离并排行走。就这样，差异化在这个特殊却不一定永久的环境中被保留了下来，这些特殊的时光足以让差异化和等级化得到承认和永存。

## 参考文献

Absi P., 2008,《La part du diable : métal et monnaie dans les mines de Potosi (Bolivie) au XX$^e$ siècle》, *in* E. Baumann *et alii* (dir.), *L'argent des anthropologues, la monnaie des économistes*, Paris, L'Harmattan, p. 97 –

114.

Aglietta M. , 2007, 《Universalité et transformations de la monnaie : la nature des crises monétaires》, *in* Théret B. ( dir. ) , *La monnaie dévoilée par ses crises*, Paris, Éditions de l'EHESS, Vol. 2, p. 17 – 41.

Aglietta M. et Orléan A. ( dir. ) , 1998, *La monnaie souveraine*, Paris, Odile Jacob.

Akin D. et Robbins J. ( eds) , 1999, *Money and Modernity. State and Local Currencies in Melanesia*, Pittsburg, University of Pittsburg Press.

Andreau J. , 1998, 《Cens, évaluation et monnaie dans l'Antiquité romaine》, *in* Aglietta M. et Orléan A. ( dir. ) , *La monnaie souveraine*, Paris, Odile Jacob, p. 213 – 250.

Appadurai A. , 1986, "Introduction: commodities and the politics of value", *in* Appadurai A. ( ed. ) , *The social life of things. Commodities in cultural perspective*, Cambridge ( UK ) , Cambridge University Press, p. 3 – 63.

Bergeret A. , 2003, 《Monnaie, dette et commerce : le cas du cacao des anciens Mayas》, Mémoire de DEA en anthropologie, Paris, Université Paris Ⅲ Sorbonne Nouvelle – IHEAL.

Blanc J. , 2000, *Les monnaies parallèles. Unité et diversité du fait monétaire*, Paris, L'Harmattan.

Bloch M. et Parry J. , 1989, "Introduction: Money and the morality of exchange", *in* Parry J. et Bloch M. ( eds) , *Money and the Morality of Exchange*, Cambridge, UK, Cambridge University Press, p. 1 – 32.

Borneman E. ( dir. ) , 1978, *Psychanalyse de l'argent*, Paris, Puf.

# 第五章 货币现象的普遍性与货币的多样性
## ——从殖民对抗到社会科学碰撞

Boyer – Xambeu M. – T. , Deleplace G. et Gillard L. , 1986, *Monnaie privée et pouvoir des princes*, Paris, Presses de la FNSP et Éditions du CNRS.

Breton S. , 2002a, 《Monnaie et économie des personnes》, *L'Homme*, n° 162, p. 13 – 26.

Breton S. , 2002b, 《Tuer, manger, payer. L'alliance monétaire des Wodani de Papouasie occidentale》, *L'Homme*, n° 162, p. 197 – 232.

Caillé A. , 1995, 《Préface》, *in* Rospabé P. , *La dette de vie. Aux origines de la monnaie sauvage*, Paris, La Découverte.

Caillé A. , 2002, 《Quelle dette de vie ?》, *L'Homme*, n° 162, p. 243 – 254.

Carrié J. – M. , 2007, 《Les crises monétaires de l'Empire romain tardif (274 – 360 ap. J. – c. )》, *in* Théret B. (dir. ), *La monnaie dévoilée par ses crises*, Paris, Éditions de l'EHESS, Vol. 1, p. 131 – 163.

Coppet (de) D. , 1998, 《Une monnaie pour une monnaie mélanésienne comparée à la nôtre pour l'individu des sociétés contemporaines》, *in* Aglietta M. et Orléan A. (dir. ), *La monnaie souveraine*, Paris, Odile Jacob, p. 159 – 211.

Courbis B. , Froment É. et Servet J. – M. , 1990, 《À propos du concept de monnaie》, *Cahiers d'économie politique*, n° 18, p. 5 – 29.

Crump T. , 1978, "Money and number. The Troyan Horse of Language", *Man*, 13, p. 503 – 518.

Desmedt L. , 2005, 《Les colonies américaines au xviiie siècle : de la sujétion à la dissidence monétaire》, contribution à la Journée d'études 《Les frontières du dollar》, Dijon, université de Bourgogne, 13 mai 2005.

Ekejiuba F. , 1995, "Currency Instability and Social Payments Among the

Igbo of Eastern Nigeria, 1890 – 1990", *in* Guyer J. I. (ed.), *Money Matters. Instability, Values and Social Payments in the History of West African Communities*, Portsmouth – London, Heinemann – James Currey, p. 133 – 161.

Fontaine L., 2008, 《Les monnaies chez les indiens Yucuna d'Amazonie colombienne au xxe siècle : de la coca à mâcher au peso》, *in L'argent des anthropologues, la monnaie des économistes*, E. Baumann et alii (dir.), Paris, L'Harmattan, p. 135 – 166.

Gillard L., 1991, 《La bataille des régimes monétaires à la fin du xixe siècle》, *Économies et Sociétés*, XXV(2) : 39 – 90.

Gillard L., 2005, *La Banque d'Amsterdam et le florin européen au temps de la République néerlandaise* (1610 – 1820). Paris, Éditions de l'EHESS.

Gordon C., 2006, *Economia selvagem. Ritual e mercadoria entre os indios Xikrin – Mebêngôkre*, São Paulo, Editora UNESP.

Gregory C. A., 1980, "Gifts to Men, Gifts to God : Gift Exchange and capital Accumulation in contemporary Papua", *Man*, 15(4), p. 626 – 652.

Gregory C. A., 1996, "Cowries and Conquest : Towards a Subalternate Quality Theory of Money", *Comparative Studies in Society and History*, 38 (2) p. 195 – 217.

Gregory C. A., 1997, *Savage Money*, Amsterdam, Harwood Academic Publishers.

Grenier J. – Y., 2000, 《Penser la monnaie autrement》, *Annales HSS*, nov. – déc. n° 6, p. 1335 – 1342.

Hardiman D., 1996, *Feeding the Baniya. Peasants and usurers in West-*

*ern India*, New Delhi, Oxford University Press.

Harris O., 1989, "The earth and the State: the sources and meanings of money in northern Potosi, Bolivia", *in* Parry J. et Bloch M. (eds), *Money and the Morality of Exchange*, Cambridge, UK, Cambridge University Press, p. 232 – 268.

Helleiner E., 2003, *The Making of National Money. Territorial Currencies in Historical Perspective*, Ithaca, Cornell University Press. Hénaff M., 2002, *Le prix de la vérité. Le don, l'argent, la philo – sophie*. Paris, Seuil.

Hogendorn J. et Johnson M., 1986, *The shell money of the slave trade*, Cambridge, Cambridge University Press.

Kuroda A., 2000, "Another monetary economy. The case of traditional China", *in* Latham A. J. H. et Kawakatsu H. (eds.), *Asia Pacific Dynamism*, 1550 – 2000, London – New York, Routledge, p. 187 – 198.

Kuroda A., 2005, "The Collapse of the Chinese Imperial Monetary System", *in* Sugihara K. (ed.), *Japan, China, and the Growth of the Asian International Economy*, 1850 – 1949, Oxford, Oxford University Press, p. 103 – 126.

Lamouroux C., 2007, 《Bureaucratie et monnaie dans la Chine du XI$^e$ siècle : les désordres monétaires au Shaanxi》, *in* Théret B. (dir.), *La monnaie dévoilée par ses crises*, Paris, Éditions de l'EHESS, p. 171 – 204.

Marques Pereira J. et Théret B., 2007, 《Dualité monétaire et souveraineté à Cuba, 1989 – 2001》, *in* Théret B. (dir.), *La monnaie dévoilée par ses crises*, Paris, Éditions de l'EHESS, Vol 1, p. 429 – 460.

Melitz J., 1970, "The Polanyi School of Anthropology on Money: An

Economist's View", *American Anthropologist*, 72(5), p. 1020 – 1040.

Ofonagoro W. I., 1979, "From traditional to British currency in Southern Nigeria: Analysis of a currency Revolution, 1880 – 1948", *Journal of Economic History*, XXXIX(3), p. 623 – 654.

Orléan A., 1998, "La monnaie autoréférentielle. Réflexions sur les évolutions monétaires contemporaines." *in* Aglietta M. et Orléan A. (dir.), *La monnaie souveraine*, Paris, Odile Jacob, p. 359 – 386.

Orléan A., 2007, 《L'hyperinflation allemande des années 1920》, *in* Théret B. (dir.), *La monnaie dévoilée par ses crises*, Paris, Éditions de l'EHESS, Vol. 2, p. 187 – 219.

Parry J., 1986, "The Gift, the Indian Gift, and the 《Indian Gift》", *Man*, 21(3), p. 453 – 473.

Parry J. et Bloch M. (eds), 1989, *Money and the Morality of Exchange*, Cambridge, UK, Cambridge University Press.

Peniche – Rivero S. P., 1980, *Pouvoir des prêtres et pouvoir des marchands : les Mayas et les Itza du Yucatan (VII$^e$ – XVI$^e$ siècles)*, thèse de 3$^e$ cycle, Paris, EHESS.

Piron S., 2002, 《La dette de Panurge》, *L'Homme*, n° 162, p. 255 – 270.

Rivallain J., 1994, *Échanges et monnaies en Afrique du XIV$^e$ au XIX$^e$ siècle d'après les récits de voyageurs*, Paris/Lyon, Musée de l'Homme et Musée de l'Imprimerie et de la Banque.

Rivallain J. et Servet J. M., 1996, 《Caractéristiques paléomonétaires et fonctions monétaires des haches à douilles armoricaines》, *in La vie* préhistorique, Paris, Faton, p. 218 – 221.

Salmona M. , 1999, 《Anthropologie sociale et clinique des pratiques de paiements》, *in Exclusion et liens financiers*, Rapport 1999 – 2000, Paris, Economica, p. 364 – 375.

Servet J. – M. , 1979, 《Essai sur les origines des monnaies》, *Cahiers Monnaie et financement*, 8, Université Lyon 2, 205 p.

Servet J. – M. , 1981, *Genèse des formes et pratiques monétaires*. Thèse de doctorat d'État, Université Lyon 2.

Servet J. – M. , 1989, Note de lecture 《Des mesures et des hommes》, *Revue économique*, 40(1), p. 111 – 118.

Servet J. – M. , 1992, 《Occidentalisation du monde et rencontre des imaginaires monétaires : une double illusion》, *in* Droit R. – P. ( dir. ), *Comment penser l'argent ?*, Paris, Le Monde Éditions, p. 44 – 57.

Servet J. – M. , 1998, 《Démonétarisation et remonétarisation en Afrique occidentale et Équatoriale ( XIX$^e$ – XX$^e$ siècles)》, *in* Aglietta M. et Orléan A. ( dir. ), *La monnaie souveraine*, Paris, Odile Jacob, p. 289 – 324.

Servet J. – M. , 2005, 《Actualité des hypothèses polanyiennes de distinction entre place de marché et port de commerce et sur les cloisonnements monétaires dans les sociétés contemporaines》, *in Autour de Polanyi, Vocabulaires, théories et modalités des échanges*, Paris, De Boccard, p. 83 – 96.

Sgard J. , 2007, 《L'hyperinflation et la reconstruction de la monnaie nationale : une comparaison de l'Argentine et du Brésil, 1990 – 2002》, *in* Théret B. ( dir. ), *La monnaie dévoilée par ses crises*, Paris, Éditions de l'EHESS, Vol. 1, p. 461 – 487.

Simmel G. , 1986, *Philosophie de la monnaie*, Paris, Puf.

Théret B. , 1998, 《De la dualité des dettes et de la monnaie dans les sociétés salariales》, *in* Aglietta M. et Orléan A. ( dir. ), *La monnaie souveraine*, Paris, Odile Jacob, p. 253 – 287.

Théret B. , 2003, 《La dollarisation : polysémie et enflure d'une notion》, *Critique internationale*, n° 19, p. 62 – 83.

Théret B. ( dir. ), 2007, *La monnaie dévoilée par ses crises*, Paris, Éditions de l'EHESS, 2 volumes.

Thierry F. , 1991, 《La conception de la monnaie dans la Chine antique》, *Cahiers numismatiques*, n° 109, p. 31 – 35.

Thierry F. , 1993, 《De la nature fiduciaire de la monnaie chinoise》, *Bulletin du cercle d'études numismatiques*, 30(1) : 1 – 11.

Worsley P. , 1977, *Elle sonnera la trompette*, Paris, Payot.

Yildirim Z. , 2000, *Légitimité et crise de l'aspre, la première monnaie ottomane XIV$^e$ – XVII$^e$ siècles*, Thèse de doctorat ès science économique, université Paris X – Nanterrre.

Yildirim Z. , 2007, 《Crise monétaire, mutation sociale et consolidation dynastique dans l'Empire ottoman, 1586 – 1680》, *in* Théret B. ( dir. ), *La monnaie dévoilée par ses crises*, Paris, Éditions de l'EHESS, Vol. 1, p. 205 – 231.

Zelizer V. , 1997, *The Social Meaning of Money. Pin money, Pay checks, Poor Relief, and Other Currencies*. Princeton, Princeton University Press.

Zelizer V., 2002,《La construction des circuits de commerce : note sur l'importance des circuits personnels et impersonnels》, *in Exclusion et liens financiers*, Rapport 2002, Paris, Economica, p. 419 – 424.

# 第六章
# 市场经济的货币秩序[1]

米歇尔·阿格列塔、让·卡尔特利耶

个体既是货币,同时也是轧制货币的模具[2]。

---

[1] 文章首次发表于米歇尔·阿格列塔,安德烈·奥尔良主编《主权货币》一书中,M. Aglietta et A. orléan (dir.), *La monnaie souveraine*, Paris, Odile Jacob, 1998:129-157。

[2] N. Élias, *La Société des individus*(《个体的社会》), Paris, Fayard, 1991:97。

我们形成于社会中，这种观念源于个体经验，而个体经验反过来又是依靠人类的社会关系才能被塑造出来。错综复杂的个人—社会二元性在时间和空间上都会以最复杂的形式出现，由此我们可能会怀疑社会联结是否有存在一般模式的可能性。但我们并不满足于目前不同学科对此问题表现出的极端分裂状态，试图去克服这种不满足心理，这就需要从两个相互关联的层面入手，这两种层面一是对每种相关学科从内部进行批判，二是采用预先假设的折中模式来研究。

　　我们假设社会联结是建立在债务基础上的。债务是个人与社会之间联系的一般形式，个人—社会的二元性也正是透过债务展现出来的①。这一概念已经在序言章节（见前文）②中得到证明。个人—社会二元性概念中所展示出的个体之间的关系，如同个体之间的相互债务构成的整体一般，只有每

---

① 让－玛丽·蒂沃和布律诺·泰雷就这一主题进行了长期研究,这一主题也在本书中有所体现。(本书指《主权货币》——编者注)

② 这里指的是《主权货币》一书的合著序言,引述于本书第三章(编者注)。

个个体都服从集体原则时才会展现出来，每一重债务都是个体对社会整体关系的体现。债务的形式十分多样，根据不同的形式，它会创造出个人对神、祖先、主权或者他人应尽的义务。其展现方式可能是数量性或非数量性的。消除债务则要求付出一定行动，也可能由此引发差异性巨大的结果。债务的结算或更新仍然是产生"社会加总"的时机。无论是在丧葬仪式上，如阿雷阿雷人那样，还是在闭账的时候，作为社会元素的个体在这两种极端案例的情况下，似乎都被分配好了明确的位置。债务与债务消除方式之间的关系成为个体—社会二元性的一般表现，同时也将等级制组织和个体间关系牢牢结合在一起。在我们的社会中，偿付能力是个体商人存在的必要条件。这种能力在每次闭账时都能得到证实，同时也决定了个体商人财富的广度。从较为广义的角度来看，货币是能够消除债务的事物，能够暂时性或永久性地终结债务关系。货币与债务都源于我们的社会实践，但也正因如此，它们不仅可以用来让我们反思市场经济社会，也可以用来支撑我们对更大范围社会的思考。这便是我们为论证多学科理论所作出的前提假设，当然其中也包含我们所研究的学科。

想要进一步解释这一假设，前提工作就是要对现代经济理论进行批判，因为读者很有可能参考这些经济理论并从中获得关于货币和债务的权威解释，这种做法极有可能是错误的。我们在这里虽然不想提那些经济理论在货币层面至今仍

# 第六章 市场经济的货币秩序

然无法跨越的障碍难题,但必须就其错误的根源和波及范围作简要说明。当然,这种对货币问题解释的失败在当今已经得到了广泛承认①。

现代经济理论源于18世纪中叶价值理论学家的一次意义非凡的豪赌:他们认为经济属于市场,所以完全抛弃了制度。在被赋予了独一无二的产品(自然)和个体后,市场经济便想要证实社会是在个体追求自身利益的自愿选择下形成的。根据这一理论假设,个人行为将会远离混乱,市场将会协调个体行为,从而不可避免地将市场经济内的个体引向一般均衡(在这种情况下,个体行为的需要都会彼此得到满足),进而形成了其所能达到的最佳状态(社会最优)。货币在这一理论中并没有出现,我们甚至可以说排除货币才是价值理论的根本要素。

经济学家在关联性和严密性方面不断增加限制条件,导致一些现代理论家认为这场赌局已经输了。市场既能显示价格,也能改变价格,其最本质和难以消除的特性作用就是汇集信息,实现"供求法则",这不禁让人思考现代价格理论描述的对象不是市场经济而是集权社会。这显然不是现代经

---

① 在近期的一场重要会议上,马丁·黑尔维格(Martin Hellwig)这位毫无疑义的货币理论学家,代表其研究领域所有成员指出有关货币的五大基本问题至今仍未解决。他因此得出如下结论:"我们并没有掌握合适的理论框架来研究货币经济的运行。"(The challenge of monetary theory(《货币理论的挑战》),European Economic Review, 37, 1993:216)

济理论学者的研究目的。失败的原因之一就在于这种研究排除了货币①。而今天再想将货币融入理论当中似乎是不可能做到的，因为缺少有力的证据显示货币是一种经济商品（即在均衡状态下拥有实际价格的商品）。鉴于论证过程已经闭环，货币并不能和市场一样，成为现代经济理论研究的对象。而非正统的经济流派似乎只有打破价值理论的假设，才能被认为是合理的。但我们不应该试图将货币想象成一种能被"供给和需求定理"证明的经济客体，而应当在市场经济分析中提出一种必要的货币制度性假设。

价值理论试图将货币想象成市场的结果，当然这是徒劳的。与之相反，货币能让劳动的商业价值划分变得一目了然，或者用更现代一些的词汇来说，就是物权私有的分权经济②。我们将会在后文详细剖析这一观点，它也深深地改变了人们对货币的反思和研究策略。

从货币出发来研究市场经济的运行，需要接受两个基本立场。

（1）货币在逻辑上是先于市场关系出现的：货币的现代形式揭示了市场是如何进入一个已经存在的社会中的，货币

---

① 对于这些问题的非技术性表述，详见让·卡尔特利耶，"Le mode d'accord marchand : monnaie versus équilibre"（《商业协定的模式：货币 VS 均衡》），in A. Jacob et H. Vérin. L'inscription sociale du marché, Paris, L'Harmattan, 1995。

② 安德烈·奥尔良证明了信任是所有货币分析的本质因素，信任在效用的理性计算中是不应当被删减的。

# 第六章 市场经济的货币秩序

形式并不是独立个体间交换关系的产物。

（2）货币是一种比市场更本质的社会联结：有一种跨学科流派意图建立社会性方式和社会性结果在时间和空间上的限制，但这一流派不仅在全面理解货币问题方面有局限性，而且对商品关系的认识也需要进一步深入。

在之后几页的内容中，我们主要就第一种立场进行深入分析，而本书[①]参考的大多数作品已经对第二种立场展开了详细分析。对第一种立场的分析有助于解释当代货币的非政治化特点，可以考察一下当今似乎被强制规定的新标准：中央银行的独立性。

在本文的第一部分我们将简要描绘出一个普遍的债务与货币关系抽象模型，这一模型同时描绘了商业关系。为此，我们应当对货币的组成部分进行明确表述，如支付体系。

这种做法可能带来的两面性应当引起重视。当然，这事关经济学家的工作，因为经济学家们专注于一门试图解释清楚商业关系货币特点的特殊学科，而这项工作应该从更广义的角度汲取灵感。后续提到的正式模型则拥有更普遍的意义，因为它所描述的人际关系结构独立于所有与个体行为相关的假设。个人行为的动机，以及源自个人行为的动机则没有被提及，因为这并不影响模型所蕴含的社会关系逻辑[②]。

---

① 是指《主权货币》一书——编者注
② 雅克·比鲁斯特（J. Birouste）的文章完全围绕货币进行心理分析。

这种两面性将我们的模型变成一种中阶假设。和那些雄心勃勃想要依靠单一原则——牺牲、主权等——来得出普世理论的假设不同，这种中阶假设更便于对当今全球发展问题提出质疑，而不是仅仅局限于纯经济领域。

这一假设也帮助我们在文章的第二部分解释清楚现代经济学运行的一些基本面，在此基础上，货币和债务的嵌套就不会出现不同的理解了。本文最后将进行对支付体系持久性和再生条件的检验，从而最终建立起当代调节模式。当前货币制度的合法性，无论对错，都是借助主权转移实现的，其中中央银行的独立标准则是最为浓墨重彩的一笔。

## 一、作为支付体系的货币

所有的经济理论都应当解决这样一个问题，这个问题的本质就是：在市场经济中，市场对个人财富的客观评估如何能让个体实现社会化。这就涉及了政治经济学的本质问题，对不同经济理论的评判也应当依据这些理论解答上述问题的能力和效果。

在市场经济中，个体行为分化是具有社会性的，其独特性在于这种分化是经济分权和相互依存的特殊组合。市场经济同时包含：①分权化行为原则。依据这一原则个体行为是自由的，并没有预判到国家和经济整体的存在，分权化要求个体行为限制在地方。例如，存在一个公认共同交易者，结

## 第六章 市场经济的货币秩序

果经济全球化成为个体私人行为非自愿导致的结果。②相互依存行为原则。这一原则将个体分权化行为导致的集体性结果又强加给了个人,在交易中体现为等价交换,个体行为对抗的出现也会导致等价交换标准出现偏差,进而这些个体行为会引发调整,即"市场惩罚"。

这种对市场的看法在所有经济名家的作品中都有所体现,从斯密到瓦尔拉斯,也包括马克思和李嘉图。然而却很难在正式的价格决定体系中找到它的影子,因为这些正式的价格体系正是经济学家们对一般经济学概念的分析表述。换言之,价值理论并没能按照逻辑性展现出每个人,包括经济学家,都来自市场这一总体观点。

这也是为什么我们似乎有必要采取一种在本质上与价值理论完全不同的观点,并且需要承认市场的调节与货币密不可分。具体来说,货币作为一种制度,应当成为经济分析的出发点,因为似乎只有货币能够解释上面所提到的去经济分化和相互依存的特殊组合。

既然货币在我们的分析中是预先存在的,那么显然它的经济起源就不是我们要研究的对象了。但这并不意味着我们抛弃了货币的经济理论和一种更为广泛的非经济学派。

从"货币经济理论"来看,人们只有理解了"货币"制度应当拥有的最基本特点之后,才能理解市场对私人行为的调配方式。从这种观点来看,货币既不是从属于价值理论的特殊商品，也不是一种能够按照固定程式复制经验论实体的现实主义假设。相反，它是一种支付方式，由最少数规则构成的集合所定义的支付方式，借助最少数的规则集合却可以描述最大化的可能性情境。

简单而言，我们应当知道，除非预先假设存在这种被称为"支付体系"的明确制度，否则市场也就不复存在了。而且历史上在市场经济中出现的不同货币体系都一致反映了这种基于支付体系定义的理论。

这样的货币经济理论与社会联结更大范围地呈现密不可分的关系。正是因为货币作为正式制度，涉及了除商业关系之外的其他关系，价值理论学家试图从市场和商品中抹去货币痕迹的努力都是在做无用功。由此可见，从这种意义上讲，货币理论不见得一定要根植于经济学中。货币不能被简化为市场的功能主义，本书①的其他部分将会证明这一点。这也是因为货币让我们的社会呈现出前所未有的形态，我们更应当以当代社会的视角来审视它。

两条构成市场经济的原则——经济分权原则和相互依存原则——以特殊的形式被组合起来。这两条原则不能被独立表达出来，而必须要借助于另一方：能够按照分权化的方式行动，这只有当个体行为之间相互依存关系所建立的集体原

---

① 此处是指《主权货币》一书——译者注

则被所有人接受时才能实现,如等价交换。与之相对,等价交换如果没有个人自主权作为保障就没有任何意义。但是这种交换保持在抽象层面还远远不够,我们应该指出这种个人自主权和等价交换的特殊组合是如何具体呈现的,以及这种组合是如何付诸实践的。支付体系的定义在解释清楚货币和债务关系的同时,也会试图解答这一问题[①]。

支付体系从更广义的范围来说包含三个最小也是最基本的部分:共同计量单位帮助我们表达经济意义的贫富(价格或个人财富),铸币原则是个体行为分权化的条件,而差额结算原则明示了等价交换是如何决定经济层面的贫富的。这三个部分形成了市场机制,而没有涉及价值理论。我们在解释这三个部分的同时也会指出其专业层面之外的社会内涵。

## (一)共同计量单位

由于在假设中缺少货币幻觉,共同计量单位并没有受到现代经济理论的束缚。根据凯恩斯在《货币论》一书中所说,共同计量单位是"货币理论的首要概念"。正是通过它,个体之间的关系才能以数量形态呈现,数量形态也是我们所处的市场经济中最普遍的形态。但同时共同计量单位也在其

---

① 支付体系的概念是被经济理论所采用的抽象表达,这种货币的概念不是从根本上属于经济学范畴的。除了已经提到过的让—玛丽·蒂沃和布律诺·泰雷的作品之外,也可以参考 D. de Coppet 和 J. Andreau 对非商业社会货币进行明确分析的文章。

他地方出现，无论在"阿雷阿雷"社会，还是在伊特鲁里亚国王统治下的罗马，抑或在传统的非洲社会①。

共同的计量单位，似乎或多或少都会让人们直接联想到主权。而度量单位的定义，一般也会被认为是政治权力的标志。我们应当记得这是一种非常特殊的主权，但却不应将其与传统意义上的政治权力混为一谈。共同的计量单位是完全抽象的——比如利弗尔、苏和旦尼尔的例子——被艰难地框定在了已经事先存在的边界之中。但当政治主权宣布以这种计量单位来表示现金行市时，计量单位似乎超越了事先存在的框架边界，可以在更广泛的框架下生效。

无论计量单位源于何处，我们想要以数量表示社会关系，首要条件就是事先存在一种共同的计量单位。一旦超出了计量单位的解释范围，社会名义锚的基本问题便会出现。计量单位并没有获得永存的能力，必须预先假设它的存在——这也是市场理论必要的出发点，否则市场理论就成了无源之水。而且我们还要理解计量单位的参照标准，理解它是如何在经历市场兴衰变迁后能够保持稳定的，这一问题是所有社会调节尝试的核心。

根据共同计量单位的参照标准，人们建立起了市场经济的边界。但需要注意的是，市场经济的边界与政治主权的边

---

① 详见已经引述的 D. de Coppet 和 J. Andreau 的文章，以及本书中让-米歇尔·塞尔韦撰写的部分。

界不一定完全相符。参照物也是市场中一切个人行为的必要条件,但仅仅依靠参照物却是远远不够的。

## (二) 铸币原则

为了能够在市场上正常开展活动,个人需要握有一定数量的支付方式(由计量单位表现出来)。这种支付能力并不受在市场活动期间的实际收入影响,而是由进入市场之前的收入所控制。针对这一事实,我们意识到个人行为是具有自主性的。铸币也属于这种情况,它表明个人在市场开放前就拥有了获得支付手段的能力。只有实现个人对支付手段的支配,才能够让个人在市场上进行生产活动(购买原材料、支出预期收入等①)。商品销售的数量则会证实这种生产活动是否具有合理性。

具体来说,根据不同的支付体系,铸币形式也呈现出了最大限度的多样性。在严格的金本位体系中,只有拥有这种金属(黄金)的个人才能获取支付方式,因此金币就成了计量单位,并以法定行价流通。在信用体系下,正是资本数量和其流通性决定了个体在市场上的行为能力。我们用 $i$ 表示利率,那么在下一时期偿还总额为 $y(1+i)$ 的能力,表明了个体当前被认为拥有可以转化为等于 $y$ 的财富〔即等于 $y$

---

① 一般均衡理论通常将市场行为简要地描述成在生产领域原始配置的直接或间接交易,它仅仅是简化了亚当·斯密以后经济活动中对商品分类的传统表现。

$(1+i)/(1+i)$]。通过这种财富的评估方式,即未来收入流通价值的当期化,我们将财富定义为资本。重要的是,在所有的案例中,获得支付方式都通过一种明确的社会关系得以实现。这里我们与主流经济学派的看法全然不同,主流经济学派试图将个人解释为完全独立人,他们可以不去市场①,他们交换的能力也是"天然"决定的。

而在现代经济中,这种获得支付方式的社会关系形式就是债务关系。个体必须根据与他人订立的债务关系获得参与市场活动的能力,因为这种债务关系只有在市场范围内才能结算。在能够卖出产品之前,个体应当先拥有购买的能力。这是由个人和社会整体,也就是这里所说的"他人"的关系决定的。欲获取能被所有人接受的支付方式,就要以对所有人的负债为代价。这样的"债务"在纯金属铸币时期或许具有十分特殊的形式——可能被简化成一种烙印——或是一种银行债务的熟悉形式,或是资本货币化十分抽象的形式。铸币不能仅仅被当作个人之间的横向关系。在信用经济中承认对他人的个体债务,并不比在金属体系中用非官方的金币承认债务更容易。支付方式只有根据靴带效应(我接受这种观

---

① 这里所说的假设是指经济主体的原始配置能够供给他们的生活所需,所以不需要去市场。这一假设是技术性的(没有它,需求函数则不能存在,进而一般均衡可能也不存在了),而且有着基础性的哲学暗示:社会的自愿组建是以除整个社会之外能够被理解的个人利益为基础的。

## 第六章　市场经济的货币秩序

点，因为我相信所有其他人都会做出相同行为）才能够显现出超个体事件。当然如果我们喜欢的话，也可以说这是由个体到组织者原则的纵向关系。铸币所或者中央银行的存在，都是等级原则的表现，这并不是可以一笔略过的多余事物。

因此，竞争性银行（即除中央银行以外的银行）让其债务得到认同并流通起来，比起他们的银行客户更加容易（这也就解释了为什么个人和银行间以授信的形式来交换债务）。但是这些银行并不能自己完成债务认同和流通，因为中央银行保证了债务的可兑付性，即能够兑换成货币。

除各种具体的形态之外，铸币的原则也定义了市场关系的关键所在，因为正是透过铸币原则才能构建出个体行为。我们可以想象出，有三大铸币类型是合理存在的，它们分别建立在以下财富基础之上：当前可触知的财富（无信贷金属铸币体系的情况下）；可预先触知的财富（有信贷金属铸币体系的情况下）；先前抽象的财富（存在铸币—资本体系的情况下）。铸币—资本的存在需要先假设工资关系广泛普及，工资制本身就是排除了一部分经济主体获得支付方式所产生的结果。

无论如何，我们如果想要上升一个层次达到更广义的层面，都需要关注个体在市场的支出。在铸币原则之下，个人支出代表了上文所提到的分权经济行为的问题（也是最上层的问题），同时也解释了相互债务关系。

在经济学理论中，存在两种掌握支出的方式：一种方式关注商品市场，这就意味着要引入已经存在的、有关商品清单的额外假设；另一种方式则是直接对个体进行研究。在第一种方式中，正如曾经理查德·坎蒂隆和亚当·斯密的研究，以及如今的"市场策略博弈"理论一样，下面这条简单的规则给出了市场的结果：市场价格是由市场上的商品数量和日常在市场上花费的货币数量的比值决定的。这样的市场价格可能无法延迟个体的期待，所以被认为会引发日后的调整。

而关于第二种方式，我们在这里只展现通过支付矩阵描述市场的方式。在矩阵中（见表6-1），行代表了出于不同目的而进行的个人支出，而对应的每一列给出了每个个体从市场中所获取的收入。个人行为之间的相互独立性也能明显地由这个矩阵表示出来：个体的收入并非他物，而正是从另一个角度看他的支出。

表6-1 市场中的支付矩阵

| 支出 | 收入 | | | | 总额 | 余额 |
| --- | --- | --- | --- | --- | --- | --- |
| | 1 | 2 | ⋯ | $n$ | | |
| 1 | 0 | $d_{12}$ | ⋯ | $d_{1n}$ | $d_1$ | $s_1$ |
| 2 | $d_{21}$ | 0 | ⋯ | $d_{2n}$ | $d_2$ | $s_2$ |
| ⋯ | ⋯ | ⋯ | ⋯ | ⋯ | ⋯ | ⋯ |
| $n$ | $d_{n1}$ | $d_{n2}$ | ⋯ | 0 | $d_n$ | $s_n$ |
| 总额 | $r_1$ | $r_2$ | ⋯ | $r_n$ | $M$ | 0 |

即便很明显能够看出支出的总额与收入的总额并无二致，但却没有任何证据能表明，对于每个个体而言，支出的数额（$d_i$）与收入的数额（$r_i$）相等。恰恰与之相反，支出是由分权的方式决定的，而每个个体都没有决定其收入总额的权力。换言之，个人的货币差额（$s_i = r_i - d_i$）经常是非零的。在此我们就要引入之前所说的第三个市场机制组成部分了。

（三）差额结算原则

首先应当弄清楚差额指的是什么。为此，将物物交换经济和货币经济对立起来毫无疑问是有效的。

在物物交换经济中，交易以双边的形式产生，每笔商品交换都会清算，因为根据等价交换的原则，每个人都会付出与其得到相等的价值。我们应当注意的是，即便缺少明示的价格，每笔双边交换达成的价格也会被视为与交易价格相等。也就是说，在物物交换的经济中，对于个人来说，支出不可能超出其预算约束，等价交换也会贯穿于每笔交换之中。

而在货币经济中情况却不尽相同。单一的购买或贩卖并不是交易行为，因为交易是由购买和贩卖共同构成的。货币不会用来购买商品，因为它拥有与商品相等的价值。它被人们接受用来兑换商品，是因为它可以用来购买其他商品（或者说用来终结为了支出而订立的债务）。在每场有个人参与的交易中，检验等价交换没有任何意义。遵守或者不遵守等价原则，都不能在整个流通范围即上面的支付矩阵范围中得到验证。只有在这个范围中，等价交换才会体现出商业社会的"加总时刻"。而在这一时刻，每个个体都能在所有人眼中验证他的"社会本质"。

非零差额的存在证明了等价原则被破坏。结清差额是必要的，因为只有如此才可保证等价交换。所以说支付体系的第三个组成部分也和前两个部分一样是基础性的、不可消除的。结清差额，或者说社会成员随着时间推移共同接受了差额延期，造就了"市场惩罚"。对于市场经济中的个体，只有根据其是否参与到每次账务结算的总体进程，才能判定其是否可以作为财富持有者而存在。

结算的形式根据不同的体系也有巨大差异。在严格的金属铸币体系中，差额会自动被结清，因为所有支出多余收入的差额都等于黄金金属的损耗（这一部分包含在"缺失的"硬币中），这一体系也永远不会被终结（支出被限制在以金属表示的财产中，而差额不可能超出这部分财产）。在这样的组织体系中，个人财富是由黄金财产组成的，这同时揭示了市场的盈亏和后续市场上的行动可能性。但在有信贷金属铸币体系中情况就不尽相同了，而在现代的铸币—资本系统中情况会变得更为复杂。诚然，如果不对差额进行结算，而是利用金融操作将差额延期也是可以理解的。在类似这样的体系中，关系就变得极度复杂了。关键之处在于，不应放弃等价交换原则在持续发挥作用这一观点,虽然等价交换原则的作用在带有资本的货币经济中需要通过较为特殊的方式实现。

这一部分对支付体系的概念进行了简单的介绍,这也让我们能够以特殊的方式思考货币思想中的几项重大课题。

### (四) 财富的流动性与货币信任

货币理论中反复出现的难题就在于,作为"价值贮藏"的货币,经常表现为货币与财富或者说货币与资本的关系问题。

我们拒绝接受价值逻辑,这同样迫使我们放弃了将价值贮藏货币作为这一问题的答案。之前的分析中已经提到,在我们学派的分析中不存在货币和商品的等价。它们二者之间不是一种等价关系,而是制度关系(齐美尔称之为"目的论"关系)。在这种逻辑下,货币没有被赋予一种价格,也不会被作为财富看待。拥有价格的是商品,不是货币。

在广义的商品中,铸币材料十分特殊,其特殊性在于拥有以计量单位表示的官方价格。金属铸币体制中的黄金就属于这种情况。在这种情况下,持有黄金就是持有社会财富,而与之相对,其他产品只是私有财富。持有铸币材料商品能够让人们根据规则(官方价格)而不是通过市场,将其出售来获得货币。在这样的情形下是不存在等价关系的。黄金在市场上的货币价格不会与官方价格产生差异(在通常的假设下),但是黄金和其他商品的交换关系会或多或少地体现出这些商品的流动性,这也是由市场决定的。

换句话说,铸币材料商品和其他财富的差异不仅是层级上的,而且是本质上的。真正的区别在于,铸币材料可以不通过市场来获取支付手段,而其他商品只能通过在市场上简易地、偶然地出售才能转化成货币。而只有拥有铸币材料,才能在市场上拥有绝对自主权。

最后我们可以通过图6-1总结出三方的分级关系:

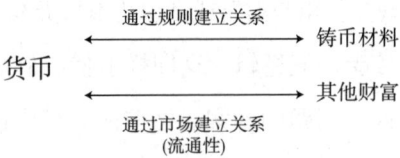

**图6-1 货币、铸币材料与其他财富的分级关系**

这种差别在具有"教学性"的严格金属铸币制度案例中较为容易实现,黄金很容易和其他财富区分开。相反,在现代制度中却很难实现区分。资本是一种难以切割剥离的实物。这一说法并非批判性的,而是启发我们提出新的问题,以期不借助价值理论来勘探被主流学派掩藏的新领域。除了贮藏价值,支付体系的概念也会引导人们想起规则的存续性,以及制度体系整体的稳定性,而这则完全是另一个问题了。

这一问题的本质是由经济名义锚组成的,市场价格就是货币价格。如此一来,市场价格就由计量单位表示出来。这不仅仅意味着超个人实体的存在，同时也表示个体接受了规则，按照这些规则便可以获得一定数目的计量单位。一切名义上的偏差都会使铸币规则变得不合理，从而陷入危险。保持铸币的稳定性以及接受计量单位显然是并驾齐驱的，也是相辅相成的。超级通货膨胀的出现表明支付体系并不一定能够持久。保持货币与铸币材料之间关系——金属铸币体制中黄金的法定价格、现代体系中的利率——持久性的关键在于对铸币体系的整体控制。

结算方式或者差额顺延的方式也是一样，从而体系风险问题也归附到了名义锚的问题当中。

### （五）债务与财富欲望：流动性问题

关于铸币与流动性之间的关系，我们在前文中已经粗略地提到过了。现在应当更明确地指出存在于流动性，以及规则或差额顺延之中的此类关系。

在现代支付体系中，消除差额需要通过资本在个体之间的再分配（公开投标、并购、财产转让等）来实现。这种资本的形式可能十分多样，因此个人资本的丰富程度与个人资本的构成种类有着密不可分的联系。个人资本的构成种类可能包含：生产资产、较少或不用于再生产的实际资产、种类丰富的金融资产。选择持有资本的形式，反映出了个体对制度未来的意见和看法。这里财富流动性概念完全融入其中。

流动性首先是虚拟的概念，是指随时能够将手中债权兑换成货币，且保证资本不受损的可能性。但这种可能性存在的前提是大多数的债权人不会同时决定将债权兑换成货币；一旦债权人观察到不利的迹象，或听信令人不安的传言后开始怀疑从前的判断，那么同时兑换的情况就有可能发生。对于债务人而言，流动性也一样是潜在的，是指对未来到期的债务展期、以新债务代替旧债务的能力。只要债务发行人的签名质量仍然能得到承认，流动性就不会受到怀疑。签名质量其实指的就是对金融团体的集体判断，这种判断在债务人偿付能力出现恶化迹象后可能会变得摇摆不定。

如此看来，流动性受到集体意志变化的限制。集体意志可能从想象变为现实，从隐性变为显性。这正是由对大量资本兑换成货币的需求预感决定的。一旦这种需求无法得到满足，通过传播效应就有可能酿成金融危机。与之相反，债权与债务体系的牢固程度取决于金融组织是否能够避免让这种感觉向实际传导，或者是否能通过增加货币来缓和债券持有者的不安。这些对集体心理的操控又回到了有关货币经济可行性最神秘、最饱受争议的问题：对货币的信任。

## 二、货币秩序保护与货币信任

负责满足资本积累欲望的私有债务，通常会遭受两重破坏性进程的威胁：一种是向心的，另一种是外张的。每种进

## 第六章 市场经济的货币秩序

程被激活的概率取决于货币的标准形态,也就是取决于经济主体面对流动性作出的反应。

例如,当债务结算的最终形式是在主权机构的要求下去铸币局兑换轧制的金属货币时,流动性则会具体表现为现行金融体系外部的货币。我们假设债务代理需要以银行为媒介,银行通过商业票据贴现来发行自己的债权。而由银行发行的支付方式,其质量取决于银行贴现的贸易债权的质量。但是贸易债权的质量却又不能提前得知。支付体系可以对银行发债的质量进行检验,当然这要通过一种外生的机制:潮汐定律。当一家银行受竞争影响发行了过多的债务,即远超出了公众持有债务的欲望时,货币局限性就会表现为将这些银行债务兑换成现金的需求,要么直接去发行银行兑换,要么间接地通过去其他银行存款来实现,无论哪种情况都会给银行的现金储备带来即期或远期的压力。重构现金储备会强制银行以后发行的新债数量少于其竞争者发行的数量,当然这也能修正最初滥发纸币的现象。我们可以看到,正是公众对现金的外生需求不断规范着银行的行为[①]。

当全体银行都被业务激增所带来的乐观主义浪潮包围的时候,它们就会任意贴现商业票据或者向它们不熟识的借贷人提供信贷业务(例如国际信贷)。银行对自身现金储备的

---

① W. Laurence (1989). "What kinds of monetary institutions would a free market deliver?"(《自由市场倾向实现何种货币制度?》). *Cato Journal*, vol. 9, n° 2, autumn, 367-403.

承诺会不断增加,迟早会达到甚至超过它们承兑债务能力的临界点,从而导致承兑能力受到质疑。实际上,银行应当出售债权以获取额外的现金。如果存款人或者银行发行纸币的持有人质疑银行的承兑能力,那么在几家企业或商会被传出破产的消息后,它们对现金的需求则会突然增加。潮汐定律就会完全停止。向心式通货紧缩进程就会开启,商业债权的价格会巨幅下降,同时银行接连倒闭也会引发银行的债务被破坏。

当信用货币自身成为银行债务,即所谓的一流债务时,废除现金可兑换性会改变名义货币的实践操作方式。在债务发行条件和支撑货币最终流动性的货币发行条件之间,不再有根本性的差异。这时货币创造就会完全源于债务,而嵌套结构的债务就不复存在了。这种体系的稳定并非只源于个人理性。体系中存在一种虚拟的不稳定性,是因为一流债务的供给,也就是说,最终流动性的支持是完全弹性的。

外张的过程可能源自依照自我指代逻辑发放的债务。自从新债务能够自动替代旧债务,借贷者就再也感受不到任何限制。货币创造不再有名义锚。债务发行与结算限制相分离的问题又被抛回了债权人身上,表现为使债务贬值的价格加速上涨。流动性再也起不到庇护的作用,因为其购买力在加速蒸发。在这种情况下,债权人的反应将会演变成试图在现行金融体系之外找到名义锚。债权人尽量摆脱各种形式的融资承诺，最后以极化购买投机标的（贵金属、国外货币或者看似更平凡的商品）而告终，这些投机标的都有可能被选为流通性的表现形式。私人经济主体的这种在金融承诺之外找名义锚的尝试，也是通货膨胀危机肆虐的最后阶段现象，既破坏了现存的货币规则，也打乱了整个经济格局。但是这种做法却给货币改革创造了条件，从而重建能够让人信服的货币准则。

为了避免陷入这些社会成本极高的绝境，正如前文提到的德国1923年超级通货膨胀的例子，遵守货币规则的制度应当会引发一种政治属性的行动。实际上，这些实践行为全部来源于货币的集体身份。因此，我们将这一系列的实践行为命名为货币政策，这就是为什么货币政策是经济调节的最普遍的层面。

### （一）货币政策：一种预防支付体系完整性被破坏的策略

正如我们所见，债务规则的制定从根本上来说是为了整体市场经济的独立。货币政策通过调节债务结构来对债务条件施加影响，而这部分债务正是源自不同经济主体各自分散的行为，他们希望未来的收入流向能带来自身财富的增长。这就是为何负责制定货币政策的部门总是时刻关注来自金融领域的信息。它们尽力去了解金融形势，基于一些能够间接反映出债权人和债务人之间紧张情况的指标（如利率、股价指数、现金流动总量、信贷数量等），来对整体金融形势进行判断。

货币政策起到了居中缓和的作用，以使债务人和债权人之间的紧张局势不会变得十分危急。因为一旦超出某种强度，那些可能给整体经济带来损害的问题就会爆发：通货膨胀扩散、企业大量破产、消费萎靡、长期就业不足等。

这种居中缓和的作用会产生可行性和合法性的双重问题。一方面，可能存在多种甚至大量的货币政策制度，这些制度可能会引发信贷的演变，考虑到存在可支配的现金和可预见用来分期结算债务的未来收入，这样一来，大部分债务都会得以清偿。当可变信贷在债务有效期限内产生变化时，货币政策的影响在广度上会受到限制，而且在对经济整体的影响上也会产生惰性（如对生产、就业、价格方面），因为货币政策制度的变化（例如由中央银行引起的利率小幅上升或下降）对信贷的影响十分有限。

另一方面，债务结构可能在金融条件变化重大的地区变得十分脆弱。经济主体可能对将其资产兑换成货币感到担忧，也就是对他们财富的流动性感到担忧，因为他们担心在实际兑换时可能会遭受资本损失。一旦形势严峻，推行货币政策的行为可能会变得十分敏感。货币政策可行性区间推广的深度取决于私人主体的信任,货币当局也要参照这种信任方式来解释支付体系的建设规则。例如,一家中央银行在过去很长一段时间证明了其不能容忍持续性高通货膨胀,那么未来相比于没有这种名声的中央银行,它就有更大的权力来暂时放任价格变化并以此治理始料未及的冲击(石油危机或社会环境的迅速恶化)。而没有这种名声的银行,实际上会被怀疑将经济引入加速通货膨胀的轨道,这将对分配产生影响,因为不同形式的金融财富对通货膨胀率的影响并不完全相同。当资本持有者没有得到良好保障而不得不变卖资本时,这些潜在的资本损失就会最终变成现实的损失。

正如我们在上文所阐述的,名义锚是影响货币信任的关键要素,其原因也是如此。如果在一种货币制度中,信贷扩张让价格提前偏离合理范围,且通过债务贬值来减少结算义务,那么这种货币制度会被看作是极不公正的。支付制度本应该体现出集体的利益,因为它是商品经济的社会联结。而在上述的货币制度中,储户们会察觉出支付制度只顾及债务人的利益。他们会对这种货币规则提出异议,同时试图在官方体制之外找出能够保障其财富潜在流动性的靠山,投机行为就会开始对抗国家法定货币。私有主体的这种态度,表明了其不再信任货币政策的相关制度。如果这种态度在金融团体内广泛传播,则最终会倒逼中央银行改变货币政策来加强对债务结算条件的管控。

此外，制度风险是对货币信任的另一重威胁。这样的威胁会通过传染现象表现出来：在卖方主导的金融市场上，对债务无法清偿的担忧会加速结算条件的严格要求制定，一旦无法清偿债务的担忧传播开来，就会引发存款接连不断地从一家银行外泄到另一家银行。制度风险是货币社会性角色最显著的体现。由于债务偿还的义务将全体社会成员紧密连接在一起，这种关联性并不是对私人利益的调解。与之相反，制度风险证明，存在对私人利益保护引发分权行为的情况。而分权行为又会引发一系列相互反应，其集体结果会给每个成员带来伤害。在这种情况下，货币接受不会受到怀疑，但是，若中央货币匮乏导致偿还债务条件过于严苛，就会引发经济不景气，甚至经济萧条。

现在我们能够理解货币当局，也就是当代经济体制里中央银行的地位了。中央银行在支付体系中的日常操作具有固定规则，而债务关系在实际建立时会灵活变化。但是债务关系的建立取决于对货币的信任。这种信任促使经济主体间相互缔结债务契约，管理着他们的投资，仿佛集体风险——名义锚积累的损害以及制度风险——产生的事故可能被忽视。当货币政策在可预见并保持稳定时，会给私有经济主体带来集体优势。集体优势体现在为评价债务的偿付性提供了参考框架。

中央银行通过何种传递逻辑，才能实际融入其制定和实施的货币制度中呢？中央银行应当可以达成一种代表广泛利益的论调,并将其作为参照。但这并非承认所有的私人利益都能够调和,而是让我们相信中央银行以这种方式,依据货币社会凝聚的一般原则,可以为所有人服务。问题的关键在于,让人们相信:货币信任有信仰作为支撑(齐美尔,1907)。

### (二)信仰与信任

信仰是集体化的过程。然而它源于经济主体间的主观相互作用。信仰体现了每个人和所有人之间相互独立,并构成集体的归属。集体并不是个体的集聚,而是个体之间关系的总和。当集体是由劳动的商品分工创建的关系组成时,归属就变成了债务和偿还债务义务的归属。正因如此,最终结算方式成为多重私有债务的社会性代表。对结算方式的全体接受证明了人们从属于同一种支付体系,也就是说,从属于同一社会规则体系。对货币产生信任,即相信其他人也会接受这种规则,根据规则人们应当到期支付债务。这种信任天然取决于商品经济的基本货币规则。但是创造货币规则的进程所调动起来的行为与态度却并不仅局限于经济范畴。

货币是一切商品经济的因由。正如我们在第一章①中所证明的那样,货币能够表达一切,这是系统逻辑所要求的。作为整体的货币将定义支付体系的基本规则串联起来:计量

---

① 此处是指《主权货币》一书的第一章——译者注

单位、铸币原则、个人差额结算原则。这些原则是普遍适用的，它们让商品经济变成了人类特有的、具有浸透性的经济形态，其社会从属方式建立在身份地位、习俗和个人的隶属关系之上。货币通过数量和相关义务的抽象化表现出价值的等级分化。个人对价值等级化的从属意味着它符合社会的评价标准，这种标准源于个人，也源于执行结算的方式。货币给社会带来一种相互独立的结构，它保留了个体之间的客观关系，也在这一过程中创造了经济理性，即展现出个人目的并努力以客观方式实现个人目的，当然这一切都要以货币的量化作为前提。从这种意义上看，我们可以认为按照货币的逻辑，相互独立性保护了个人的自由和自主权。

对货币的信任问题具有这样明显的逻辑：每个人都通过普遍有效的基本规则与集体相连，但每个人对其他人都是匿名的。对于参与到这一体系的个体而言，这种逻辑必须被提前假定为基本标准而出现。这种成体系的从属关系主观上要经受信任的检验。信任使个体保持和价值等级制（根本规则的紧密结构）的连接关系，而价值等级制也将个体变为了商业社会的成员。可以说，货币对于个人而言是社会的基本标准，就像法律或道德禁忌一样。因此，信任也是纵向关系的表达，纵向关系又是价值等级制的特点。我们如果对这种关系提出质疑，就必定会引起从属性危机。因此，克劳德·列维－斯特劳斯断言信任是生命深植于社会的根基。在这一基

## 第六章 市场经济的货币秩序

本特征中,必然会存在按照货币根本规则行动的个体对社会全部的一知半解或丝毫不解。这些规则为什么存在呢?这一问题在经济实践中并未被提出。

私有经济主体同货币保持了一种关系,这种关系不是契约秩序,不以计算为出发点,也不是对每个个体都公开透明。从这个层面上看,没有任何人会被当成这种基本准则的创始人。货币是商业社会的基础性条件,所以它提前预设了价值等级制进行计算和缔结契约。如此一来,我们可以说货币实践的经验也是相异性的经验,正如社会全部对于每个个体的相异性。因此,我们会思考在何种心理下集体信任才能从属于相同的货币规则。

一种可能的答案是,假设对超越个体的全体的从属关系在精神层面通过符号认同表现出来。这些符号是理想化的表现,能够唤起个体对过去标志性事件的集体记忆。例如1929年的金融危机就是这样一种事件,而后每次出现对市场稳定性的担忧时,金融行业操作人员和金融类媒体评论人员都会重提这件事。重新唤起这类事件与对当前情况的客观比较没有任何关系,而更多的是人们被当前情况带来的不安冲昏头脑而形成的思想结晶。这样的思想结晶是压抑本性的回归,即始终隐藏在与金融行为相关的态度背后的恐慌与威胁。如果说存在危机的符号,那么也会存在秩序和稳定的符号。动荡时期的黄金就是这种例子,如20世纪70年代末所有的主要货币都受到通货膨胀的侵蚀。那既是金本位制的美好回忆，也彰显了黄金借贷的神奇功效，让黄金成为神圣力量的具体化表现，这也给黄金赋予了信任，给了货币体系一个可以锚定的固定点。

这样一来，符号就转移到了在其他经历中得到检验的主权属性货币上，这有助于信仰的形成。因为主权是唯一不可分割的，所以类似的动力可能会将政治领域或宗教领域主权的比喻转移到货币身上。信任就会在这种转移的过程中建立起来。

另一种答案在雅克·比鲁斯特的书中可以找到[1]，其主要观点是说信任产生在缓和主体间紧张局势的承诺中。实际上，主体在劳动分工后缺乏对社会的认同。对他们而言，让他们认同身份和暂缓对社会债务认同的唯一方式就是使其归附于货币规则。因为面对缺陷和不足不断更新的情况，个体会一致同意赋予货币一种象征性的权力，这种权力超越了权力符号。虽然倚靠着国家或神圣的符号，但货币中的信任也蕴含在它创建逻辑的普遍性之内。这样一来，货币非政治化的特点便更容易理解。货币拥有普世的逻辑，没有意识，也没有领土和文化的限制，人们对货币的信任也可以与货币的

---

[1] 这里指的是《主权货币》一书中名为 Confiance et monnaie. Psychologies des liens réparateur, protecteur et intégrateur（《信任与货币 修复、保护与融入性的心理关联》）的一篇文章,p. 325-356. ——编者注

多种表现形式兼容。

## 三、中央银行的独立性：特殊历史环境下货币的法定形式

根据前文所说，赋予货币合法性，就是为了避免未来债务发展的不确定性带来内在利益冲突从而引发流动性极化。当不安的心理引起集体现象时，流动性极化就会发生。两种同源的过程可以被画上等号：债务的脆弱性，根据其可能带来的结果，可以被称为"体制风险"；名义锚丢失可能导致已建立的货币被抛弃。

如果经济主体认为上述两个问题可以被规避，那么货币就具有合法性。这样并不能达到均衡状态，却能决定可行的轨迹。破产还是会存在，但仅仅是个人性质的破产。价格干扰性波动会出现在某些金融市场上，但也仅仅是地方性波动。保持货币经济的可行性，正如我们前面所述，是货币政策的问题。由于上面的问题取决于经济主体在货币规则的法律依据方面是否拥有信仰，在经济私有主体的眼中，货币政策的自由程度与赋予货币政策合法性的部门行动范围息息相关。

当我们假设信仰可以通过主权转移的象征性进程来加强时，我们似乎就将货币合法性置于政治秩序的监管之下。因为在当代社会中，主权是国家性和民主性的。但是一个严峻的困难显现出来了：对于主要货币而言，尤其是美元，使用

者的空间覆盖范围远超出了发行国公民以及国家居民的范围。这种使用者范围与发行范围的不匹配，其重要性在历史中并不是恒定不变的。因此，推崇中央银行相对独立于政府在金融全球化的前景下是具有实用性的。

### （一）货币的政治化与去政治化

现代政治主权被限定在有限的领土范围，即国土范围之内，没有人会为此感到讶异。绘制外部边界是国家最基本的行为，每个公民从属于国家集体的关系也发挥了决定性作用。每个国家都相互隔绝起来，以此加强各自的主权。边界限制伴随着内部法律限制，将私人和公有划分开。分割、认定身份、归类等都是政治秩序的基本操作（如市场和公共服务的界限，或者社会经济学方面的社会职业阶层、社会权力受益阶层等）。这些都以信仰的名义，被法律规定为一个符号实体：国家主权。

与之相反，货币标准建立起了所谓的"支付体系"。这是一种抽象规则的体系，原则上其应用是不受限制的。货币具有普世性的使命；债务流通总是想向全球范围扩张，也总有向同质化和普遍化方向发展的趋势。其结算条件应当与这样的发展趋势相适应。

经济学和政治学的区别并不只体现在实践层面，在抽象方式上的差别更为明显。同时，货币的合法性也不能同政治主权混淆在一起。这正是我们要讨论主权符号在两种标准化秩序中的转移问题的原因。在不同的历史时期,占据主导地位的相互作用总是单向推进的。这正是我们所说的,根据资本向国际范围扩张的障碍大小不同,货币或多或少受"政治化"影响。

普世的货币秩序随着19世纪后30年间金融大扩张的推动而渐渐推进,并在20世纪达到鼎盛时期,但这样的发展被第一次世界大战的炮火所打断。在金本位体制下,货币标准由可兑换性规则构成。可兑换性作为国际大国推崇的共同至高准则,也建立起了普世性的货币。我们可以将其说成"国际货币宪法",对国内货币调节施加影响,而国内货币又是世界货币的组成部分[1]。在这一时期,如果说是货币政策决定国际货币体系运行,则是不恰当的。相应地,中央银行也不需要政治当局对其委任授权。出于民众对可兑换性的重视,中央银行可以自己进行授权。这种重视已经根深蒂固,以至于即使英格兰银行为了抵御一些极具危险性的金融危机而暂时停止兑换业务,也不会动摇经济主体对可兑换性的信仰。当然,普世的货币秩序并不会排斥国家间金融力量的差异、国家地位之间的等级差别和某些外汇霸权。但是从来没有人质疑过英格兰银行公布的指导性利率,这种引领性利率实现

---

[1] M. Bordo, The classical gold standard: some lessons for today(《古典金本位制度:对今日的借鉴启发》), *Federal Reserve Bank of Saint Louis Review*, mai 1981.

的唯一目标即在短期内调节资本运动，使之能够保持民众尊重可兑换性规则的情况，而不考虑其在经济和政治方面会产生何种后果①。

相反，世界大战打乱了这一局面，经济不景气给民众带来的创伤为资本的国际扩张带来了严重障碍。此外，社会新势力的崛起不仅改变了政治力量关系的对比，也改变了民主的博弈策略。建立国家主权的力量也创造了社会权力，这给实现针对社会目的的经济政策提供了永久的法律框架。在第二次世界大战之后，我们进入了凯恩斯构建的国民经济世界，也就是说，这是一个在有限的开放环境中对资本运动管控进行保护的世界。在这样的经济世界中，货币的合法性开始转向社会目标支持的工具性，以至于政府转型成为经济政策的客体。货币政策被制定出来，某些中央银行在其国家内仍然是独立于联邦政治结构的，但是货币相比于公共支出或国家融资行为却变成了次要的工具。政府对国家整体经济政策的责任并未曾受到质疑②。

部分政府承认其执政目标就是实现完全自治，在受此类政府领导的国家经济整体中，国际货币关系就会被完全改变。这些货币关系可能是相互冲突的，例如，在20世纪30年代，那些国家试图通过贬值和关税壁垒来输出失业。将货币简化

---

① R. S. Sayers. *The Bank of England*; 1891–1914. Cambridge University Press, 1976.
② Radcliffe Report, *Committee on the Working of the Monetary System*, 1959.

## 第六章 市场经济的货币秩序

为公共行为方式的做法已经达到了顶峰。在二战之后，布雷顿森林体系成为和解的尝试。这与之前某些认为这种货币体系在任何情况下都不会试图修复金本位制的说法正相反。布雷顿森林体系是政府间协商的条约，并不是依附于普世货币原则的。这一条约并不是为了限制国家政策的自主权，而是与之相反，通过良好的规则引导和政府间融资方式使得国家政策更高效。这是一项货币的"裁军协议"，它与建立 GATT 的贸易"裁军协议"是并行的。布雷顿森林体系协定明确表示对资本国际流动的控制是完全合法的，因此它也完善了货币的政治化。协议旨在建立经济发展的巨大空间，在这个空间中每个政府都能够实行其政策，这得益于各方互相承诺限制对他方有损害影响的措施。当然这般在不平等国家之间建立的协议并不能避免美国强制实施对其自身有利的措施。但布雷顿森林体系没有束缚西欧国家的发展，反而有利于西欧经济腾飞。

钟摆又回到了对货币去政治化需求的一侧，因为在 20 世纪 60 年代经济发展的刺激下，资本在国际大肆扩张，之后引爆了布雷顿森林体系提出的限制。在这件事上，令人关注的是在第一阶段，货币主义的意识形态承认了矛盾的双重公设：一方面，在国家中货币的去政治化要通过数量货币规则实施；另一方面，灵活兑换使得国家自主权得以加强。这两种要求只有在均衡的概念下才能相容并存。国际货币的失序也打破了这种幻象，同时再一次证明在缺少世界性货币标准的情况下，金融自由会引发最严重的秩序混乱，因为金融契约是不能够自我调节的。

在20世纪80年代，美元的不稳定达到了顶点，同时国际债务危机和国际支付失调也发展到了顶峰，此时出现了双重拐点。一方面，出现了恢复最低程度的货币良好导向规则的努力，这是在G7范围内政府间的行为；另一方面，则出现了对中央银行独立性的开放式讨论。第一种尝试在促成1987年2月伦敦达成协议后便未能继续。这一协议主要针对外汇交易，并没有再对国家政策自主权提出质疑。而这些企图继续让货币主权从属于政治，并且鼓励金融自由的局部性措施被证明失败了。当债务的流通空间扩大到全世界后，货币秩序只能建立在合法性的普世原则上。这便是第二重讨论的内涵。

问题不在于某些中央银行能够在国家中拥有独立的地位，很长时间以来皆是如此，而在于将中央银行的独立性作为国际新秩序的普世原则提出，并以此代替定义金本位制的可兑换性。我们追求的不是表面上的锚，即官方宣布在不同国家计量单位中的相同金属价格，而是要找到制度性的锚，即在不同国家将中央银行的货币权力与国家内部政府权力相剥离。我们应当提出如下问题：何种信仰能够赋予这种制度创新合法性？

## (二) 伦理与政策

经济学家之间有关独立性的争论并不会涉及上述问题。不得不说这一争论尤其让人感到失望。经济学家们的讨论总是围绕着通货膨胀展开,而并未给予国际货币体系足够的关注,他们的观点使用了独立性的外延定义。很多看法和建议都是从描述中央银行地位的文章中提炼出法律措施进而拼凑堆积①而成。货币合法性的问题从来未被提出过,因此"是"与"应当是",即法律上独立(de jure)和实际上独立(de facto)之间的混淆无可避免。只要中央银行宣布独立,对抗通货膨胀就足以被粉饰成激发作者们兴趣的唯一美德。只有在欧洲,国际化的维度才被考虑进来,因为独立性与货币联盟建设之间的关系是必须通过强力建立起来的。

但是问题仍然没有得到解决。何种事物能促使经济主体相信货币权力的合法性并不从属于民主政府当局呢?例如涂尔干提到过建立在劳动分工基础上的社会,如果不存在个体之间的道德束缚,则社会亦不能长久②。在另一部书中,伦理也在私人主体对金本位制的信任中扮演了重要角色,超过

---

① A. Alesina et V. Grilli. "The European Central Bank: reshaping monetary politics in Europe"(《欧洲中央银行:重塑欧洲货币政策》). *CEPR Discussion Papers*, 563, juillet 1991.

② É. Durkheim. *De la division du travail social*(《社会分工论》). Puf, 1978.

了所有的政府承诺①。经济主体为了获得国际金融保证的有效性而选择相信。一些特殊的债务人可以宣告破产，但是债务人整体并不能够给政府施加压力，以期政府通过债务贬值的方式进行货币操纵。这就意味着公共债务人会被与私人债务人同等对待。我们会优先出于政治关切考虑金融承诺。债务的名义价值是被世界公认的，这样的债券也能在非常广泛的范围内流通。得益于债券种类的多样性和市场交易的广泛性，货币流动性可以得到保障②。除了体量较大的个体债务人破产所引发的严重动荡，利率有限的运动能够起到调节债务的作用。

但是相信伦理优先，就意味着相信主权的来源是高于国家主权的。所以信仰在赋予黄金功效的同时，其象征性的努力毫无疑问能够起到作用。因为黄金与债务有根本区别，它是十分公正的度量手段，是外在的、不可触及的标准，以至于人们无法对其操控。我们也可以由此认识到信仰的机制：信仰对象的距离感也是信仰源于集体力量的原因。

如今中央银行的独立性是如何给予全球范围内金融承诺信任，并以此巩固货币秩序的呢？这一问题并不存在答案。

---

① H. Frankel. *Money: two philosophies. The conflict of trust and authority*(《货币：两种哲学 信任与权威的冲突》). Oxford: Basil Blackwell, 1977.

② J. G. Thomas. *Politique monétaire et autodestruction du capital*(《货币政策与资本的自行毁灭》), Paris: Economica, 1981.

事实上，对于中央银行合法性问题的答案，在不同时期都有所差异。

在盎格鲁—撒克逊模式的概念中，这根本不涉及伦理的问题，而是在国家范围内中央银行相对于行政权力的独立性问题。中央银行的独立性由议会授权，中央银行也直接对议会负责。因此，中央银行的独立性被纳入了民主主权当中。但是正如美国的例子，对中央银行行动的管控要履行特殊的程序，不需要议会投票批准认可。取而代之的是面向国会相关主管委员会周期性、公开性的听证。在此期间，中央银行行长需要对之前几个月实行的货币政策进行解释和论证。听证结果通常由媒体向公众报道，美联储公报中也会提及，这些听证结果通常会引起金融团体内的广泛争论。中央银行的合法性并没有得益于其独立于金本位制之外的地位，相反，它十分脆弱，经常遭受质疑并且被政治程序所限制。这一辩证的结果让美联储与造就经济生活的力量建立了关系。

而在德意志联邦银行的例子中，我们则能发现伦理的重要性。中央银行的独立性获得了其独立于德意志联邦共和国基本法规定政治权力之外的地位。这种伦理优先于政治的情况源自自由秩序主义的哲学，这种观念受到1945年国家和社会全面崩塌后的新德国的启发。奥尔多自由主义明确针对个人自由，保护其不受来自国家或私有利益群体的仲裁权力侵害①。这种独立性的概念比盎格鲁—撒克逊模式中独立性的概念要更为深入，这也是在政策负责人意识不十分清醒的欧洲推行这种模式可能会引起巨大问题的原因，但它是一种要求建立新国际货币制度的模式，至少在欧洲是这样。

在奥尔多自由主义的概念里，货币被明确设计成让价格从属于表达普遍意愿的"公平价格"的基本标准，这又体现出了每个公民和社会整体的契约。货币秩序是集体化社会的机制性表现。公民的概念将信仰解释成主权的源泉，也是它赋予了作为仲裁机制的中央银行与法律权力同等的合法地位。中央银行被看作是合法的，因为货币秩序行为的一致性源于伦理的迫切要求。标准化价值被交由中央银行决定，而中央银行对议会负责也就没有必要了。

德国人对马克的信仰，是与货币的稳定和秩序协调相关联的。德国的公众意志将社会无序与通货膨胀画上等号。失去对货币的控制，将会成为德国国家衰落的征兆。相反，国家统一是围绕德国马克进行的。这也是民主的支柱，因为它与社会秩序的完整性有一部分联系。

---

① E. Dehay. *La justification ordo-libérale de l'indépendance des banques centrales*(《奥尔多自由主义对中央银行独立性的论证》). *Revue française d'économie*, X, 1, 1995.

## （三）通向一种新的国际货币秩序

货币监管的形式，要服从于金融全球化影响下的持续变化。20世纪80年代的事实已经表明，国际货币秩序极易受到各种动摇世界经济冲击的影响。尽管货币之间的关系被不稳定性占据，但并没有演变成一般性的金融危机。国际流通中主要货币发行国家的中央银行，应当对金融局势给予足够的关注，并且在危机情况下采取合作，以避免系统性风险扩散。

20世纪90年代，金融全球化成为普遍现象，长期占据证券市场并且向新兴国家扩张。大范围的危机，如1995年初的墨西哥金融危机或1997年的亚洲金融危机表明，全球金融稳定性受到了质疑，并且呼唤建立更深层次的联系，而不是面对特殊危机的泛滥采取临时预防措施。

资本的全球流动扩大了由国家政府之间就货币政策导向问题产生的分歧所引发的经济秩序失调。金融自由化极大地促进了信贷的灵活性和金融投资形式的选择，但是有损对经济变量的预测，也就是损害了一种货币相对于另一种货币信任的可预见性。

在不同国家由金融一体化创造出来的团结，都会引发对货币控制的国际化需求。试图借助金融市场上不同外汇相互竞争的力量被强制实施国际货币制度。货币当局也有保障货币制度不会引发混乱的责任。然而我们已经指出，货币是一种社会原则，它具有集体性特征，以支付体系组成规则的形式出现。金融全球化让这一社会原则具有了超国家的性质。而主权与货币之间的默契保持了货币领导中心的国家性特点。国际货币制度的稳定性表明一国政府克服了国家利益的矛盾，以便掌管作为集体商品的国际货币体制。

第二次世界大战之后，这一问题被关键外汇——美元的同质性所解决，而这一体制却严重限制了资本的国际流动。资本主义扩张的力量已经超出了布雷顿森林体系的规则，并且最终摧毁了布雷顿森林体系。现在我们身处另一个时代，主要货币各自的力量导致了国际合作，那么这时货币又会采取何种形式呢？

既然货币制度随着金融全球化的趋势发展，负责其运行的机构应当具备与国际金融市场沟通的能力。最能够适应这项任务的机构就是独立的中央银行。它们的独立性暗示了它们各自有各自的职责，但是这些职责之间又是可以兼容的。

为什么说独立的中央银行之间协调一致会成为国际货币组成的工具？应当从更广义的角度去理解这一概念，将其作为被人们默许的高级原则，而不是从法律角度去理解它，将其作为编入根本准则的文本。这一概念代表着所有尽可能孤立政治压力下的货币政策的全部制度和思想。这些压力不仅仅来源于政府，也可能来自政党、经济游说集团或者金融团体。正因如此,中央银行具有独立的货币合法性,其制度形式超越了国家框架。

让我们继续思考,随着独立性逐渐普及,货币合法性将包含哪些内容。第一方面是相互学习的过程,通过这一过程,中央银行可以针对货币稳定的内涵达成一致看法。这样可以避免禁止那些在历史中被证明不相容的国家货币规则(例如,货币间的汇率被固定下来,而差异化巨大的中央银行都能包容信贷扩张的速度),但是这并不能保证金融不稳定性会降低。因为货币学说之间最大的共性,就是不断朝不同货币在国际支付中的相对信任程度靠拢。追寻流动性的私人行为,将注意力集中在不同货币投资工具的短期差距上,尽管在中期它们的回报可能是相近的。我们应当期待不同货币之间将流动性投资作为中介而相互替代,而这类投资可能带来地方性金融长时间的不稳定性。金融环境就好像一只容纳所有性质危机的共鸣箱,这样一来,最富逻辑关联性的货币政策在金融环境下能够预测利率和汇率,由此便可以产生更少的机制性扭曲,但是股票飞涨的现象则会频频发生。

但是独立的中央银行的配备比政府更加精良,所以能够更好地与市场相互影响,这得益于它们日常在金融市场的行动中收集获取的信息。如果它们对稳定性的定义是相同的,那么中央银行可以试图减轻汇率的不稳定性,当然这要在与它们对价格名义锚持久性的操作不矛盾的前提下。独立的中央银行可以，也应该平息可能在国际传播的金融危机。为了保证这些干预行为是恰当的，中央银行俱乐部致力于发展审慎监管制度，发展信息的共同分析机制（监管资本流向，增进对金融市场之间相互独立的了解，追踪对市场流动性起重要作用的金融机构；以及针对最有可能失衡的投机征兆，监管股票价格的变动）。

金融的转变也提出了新的挑战，根据相互作用过程，一整套制度与实践会浮出水面，其目标旨在实现货币现象的普及，使得差异性货币合法形式逐步趋同。

# 第七章
# 货币的"三态"[1]
## ——货币现象的跨学科观点
布律诺·泰雷

---

[1] 文章首次发表于 *Revue économique*, vol. 59, n° 4, juillet 2008:813–842。

货币是由社会创造的，其起源可以追溯到遥远的人类历史时期，我们亦能在大多数社会中寻觅到货币的痕迹，无论它的构建或组织方式如何，也无论它背后是否有国家作为支撑①。货币既不是现代资本主义社会的特殊印记，也不是西方社会向现代化发展的必经之路。对货币的研究必须要走出传统概念的束缚，因为传统的货币概念将货币简化为商业交易的经济学工具。货币的本质使所有货币都具有相似性，也正因如此，我们才有可能在差异巨大的社会中谈论相同的货币。而只有采用科学的方法，我们才能真正地理解和表达货币，这种科学的方法指的是：调动处在不同社会和时代背景下的具体货币，并对这些货币的空间和历史多样性进行比较研究。

我们可以从货币现象的（近乎）普世性中抽离出纯粹抽

---

① 如今许多人类学家"越来越深信,不可能存在从未经历过货币的社会"（Rospabé, 1995:24）。例如,印加帝国从未出现过货币的观点曾经广泛接受,但如今却受到了质疑,而且部分资料被再次揭开:应当承认印加帝国经历过贵金属流通,即金银在社会精英阶层之间交换捐赠过程中被使用（见 Sallnow, 1989）。只有在没有控制自然的意图或没有祭祀习俗的采猎社会才有可能不出现货币（Hénaff, 2002；Testart, 2002）。

象的货币概念，这样做是十分必要的，因为货币现象建立在跨学科共同语言的概念之上。这正是《主权货币》（阿格列塔、奥尔良，主编，1998）一书试图要解决的问题。货币是社会从属关系的推动者，货币的普世性既建立在货币的这种本质基础上，也建立在货币作为社会交换媒介的本质基础之上。货币在最广泛的社会交换中充当媒介，在这些社会交换中货币作为社会全体性的代表运行着，这一点在现代社会和"原始社会"以及"前工业化社会"中并无区别。

本文对上述学派的理论进行了延展，从该学派在人们眼中的主要局限性出发，即与该学派理论的逻辑前提——假设商品经济中存在货币——的要求相反。但实际上它并不与通俗经济概念相悖，经济学的一般做法是通过经济功能列表来定义货币，将货币简化为覆盖在"真实"商品经济上的制度性面纱。本文首先综合性地展示了一些创新性观点，同时将这些观点归纳成三段式表述：债务—主权—信任（文章第一部分）。之后将介绍一种观点，即货币本身是一种可以根据自有逻辑再生的社会关系（与法律的性质相同），这就会产生两种关联性结果。其一会导致货币的一般属性（功能形式）与其非货币用途（并非用于货币再生的功能）分化（文章第二部分）。其二意味着不会将其简化成一种制度，而是同时检验货币"三态"，即其在世界上的三种表现形态，证明货币既是符号体系（语言），也是客观事物体系（物质），

## 第七章 货币的"三态"——货币现象的跨学科观点

同时还是规则体系（制度）（文章第三部分）。最后我们将绘制出货币的不同形态和形式之间的关系矩阵（文章第四部分）。这个矩阵完全基于债务—主权—信任的三角支柱关系，本意是展现出作为社会总现象的货币的表现。

### 一、货币的三角支柱：债务、主权和信任

《主权货币》一书中建立了一种货币理论，目标是使这一理论适用于所有社会的巨大范围，而不仅仅是当今世界上的资本主义社会范围。这一理论的根基是债务、主权和信任三种概念之间的关联性。

#### （一）货币与债务

所有拥有货币的社会都可以被看成一张债务关系网，这些债务虽然性质和起源可能有所不同，但它们都是由实体产品或符号产品所有权的转移引起的。债务可能源自不同类型的交易：人类与上帝或其他神明之间的捐赠、商业性质的交换，以及对集中收取的预交款或许诺进行再分配等。货币是一种媒介，它赋予了这些社会关系（债务）整体一种可以度量和量化的形式，这些社会关系也会构成此类拥有货币社会的必要环节。通过货币媒介，社会之间的相互依存关系出现了，以社会成员之间义务或相互权利为表现形式，当然这种形式也存在于社会成员和他们的集体组织之间，或者社会成

员与他们的代表之间，由此，社会相互依存关系就变成了均质化的债务与债权形式，只是负债程度有所不同。

因此，货币首先作为计量单位出现，也正是借助计量单位的功能，货币构成了社会全体统一的象征性表现形式，而且这是一种首要的表现形式。货币也推动了债务和债券在社会成员间流通，并给流通赋予了动态化的单位。货币在支付链中流通，让债务得以兑现，继而让债务可以在社会再生产的核心循环中被再次发起。货币同时作为计量单位和支付手段，也因此成为关键的社会联结，成为社会加总的推动者，推动着债务体系统一化，并赋予债务再生的动力。它在符号层面代表着社会全部，这种代表性也体现在它参与了社会全部的构建和再生，当然这里所说的社会全部也不一定必须先于货币而存在。

《主权货币》一书也引发了读者对生命负债的关注，这种最初或原始形态的负债在债务体系中占据核心地位。生命负债展现了这样的事实：在每个社会中人类都会经历出生、孕育生命和死亡的阶段，即他们接受、给予和归还生命。所以生命就成为被捐献的对象，这种捐献起源于极为特殊的负债关系，我们可以将它看作生命所负担的债务：每一个被社会承认的人都拥有生命资产（"生命储藏"），根据不同的社会地位，生命资产的数量和估值都会或多或少有所不同，它能够通过不同的方式被占有，也会成为各种交易的目标，这

## 第七章 货币的"三态"——货币现象的跨学科观点

些占有或交易的行为都会引起债务的创造和流通。

生命负债是社会再生的核心,原因在于,无论任何族群、任何社会,想要延续,都必须保证在经历成员大量死亡后仍然能够存在,而要想实现这一目标,就要通过持有整体的社会"生命资产"以及代际生命债务的转让[①]。这种持有和转让受到实体产品或符号产品的仪式性交易链保障,交易链完全符合个体的生命周期,将人类与超人类存在(祖先、上帝、神明、部落、国家、故乡)连在一起,通常出现在出生、入教、婚礼、葬礼、凶杀和祭祀等场合。货币的祭祀性支付也起源于此——作为受害生命的替代品,但同时也体现在族群间生命资产赤字的补偿性支付中,一般通过交易女性和凶杀的方式实现,之后随着中央政治权力出现进而产生了税收支付,当然,所有这些支付都与生命负债相关,只是表现形式有所不同[②]。

---

[①] "生命资产"反映的是这样一种事实:所有的一切都像在传统的社会中(当然需要注意这种表现在传统社会消失后仍然继续存在),存在着一种生命储藏的模式,除非人类已经感受到有必要恢复储藏了,否则这种能量的储藏是不会受到任何损害或威胁的(Hénaff, 2002: 298–299)。生命作为生物现象和社会存在,理所应当保有"其完整性;任何损害都会引发反向的作用行为,即补偿程序。生命负债就是如此"(同上,引自 Rospabé,1995)。

[②] 我们认为 Bernhard Laum 已经牢牢建立了"货币的宗教起源,或者更具体地说是货币的祭祀起源"(Scubla, 1985, note 73:213),同样地,货币不仅参与到了生育过程中,也参与了凶杀和死亡事件(尽管是为了反对这些事),很难仅仅用偶然事件来定义这种参与(同上引述,note 69, p. 88)。"如果我们因为金钱的性质与品质将其限定为支付方式,那么就应当将对神明的信仰视为金钱最初的起源"(Laum, 1992:61)。在"原始"社会中,货币与死亡之间的关系在 Daniel de Coppet 的著作中有详细记叙(详见 de Coppet, 1970)。

## （二）货币与主权

货币有关生命负债的概念引发了两个根本性的理论结果。第一个结果是货币现象的普世性由此建立起来：既然不存在人类永生的社会，那么生命负债就必然在所有社会中存在，但这并不意味着它在每个社会中的形态都一样，也不应当以一种社会的生命负债形式去思考另一个社会中的生命负债形式。如此一来，在现代资本主义社会中，通过经济学思想来否认生命债务的存在是徒劳的。主流经济学理论假想出了永生和无性的理性个体和纯粹契约型的私有债务，但是生命负债以社会债务形式存在于资本主义社会的时间也不会因此而缩短，这种社会债务以税收（个人对国家的终身债务）或者以其抵偿物——社会保险的支出（国家对所有公民的债务）为代表。

第二个结果是在货币—生命负债的关系中存在着货币与主权相关联的基础。死亡难道不是主权的第一种表现形式，而永生则是主权最初的起源吗？在符号层面，不死者的主权意味着，对于宗教人士而言，主权的行使范围存在过并且一直存在，它存在于生命范围之内或超出生命范畴之外，在主权的行使范围内人们想象并构建出了让人类诞生的宇宙力量。从这个角度看，生命负债也是一种对支配者、对权力机构的负债。正如约翰·罗杰斯·康芒斯（John R. Commons，

## 第七章 货币的"三态"——货币现象的跨学科观点

1934)所言,在人类生命过程中不可能做到真正的清偿,人们只能通过规律性支付来偿还(祭祀性支付、年税等),只有死后才能真正摆脱偿还债务的束缚①。由此也引出这样一种事实:政治主权是建立在族群永存基础上的主权,这种永存不会受到其成员生物学死亡的影响;族群主权不会经历死亡,相反,它会支配死亡。最终当主权践行不再由神权授予其合法性时,主权权力世俗性的特点就会显现出来,其合法性是基于保护个体和族群生命的能力而获得的。

通过对生命负债的描述可以看出,货币和主权之间保持了一种紧密的互相构成关系。因为通过货币的流通和连续不断的支付循环,社会才能不断实现繁衍再生,也因此主权权力机构才能在社会成员眼中被看成是永存的。但作为拥有无上权力的主权,也拥有控制死亡的合法性。它的再生可以暂时通过预先向活祭祀牺牲品强制索取生命的方式维持,这会让借助货币流通的方式变得无效,所以货币便不会再流通,生命负债也只能以最本质的牺牲生命的形式支付。主权的熵变让我们想起了货币囤积的例子,它会使货币流通萎缩,从而使社会的生命循环终止。

---

① 有一个非常明确的以货币税收形式支付生命负债的例子,详见 Bloch(1989: 182-188)对马达加斯加梅里纳(Merina)王国采用 hasina 支付的描述,以及其作为祭祀习俗的解释(Graeber,1996:19)。

### (三) 货币与信任

《主权货币》一书中提出的货币理论三部曲中的最后一部分谈及了信任问题。自从信贷货币超越金属货币,承认货币是基于信任的事实就很正常了。在外汇市场上,本国货币根据从金融机构获得的信任程度而得到估价,信任程度又根据国家货币机构承兑公共债务和私有债务的能力来判断。但是这种信任货币的信用度是否可以推广到所有货币呢?为了证实这一点,《主权货币》一书推动了信任的概念化,以至于信任的概念超越了与其较为相似的可信性的定义[①],并将其划分为三种形式:系统信任、等级信任和伦理信任[②]。

首先,系统信任通常被放在最靠前的位置,它属于一种模拟行为,据此,模拟行为个人会接受货币,是因为他人同样会接受货币,每个人都按照正常的思维方式相信货币在明天和后天都会以同样的价值被接受。其次,等级信任,即信

---

[①] 阿格列塔和奥尔良(2002)继西米昂(1934)之后再次着重强调货币是信任的联结,也是信任本身。

[②] 这三部分用英文表述可大致对应成 Confidence, Credibility 和 Trust。这种三段式的划分实际上印证了某些历史学家、社会学家和人类学家对信任问题的思考。François Thierry 使用他自己的研究方法对古代中国三种形式的信任进行了划分,他写道:"这些货币源于真实的金属票据,其价值取决于对政府的信任(等级信任),取决于交换使用的合法比率(系统信任)以及取决于民众的认同(伦理信任),除此之外不再受其他因素制约。……在信用货币流通的社会中,信任问题就是根本性问题。信任既建立在将管理者和被管理者联系在一起的关系上,也同样建立在确保管理者与被管理者之间契约效力的能力之上(伦理信任的另一重定义)"(Thierry, 1993:6-7)。

## 第七章 货币的"三态"——货币现象的跨学科观点

任的等级制形式,指的是货币受一种集体权力保障,集体权力本身也是从社会成员对保护性主权的信任身上汲取的灵感。最后,伦理信任指的是价值体系的象征性权威和集体规则可以被社会成员心甘情愿地接受,这也是构建社会从属关系的基础。一种货币,自从其发行、分配和流通方式能够在尊重价值和标准方面保证社会再生时起,它便拥有了伦理信任。因此,伦理信任是从属于等级信任的,正如合法性从属于平等,符号权威从属于政治权力。

根据这一定义,主权在信任中扮演着核心角色,因为如果主权是合法的,那么货币得到信任就有了保障,系统信任由等级信任保障,而等级信任又由伦理信任保障。

### 二、货币并不是其自身创造出来的事物

对于《主权货币》一书的作者而言,这本书在某些表达方面尚有不足之处。也正因如此,该作品问世后便很快被修订。一方面,米歇尔·阿格列塔和安德烈·奥尔良重新编撰了《货币的暴力》一书,并于2002年以《暴力与信任间的货币》的书名再版;另一方面,《货币由危机揭面》(泰雷主编,2007)一书也揭示了自《主权货币》一书出版后,一系列相关作品针对货币危机问题的研究。

我们可以从这些相关作品中提炼并继续研究的主要观点有:货币应当首先被看成一种实体,对它的定义不应当通过

货币的外在功能，而应该通过它自身构成的特性①进行。这一观点的依据是，货币危机并不一定是由货币体系与它所在的社会背景不适应而引起的，或者说，在社会化背景之外也会有冲击出现。一种危机也可能由货币体系自身建设不适宜而引发，也就是说，货币不能在领土内被构建成一种可以持续存在的体系。这就会导致人们从一开始便将货币看成拥有多种形式的特殊关系集合体——象征形式（计量单位、印章、签名）、金属形式（支付手段：硬币、纸币、手账）、制度形式（计量、支付、发行和外汇兑换的规则）。而将货币视作自身结构的实体则会有所不同，即一开始并不从货币多种用途的背景出发去研究货币，而是将其作为普遍的、拥有自身再生逻辑的社会联结去研究，当然这种逻辑还需要进一步解释清楚。

---

① 所以这里似乎又回到了"货币的本质问题"。这仍然是政治经济学奠基者们关注的问题，但是"似乎在19世纪中叶对经济学家而言丧失了全部合理性"，从那时起货币"被定性成能满足四大著名功能的一切事物"（Jevons，1876），"这似乎成了货币现象的根基"（Lagueux，1990:81）。我们由此得出这样一种结论性观点，货币不应该由其功能或者它创造出的事物来定义（正如 Dalton，1965），尤其是在人类学家 H. Codere（1968）看来，他创造了一种货币理论，认为货币是独特的象征体系，将四类象征下的二级体系串联起来：客体货币、计数或计量体系、称重或度量体系、商业账簿。近期，人类学家 A. Testart（2001）也同样批判了有关货币的功能性定义，并同时强调了对货币功能定义的模糊性；人们经常混淆"功能与导致功能的天赋"（2001:26）。但是后者又与货币的定义十分相似，因为货币创造出来的事物被想象成"一种或多种商品货币"……，其转让……在大多数支付中是有效并受欢迎的，而且货币是财富的最高阶形式（"货币的主要特征"），以及其"后续的功能，如交换方式、价值贮藏以及价值标准"（2001:34）。

# 第七章 货币的"三态"——货币现象的跨学科观点

## 货币的一般属性与非货币用途

上述的逻辑前提会使我们的研究与其他货币研究学派分裂,因为那些学派对货币的定义仅从商业交换和三种(或四种)货币功能出发,这里说的货币功能即价值标准、流通方式(或可分为交换方式和单边支付方式)和价值贮藏。异端经济理论通常自满于限制这些功能的数量和将这些功能按等级划分:一是认为贮藏功能不是货币特有的功能[1];二是认为计量单位功能从历史和逻辑上都应该是首位的;三是认为支付方式功能是派生功能,可以并入交换方式,但二者调换主次位置却是不成立的[2]。尽管这些理论有一定的进步性,但货币还是从其外部被定义的,而不是由其"本来面

---

[1] 各类学科的许多学者甚至认为货币在所有满足这项功能的工具中属于效率极低的一类,详见 Boyer - Xambeu, Deleplace, Gillard (1986); Courbis, Froment, Servet (1990); Thierry (1993); Ingham (1999); Blanc (2000); Davies (2002) 等。

[2] 正如卡尔·门格尔(Karl Menger)和路德维希·冯·米塞斯(Ludwig Von Mises)对这一观点的支持,对于他们而言,交换方式功能是货币的定义性功能,而支付方式功能或结算方式功能只是次级和派生的功能:"作为客体货币的功能让商品和资本的交易变得更简单……包含以货币价格支付和归还借款等,继续延伸讨论作为支付方式的特殊货币功能或使用方式既不是必要的,也无法得到证实(Menger, 引自 Von Mises, 1981:49)。对于冯·米塞斯而言,货币作为支付方式的定义是错误的,因为支付方式从法律思维和共同惯性思想角度来考虑属于非批判性接受。"从法律角度来看,债务问题是至关重要的,能够也应该得到重视,它完全(至少在某种层面)没有参考支付义务的来源。当然,货币除了交换媒介之外什么都不是,在法律层面和经济层面来说皆是如此。尽管不是完全出自这种考虑,但是法律层面的主要关切是货币的支付问题。当法律试图去回答'什么是货币?'这一问题时,则是为了确定货币债务怎样才能被结算。对于法律学家而言,货币是支付的媒介。而在经济学家看来,货币问题的表现则不尽相同,经济学家不能接受法律学家的观点,如果他们不希望从一开始就破坏了这些对经济理论进展起到贡献作用的研究对象"(同上引述)。

目"——在自身社会空间内创造出的特殊社会关系——来定义的。我们最终又重新陷入了现实/货币的二元理论，其中现实是第一位的，正如在商业货币的理论中所表述的那样，因为货币正是基于现实而被定义的。总而言之，

只坚持货币计量单位的角色，而试图逃避其三种现实功能的做法是不够的。在对待计量单位功能上存在着唯名论的观点，而在对待流通方式功能上则存在着承袭论的观点，如果将这两种观点并列，就会导致价值度量功能和交换媒介功能的习惯性脱节。度量功能和交换媒介功能通常来说都是需要独立分析的，所以自然不会对同样的经济客体——货币产生任何必要的逻辑贡献：价格度量功能被归于按习惯接受的铸币或者被归于观察者建立的标准本位上；交换媒介则是借助可能成为价值贮藏的财富实现的（Boyer - Xambeu. Deleplace：Gillard，1990：36）。

事实上，对货币功能的定义不能服务于货币的定义，因为货币作为特殊的社会关系，其功能形式并没有将其自身的运作包含在内。基于这种情况，构思货币功能的唯一方式就是将其与货币一般的抽象概念联系起来，这种抽象概念与人类学的不变量是息息相关的，所以应当成为所有货币经济学的前提假设。

支付功能与计量功能不应当被视为普通意义上的货币功能，引用凯恩斯定义计量货币时的表述，应当将它们表述成

## 第七章 货币的"三态"——货币现象的跨学科观点

"货币理论的首要概念"（引自 Ingham，2002：124）；它们构成了货币的"一般属性"（引自 Ingham，2002：124）、货币的本质和货币的基本形式。因此，严格来说，我们不应该谈论货币的功能，而应该说货币的用途，并以用途来命名货币在不同社会环境下的特殊形式（货币应当是这些社会的前提条件）。这与货币的计量和支付功能相反，因为用途不一定存在于所有的社会环境中。但这些货币的不同用途——价值贮藏、展示、政治权力/财富的象征代表、商业交易方式、抵押等——实际上能够与其实际运作相匹配，但这些实际运作不一定都是货币性的。从货币的逻辑去审视，这些实际运作是理性的，但是，从货币的一般属性来看，这些运作就是矛盾的，所以应当将这些行为看成货币危机潜在的来源。这一点在现代货币"价值贮藏功能"的例子中有明显的体现，即货币的用途直接威胁到了其支付的持续性①。

上述分析意味着货币的两种一般属性，即支付与计量，是不足以将货币定义成能够在时间上永久流传的社会关系的。

---

① 但是我们应当认识到这种"功能"详细规定了国家资本主义社会的货币,其作为价值贮藏的用途和转化为资本(金钱)的能力是属于下位的。货币的双重性也由此而来(阿格列塔,1988)。所以保留"金钱"这一说法对于命名现代货币是有用处的,这样就不会与广义或"通行的"货币相混淆,广义的货币在物质商品或符号商品的流通中起到媒介的作用,甚至在人员流通中也可以充当媒介,而社会再生产则被视为是金钱在起作用。这种差别呼应了一部分掌握英语的人类学家的观点,他们将现在资本主义国家中的 money 与流通在美拉尼西亚当地社会的 currencies 区分开(Robbins，Akin, 1999)。在德语中,对应的则是 Laum 地区所使用的 Munze/Geld 的区别(Bensa, 1992)。

货币需要拥有制度性维度，因此可以通过第三个一般属性来限定货币，即铸币产品。正因为货币是铸币产品，它才能根据法规被制造、发放和销毁。事实上，以铸币过程为媒介，货币的计量单位和支付方式功能就能够有效地实现再生。也正是通过铸币过程，计量体系才被烙在了这种物体上，它也由此变成了支付方式；而在经济原则和异质伦理支配的交易中使用这种支付方式则可以向上追溯到计量体系（尤其体现在计量单位方面）和铸币过程（见图7-1）。

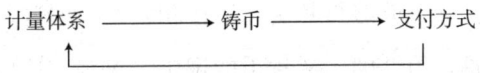

**图7-1 铸币推动下的货币功能形式循环**

实际上，单一计量体系与多重货币支付方式共存的情况会产生问题，而这个问题的答案就在于如何让这一组共存关系保持紧密的关联性，并能随着时间推移永久维系。因为除非是处于混乱的货币秩序当中，计量和支付不仅是账户结算和债务支付的后续行为，同时也属于在单一计量体系框架内多重交易范围的记账规则。货币的第三重一般属性应当被引入货币的组成公式中，它体现了货币也是一种秩序原则和集体行动有组织的凝聚，或者换句话说，是为了让货币永久存在的集体性意向（康芒斯，1934）。关于计量和支付的规则应当被制度化，这能保证计量的单一性得到遵守，也能保证支付形成体系。这种制度化是为了组建成支付社群，并让其长

## 第七章 货币的"三态"——货币现象的跨学科观点

久存在①。

值得特别注意的是，在当代单一计量单位和基数计量的体系中，计量单位的单一性始终会受到支付方式多样性的威胁。因为计量单位的单一性总会力图扩大多样支付方式的流通范围，甚至超出它们原始生效的范围，从而使这些支付方式产生竞争。某些支付方式品质相较于其他方式的相对信任也可能会受到质疑，从而导致计量单位的单一性受到威胁。实际上，采用同一种计量单位的支付方式之间一旦产生了质量和信用上的差异，这些支付方式相互间就会产生不可兑换的趋势。汇率不仅表面上看起来有差异，而且还会上下波动，这恰恰显示了计量体系的破裂②。单一计量体系订立了计量的社群，而多重支付方式则让人想起这种社群是具有社会性的，在其内部有多重交易范围或社会交换网络和支付方式共同存在。为了遏制这种单一计量体系和多重支付方式之间内在的矛盾，就需要一种制度来规范不同支付方式的发行与流通，这些制度因此

---

① 在古代中国,似乎很早便出现了这种要求(远远早于西方),这种要求被视为政治经济学领域的问题,可能与早期纸质货币的出现有关(Von Glahn, 1996:44; Lamouroux, 2007)。

② 我们可以在许多国家的社会中发现诸多有关计量体系崩塌过程的印记,这可能会导致领上的分裂和主权的破裂。由此查理大帝在颁布了"利弗尔、苏、旦尼尔"计量货币体系之后,这一体系又分裂成众多体系(esterlin, tournois, parisis, de gros flamand 等),在不同的计量体系中,利弗尔所代表的金属重量也有所不同(Davies, 2002)。我们发现古希腊塔兰、米那、斯塔特体系也存在着相同的划分(雅典—埃伊纳体系)(Lombard, 1971)。我们也可以想象一下当代的例子,阿根廷的省级财政货币自2001年起采用国家计量单位比索并大量发行,但其价值则根据不同省份和地方政府政策有所不同,导致了信任变化,由此产生的差异化却未推送出现,而是马上显露出来:布宜诺斯艾利斯发行的 Patacon 始终能够按照其表面标注价值通用,但在其他某些省份,这样发行的货币却相比于国家货币下跌50%(引自 Théret, Zanabria, 2006)。

成为构建支付社群与计量社群货币秩序的必要组成部分①。

在现代货币的案例中，集体社会或古代国家特有的多重交易范围分层已经被削弱了，取而代之的是三种主要交易秩序（市场、国家和家庭），但三者之间存在巨大差异。货币空间分裂的趋势需要双重解读：一方面通过印发资本货币来解释，这种货币与财税货币是不同的②；另一方面则要通过银行系统的多样性来解释，一旦部分发行银行经营状况恶化，那么以国家计量单位发行的银行货币就可能不会被继续认可③。只有当银行业整体得益于中央银行的担保时，中央银行才能作为最终贷款人抵制流动性不足的风险。唯有如此，在公众看来，银行货币之间按照惯例平行兑换以及与国家货币兑换才是正常的。这种保障是等级信任的基础，一般以银行接受一系列构建货币秩序的集体规则为前提条件④。

由于交易范围不同，计量体系可能会产生差异，从而进一

---

① Boyer – Xambeu、Deleplace 与 Gillard（1986,1990）十分清楚地展现了这种类型的矛盾，以及法国在16世纪对其进行的约束，那时流通着两种"硬币"作为支付方式，这些所谓的本土硬币由法国主权发行，并且加入了铸币税，外国硬币依靠其本身贵金属的属性进行估价。这种二元性引发了单一计量单位的紧张局势，表现为有发展趋势的通货膨胀。

② 这种财税货币应当首先属于"商业"铸币，财富的循环通过市场媒介得以闭环；而不属于"资本主义"铸币，通过"资本主义铸币，只有资本家可以参与到循环开启行动中，并且保证全部非物主个体的经济存在"（Iotti. 1990:63）。关于"资本主义铸币"，详见 Benetti、Cartelier(1980）。

③ 此处主要是指美国19世纪的例子，当时自由银行制度盛行。关于这一案例详见 Le Maux（2001）、Weiman（ed.）（2006），Le Maux et Scialom（2007）。

④ 相反，如果货币秩序被打乱，就可能引发等级制信任危机，正如20世纪90年代俄罗斯的情况。这种无序，在 Motamed – nejad 看来是由于规模最大的银行和企业并没有真正遵守其债务结算的限制（Motamed – nejad,2007）。

## 第七章 货币的"三态"——货币现象的跨学科观点

步导致支付社群产生分裂的风险。此类风险有可能产生威胁到支付社群存续的货币危机,但它只是货币危机两种可能性来源之一。另一种风险正相反,源于多重支付方式被破坏而引发的无差异化和集中。当掌控计量体系和决定计量单位的权力同时也让支付方式满足它自身的目的时,就诞生了货币在流通中驱逐其他支付方式的风险,同时这种货币也会入侵全体交易范畴。此类风险可能会被视为内生的或外生的,需要根据试图强制使用某种货币的铸币权力的起源来划分——权力要么源自社会内部的演变或变革,要么源自外来殖民环境。但是在这两种情况中,社会的分层或者异化总会不断被拿来供学者讨论,因为债务形式的多样性和高级层级经常受到质疑,之前占据上位的社会和解会被终止,这一点恰巧与伦理信任的危机相符[①]。货币规则同样应当有助于支付社群抵御集中化的风险。在差异化程度较低的社会案例中,这种风险的关键就在于丧失了短期个人主义秩序的全部自主性,相对于能够保证社会

---

[①] Sapir(2007)描述了苏联的情况,那是内生危机的典型案例。至于外生危机的例子,详见20世纪50年代尼日利亚提夫(Tiv)社会的例子,在那里,交易范围的分裂受到了质疑,正是由计量单位和所谓"现代"支付方式的殖民力量介入而引起的,这些力量让社会交易和支付整体产生了异化,同时也引起了可替代商品容量的减少、财富不平等的增加以及婚姻交换中货币抵押的通货膨胀(Bohannan,1959)。因此,新货币制度(由外部力量强迫使用,让现代流动性货币成为绝对财富)的结构性不平衡产生了,社会的价值和标准也会持续存在(让妇女和孩童成为财富的至高形式)。就像某些美拉尼西亚社会所展现的那样(Akin,Robbins ed.,1999),与Bohannan的判断相反,这种不平衡的消失并非一定会导致"原始"货币的消失和其所创造社会的瓦解,对集中化的抵制可能会导致现代货币转化成众多支付方式中的一种,从而最终被先前存在的货币规则框架所吸收。在1914年,美金也以同样的方式融入了中华帝国的货币体系,并且没有改变社会分裂的进程(Kuroda,2005)。

在长时期内完成再生的社会秩序，它会对商品交换起到支配作用（Bloch，Parry，1989）①。而对于差异化水平更高的社会，货币秩序虽然仍会被视为嵌套在商品交易秩序当中，但却不会与政治秩序相混淆，其合法性也不会与平等性混为一谈。由此，大战之后的货币危机就可以得到解释：由于国家在战争期间处于负积累状态，战后没有能力从货币集中化的趋势中抽身，而这种货币集中化在战争状态结束后便不再具有合法性了②。

何谓良币？从货币的一般属性与非货币用途的差别中不难看出，一种货币之所以被称为"良好"货币，需要从两种看似矛盾的观点去解释：一种观点要从"良好"货币再生的角度出发，而另一种观点要从要求这种货币发挥作用的经济大环境中着眼。这就解释了为什么"高品质的货币不一定能带来高质量的经济表现"，以及稳定的货币"不是强劲经济的保障，中世纪和当今时代皆是如此"（Davies，2002：172）。正如许多历史经验所展示的那样③，设立或恢复一种高质量的货

---

① 20世纪90年代古巴的美元化案例很好地印证了这一点（Marques Pereira，Théret，2007）。
② 例如20世纪20年代初在德国（Orléan，2007）和在俄罗斯（Després，2007）发生的超级通货膨胀危机。
③ 关于这一点，1696年"大重铸时代"的英国给我们带来了非常具有代表性的案例（Desmedt，2007），更为贴近当前情况的阿根廷货币委员会的例子也是如此（Sgard，2007）。18世纪日本德川幕府时期亦然，在经济萧条时期建立起"良币"在市场上发行流通，而通货膨胀时期便被看成经济繁荣时期（Carré，2007）。与之相反，4世纪罗马帝国的大型通货膨胀似乎并未给经济发展动力带来障碍（Carré，2007）。对于那些"原始"货币或异域货币而言，人们发现在新几内亚 Wodani 社会中，货币质量与经济发展通货紧缩之间具有相关性，斯特凡·布勒东（Stéphane Breton）对这一案例进行了描述，并认为这个例子可以推广到整个美拉尼西亚群岛（Breton，2002：213）。

## 第七章 货币的"三态"——货币现象的跨学科观点

币,即持久性货币,反而会付出高昂的经济代价,而经济代价可能表现为货币极度短缺和经济萧条,这时传统的观点"本质良好的货币一定对经济有良好的影响"也就失效了(Davies,2002:172)。什么对于货币来说是良好的?什么又是良好的经济环境?这种辩证的问题显示出了货币现象的自主性。由于每种社会环境下的货币现象均有所不同,每种社会全部的货币再生方式也都有差异,尤其是在代表社会全部的方式上①。由此引出了三种理论性结论。

首先就是"格雷欣法则"。根据这项法则,流通过程中劣币驱逐良币的现象必须被重新考虑,事实上,与此相关的是一种将超货币观点置于良币之上的前提条件。其实从债务流通和社会全部再生动力的货币观点来看,流通的货币就是良币。之所以称之为良币,仅仅是因为它最能满足贮藏价值的超货币功能,这种观点并不一定是从对经济和社会有利的角度去评判货币是否具有良好的"功能型"特点,所以"格雷欣法则"并不具有普遍性,即便假设其建立是科学的,它却仅仅在金属货币制度中才有意义。在金属货币制度中,金属货币市场的出现可能会导致货币停止流通(一旦按照金属

---

① 对于历史学家格林·戴维斯(Glyn Davis,2002:29-33)而言,这种辩证问题表现为不同历史时期的钟摆式运动,货币的质量与"债权人纯粹权力"相关,而货币的数量则与"债务人纯粹权力"相关,在这些历史时期,货币的质量与数量在流通中交替发挥主导作用。长期来看,货币质量与货币数量两极之间的钟摆运动具有复发性特征,在作者看来这种复发性特征构成了"货币元理论"。

的市场价值出售货币变得比使用货币更加有利可图时)(Fetter, 1932：493)①。当货币的形式完全采用信用货币时，一般情况下良币（人们对其投以信任）会驱逐劣币（人们对其失去信任），就像美元化过程所展示的那样（Fetter, 1932：492)。

从术语角度的差别来看，我们也不能将货币危机和金融危机二者混淆起来。事实上存在不是由货币的金融用途（这里指的是"金融"一词的现代含义）引发的货币危机，这种金融用途可能没有意义或被禁止，但货币危机却源于脆弱或调度能力较差的货币结构，或者源于相同空间内多种货币计量方式的混淆使用。一旦金融对货币产生了依赖，那么货币危机一定会扰乱金融机制，而金融危机也一定会伴随货币危机产生。但反过来，金融危机却不一定会引起货币危机，19世纪的法国社会给我们提供了几个例子②，甚至现代货币也可

---

① 实际上，即便把金属货币算在内，该法则的科学性也会受到质疑。根据 F. W. Fetter (1932) 的研究，这一法则在 19 世纪广受货币单本位主义者的推崇，当然我们不能将其归因在格雷欣 (Gresham, 1558) 身上，而应算在麦克劳德 (McLeod) 身上 [后主要由杰文斯 (Jevons) 接替]。麦克劳德的主要目的是反对有利于金银复本位制的学术观点，他在其中发现了引发货币无序化的因素，而借用了格雷欣的名字创立了一条普遍适用的自然法则，这在杰文斯看来则是"定理"，即估值较低的货币（在货币市场上）会驱逐估值较高货币的流通。Fetter 引述了吉芬 (1891：304) 的观点，"导致被驱逐出流通领域的原因不是货币的低质量，而是货币数量过多。这种驱逐的情况即使在所有货币都有相同质量的情况下也可能发生。格雷欣法则只是单纯解释了当发生货币过度供给时，哪种货币会被驱逐出流通领域，但在市场内部还存在不同价值货币之间的选择"(1932：495)。同样 Rolnick 和 Weber (1986) 也对此进行了批判，而 Selgin (1996) 则试图对其进行部分修订。

② 详见 Théret, 1990, tome 1, chapitre 3。

## 第七章 货币的"三态"——货币现象的跨学科观点

能会"由于经历了其价值的极大不稳定状态,从而无法继续保证其价值贮藏功能,但是却不会自动丧失其支付工具和计量单位的性质……"(库尔比斯、弗罗芒、塞尔韦,1990:12)。

其实只有在信用货币占主导地位且存在国家公债的历史背景下,金融危机才会很罕见地对货币层面不产生任何影响和负面结果。

对货币一般属性和非货币独立性用途的区分,最终意味着货币的经济维度和政治符号维度存在着潜在矛盾。事实上,政治符号维度的良币不一定是经济层面的良币,即使在某些历史情况下这两种逻辑之间存在过道德层面的妥协一致情形。此外,根据两种不同角度,良币的定义可能会完全颠倒,这种定义的颠倒可能表现为:通过货币制度构建统一政治社会的主体、财富的内涵以及该社会中出现的社会利益对比关系(本质上是债权人和债务人之间的力量关系对比)。受篇幅所限,此处我们无法将这一观点完全展开研究,只是粗略地介绍两个历史案例,那就是1696年在英国发生的货币大重铸事件①,而之后我们也会提到2002年设立欧元的案例。

英国在经历了1688年"光荣革命"后,于1689年陷入了同法国对抗的"九年战争",而在这之后英国又遭遇了一次铸币制度的重大危机。面对这场危机,于1694年建立起来

---

① 这里我们主要基于以下作者的研究:Fay(1933),Appleby(1976),Caffentzis(1989),Diatkine(1988),Dang(1997),Kleer(2004),Larkin(2006),Desmedt(2007)。

的英格兰银行竟然束手无策①。在17世纪的英国，金属银是一种固定计量单位的参考金属，与其市场价格相比，银的价值被货币当局结构性地低估了，这就引发了对银币的切边行为和造假行为，甚至还有将其作为金属出口的行为发生。这些现象在15世纪90年代激增，达到了史无前例的广度，主要是由于战争融资的需求，以至于官方法定的银币金属含量与实际银币金属含量的差距从1686年的12%上升到了1696年的55%。一项严重的支付体系危机也就由此产生了——铸币严重缺乏、低质量的银币仍在流通——所以国内和国外的交易也出现了危机，同时伴随着巨大的通货膨胀和汇率跌落。

此次危机爆发后，为了摆脱危机，涌现出了大批"专家"，他们或多或少都与手握权力的政治人物有关联②，专家们在经历了密集的争论后得出了三种不同的摆脱危机策略，我们可以将这三种策略分别对应到三位人物身上，即罗恩德斯、达芬南和洛克。第一位罗恩德斯是国库秘书，他支持当时大多数"经济学家"的观点，即尽量避免按硬币固有的原标准价值重铸货币，因为这样必然引发通货紧缩③。为此他建议按照原先的标准，贬值25%重铸货币。第二位是达芬

---

① 在大重铸当年，英格兰银行已经位于破产边缘，只能宣布暂时关闭。
② 此处笔者参考了400余篇与此问题相关的论文。
③ Kleer(2004)认为，对于罗恩德斯和国库而言，问题的关键在于补贴持有金属的金融家——银行家和税收者——以便从他们那里获得战争融资借贷。

南，他的策略在当时相对冷门，少有人听取。他建议等待最优的重铸时机并且用信贷货币对持有人进行补偿。第三种策略来自洛克，他支持在危机情况下仍按照原先的标准重铸货币。最终国王纪尧姆三世（Guillaume Ⅲ）采纳了洛克的策略，并由议会通过实施。但这种策略的代价是：一方面，经济危机由于货币短缺而加重——银质货币块被削减为原来的一半，而新的硬币继续被出口；另一方面，战争缺乏支持资金，而以不利的条件告终。

诚然，罗恩德斯和达芬南的提议是有实用意义的，也是出于商业秩序和税收金融秩序的经济考虑，而洛克的策略则稍显纸上谈兵，是建立在政治象征秩序之上的。对于洛克而言，良币不是那些严格按照经济需求铸成的货币，而是一种"一旦铸币标准被确定，就应当永久不变，并严格按照这一不可侵犯的标准铸造"的货币[1][2]。洛克认为"主权（通过贬值方式）和国民（通过造假方式）都不能得到合法授权，所以不能按照他们各自的利益来控制货币，因为货币本身有其天然价值"（德梅特，2007：329）。

事实上，"被严格用金银定义的货币，拥有唯一的、普遍的和想象的价值"，所以它既不能"从实用视角中产生"，

---

[1] Locke. *Some Considerations of the Consequences of the Lowering of Interest, and Raising the Value of Money*. London, 1696.

[2] 引自 Larkin(2006:19)。

也不能被兑换,甚至不能够"被外在的铸币过程所影响"(Appleby, 1976:55)。

这一概念"归化"了货币,计量单位被简化为各种硬币含银量的度量标准。它与刚刚建立的新自由主义政治制度有着紧密联系,并从这种联系的紧密性中获得权力,所以说洛克也是这种政治制度的伟大思想先驱。

对于洛克而言,货币的发明要先于国家,货币是自然原始状态的组成部分,那是一种资源富足的状态,每个人都可以自由地获得自然资源而不会对他人造成损害,私人占有仅受到每个个体劳动能力的限制。然而这种私人占有和占有限制的矛盾催生了交换,交换的发展导致了货币的发明,这让积累资源变为可能,但交换同时也导致了"不平等和不按比例地占有",所以货币的出现终止了人类之间关系的自我调节。也由此开始,摆脱自然原始状态和建立带有主权权力的公民政府的必要性凸显出来,原因在于这种主权权力能够调节不平等所带来的冲突。

因此,在洛克看来,货币拥有主权机构的地位,甚至在等级上要高于国家地位,因为国家只拥有隶属于主权权力的执行权力,所以国家不能改变从原始自然时期就得到默许的货币定义。那时新的议会君主制政治体系还相当脆弱,它只能通过巩固货币定义价值的方式使货币神圣化。因为议会君主制度承继自货币,货币仿佛成为这种制度合法性和权威性

## 第七章 货币的"三态"——货币现象的跨学科观点

的前提条件,所以需要在伦理和信任永久货币方面——依靠铸币制度与新社会和政治秩序建立原则之间的紧密关系——建立起新货币和金融体系的等级信任,这种体系在英格兰银行成立后便出现了。在最终立场选择的背后隐藏了一些政治经济学的问题,因此,在这样一个英格兰历史上饱受批判的时期,政治象征超越经济现实也是符合逻辑的。新国家制度化和合法化的必要性以及货币在构建这种国家的政治团体中发挥的作用,超越了一切短期的经济考虑。

虽然政治象征的行为在英国自由议会君主制中扮演了奠基者的角色,但欧元的建立①并非没有引起这种政治象征的货币行为。欧元的设立实际上也采用了类似的方式,即通过货币来加强新政治秩序的动力,同时缔造出了具有创始性和合法性的货币符号。在强力的欧元政策中,其货币锚由提供价值保障的权力机构锁定,这就意味着其制定脱离了行政权和立法权的控制范围。在纯粹信用货币的背景下,欧元的货币锚是一种类似于恒定锚的功能型等价物,恒定锚的恒定性体现在它从先令磅数以金属重量规定的时代算起,已经持续了两个多世纪。为了要制造一种强货币,就需要将欧元建设成一种强力符号,甚至可以和国际体系的关键外汇——美元相抗衡。但这样做的代价是欧元背后的经济无法遵守新货币

---

① 我们也可以列举德国统一后推行东德和西德马克平价的例子,在确定的兑换期限内给予东德马克高估价(就像英国的例子一样,先在1696年前几个月让切边先令恢复其名义价值)。

鼓动者所作出的承诺,即货币统一的驱动效应会革新经济发展的动力,而且会在新的货币区内出台反通货膨胀政策①。一种良好的货币政策并不一定要在经济层面有完美的表现,而在铸币方面,通常是政治逻辑碾压经济逻辑。

也就是说,在我们刚刚引述的两个案例中,政治性的良币是强力货币,价值是被高估的,有通货紧缩的趋势,而经济性的良币则相反,它代表了一种更弱化和丰裕的货币。这些情形让我们想到了"重商主义"的结构配置,其中政治是受有固定收入的债权人(定期利息收益者)社群支持的,所以政治会优先向外部看齐。比起领土内部的经济和社会情况,政治更为关心与其他政治主权整体的相对权力关系。但是也有相反的情况,即政治性良币恰恰变成了丰裕货币,有通货膨胀的趋势并且有利于债务人,而经济性良币则被设计成一种更加稳健、便于价值储藏的货币。当政治优先考虑的是当权者自身负债而非人民时,这种情况便会发生;相反,经济权力掌握在资产阶级手中,他们优先考虑的是由出口带来的经济增长,这种情形在拉丁美洲一再发生,特别是在阿根廷。

---

① 很难衡量欧盟和欧元未来在长期为了遵守承诺而尚未付出的代价,但我们却可以将2005年立宪全民公投的失败归咎于此。在经历英利弗尔按照旧标准大重铸之后,我们认为重铸行为除了在中短期会产生使经济发展乏力的效果,在英国之后两个半世纪金本位制度下的财富和国力发展方面也并非全无积极作用。

第七章 货币的"三态"——货币现象的跨学科观点

## 三、货币的"三态"

上述的一些观点可能或多或少地打破了当代的常识,却为我们进一步分析货币现象首要和自主的社会现实指明了道路。我们仍然要秉持货币是社会关系的观点,认为货币从前可以根据自身逻辑,通过不同功能形式间的博弈而再生,但为了做下一步分析,我们还需要纳入另一种观点,即认为货币是以三种形式出现的社会现象,我们将这些形式称为"态"(参考物质的三态:气态、固态和液态)。实际上,根据货币在世界上出现的形式,我们可以将其划分为:融入态,即作为价值和信任标准出现的货币;客化态,主要用来表示用作支付方式的货币工具;制度态,指通过各种规则和调节手段统一了货币空间,它受计量体系支配并创造出了支付社群。

### (一)融入态货币:计量与信任

让我们回到信任的话题,从社会心理层面分析货币现象,在这一层面出现的货币可以称为融入态货币。信任最后的落脚点是对计量体系稳定性的信任,要知道计量行为首先是一种精神活动。谈到融入问题,意味着货币出现在人甚至是其使用者身上,并成为他们行为习惯的一部分,被纳入他们的行为体系,所以信任会体现在每个个体身上。此时货币应该被看成"符号层面被广泛使用的交际媒介"(Ganssmann,

1988）和"特殊的语言"（Ganssmann，2001），它能让人们之间的交际目标变成建立联系与开启对社会和经济交易的信任。此处正是货币的象征性维度在发挥作用。它作为符号体系在运作，也正因得益于此，被共享的符号和标志才能被用来交换（Codere，1968；Wennerlind，2001；Hart，2007）①。如同语言学符号一样，货币符号也能表达含义、传递信息以及创造共同经历。对货币的信任就像是"通过货币交际"取得的成果一般（Ganssmann，2001：146）。

这种交际学的观点破解了卡尔·门格尔提出的"货币之谜"：为什么经济主体用有价值的物品去换没有价值的货币？实际上，"符号的选择背后没有任何理性可言，只能去理解这种选择"。而"作为符号的物品其固有的重要性越低，交易时就越不容易受到想要获得这种物品的外界利益干扰"（Ganssmann，2001：149）。

此外，如果我们继续沿着汉纳·甘思曼（Heiner Ganssmann）的研究来看，成功的交易可以指导行动，这意味着"被用作符号的物品"具有如下三种属性。

一种符号应当在包含其他符号的环境中具有独特的可辨认性；符号应当被重复使用，以便能够经常被辨认出来且让

---

① 货币是一种符号甚至语言形式的观点具有很长的历史，可以追溯到政治经济学起源时，以洛克、孟德斯鸠和杜尔哥为代表［详见 Giacometti（1984），Lagueux（1990），Rosier（1990）］，他们关心的仍然是货币的本质问题。

## 第七章 货币的"三态"——货币现象的跨学科观点

使用者在未来对其抱有期待；符号需要表明它自身的含义，而且同时表明它适用于何种游戏规则（Ganssmann，2001：148）①。

然而也正是这些属性构成了信任形式的基础，这些形式在《主权货币》一书中被称为逻辑信任和伦理信任，这两种信任都建立在个体对代表现象的自动从属地位的基础上，这里的代表现象是指个体来源于社会全部，而个体也同时和支付社群内部其他成员共享该社群。

逻辑信任事实上处在货币符号交易的日常惯例中。反过来，日常使用货币符号则会增添对其质量的信任，"人们在参与货币符号使用的同时显示出对货币的信任"（Wennerlind，2001：3）。由于"从那时起，人们也开始显示出他们在社会秩序中共享着集体信任"（Wennerlind，2001：3），伦理信任出自逻辑信任，二者相互提供支撑。其实逻辑信任与支付方式相关联，而伦理信任则与计量体系有关系。支付方式是客观的符号，这种符号在日常交换中被接受，为的是建立

---

① "就货币理论而言,后续我们应当将关于货币价值的传统观点先放一放。货币价值解释了其功能,同时将货币与作为客观物体的货币和一切能用货币购买的物品具有的共同属性隔绝开。这种货币与商品,即在货币交易中出现的物品之间具有物质关联适应性。而在历史上,此类关联可能自从商品货币开始使用时就已经存在了。但需要明确这并非货币运行的必要前提条件。所有必要的条件只是在买卖时相关经济主体之间的相互理解。为了保障经济主体之间能够相互理解,他们应当同意按照建立起来的规则行动。使用一切作为货币符号运作的物体,一方面能够表现出已经建立的规则,另一方面也是构成交易过程的基本要素,这样一来,交易才能促成经济主体间相互理解,继而控制他们的行为"(Ganssmann, 2001:148)。

起逻辑信任。计量单位正好相反，是一种个人与社会全部之间关系的抽象符号，是表示对社群向的从属关系的符号，在这个社群中，人们使用相同的语言表示价格和价目。对该符号的接受虽然与支付方式相关，但只有当支付方式组成统一的体系，形成完全的指令时，支付社群才能与计量社群合二为一。伦理信任就是对上述指令的信任。因此，使用货币会传播对货币的信任，这种自我加强的过程蕴含着语言的特殊本质，那就是允许"其使用者之间共同的理解，即使缺少控制这种理解传播的绝对权威，语言本身也能够不断繁衍发展"（Wennerlind, 2001: 3）。

从这一观点入手分析，我们会发现在自由银行制度拥护者眼里，似乎不需要引入某种权威或某种权力来建立对货币的信任。但如果这种论断成立，就要撇开一种现实情况，那就是获取货币的难易程度是不平等的：货币不仅仅是一种认知资源、一种公认的抽象计量体系，同时也是支付方式的集合，这些支付方式是不平等地分布在社会上的债权，也是私人占有或控制的目标①。货币是可以在支付社群内周期性地被创造、分发、摧毁和再创造的符号集合，即使支付社群不能控制这一过程。货币可能属于支付社群的一部分，这

---

① 引自 Crump(1978)。语言也是一种权力资源，一种特殊的符号资本，这要根据人们是否会在合适的情境下使用它，它的发展也是政治权力进行调节——标准化的目标（引自 Bourdieu, 1995: 83-84）。

## 第七章 货币的"三态"——货币现象的跨学科观点

一点在货币危机时期体现得尤为明显。货币在支付社群中不是作为合作工具或协调工具而出现的,而是一种权利资源,这种资源的不平等分配是无可辩解的,也是饱受争议的,所以它也成为冲突的源泉[①]。对货币的信任不能只扎根在其引发调控的能力上,也同样根植于其在发行和分配支付方式方面的冲突调节能力,而且这种能力应该是首要的。被信任的货币除非得到社会和解,否则也不能成为良好的协调者。

社会和解正是由于等级信任才得到了充分展现,这会让我们想起对现实货币语言的日常性和伦理性服从,虽然这种服从是自动产生的,但也会因获取货币难易程度不平等而受到限制。这就意味着对货币的接受建立在通过等级制调节货币权力所带来的保护感基础上,调节此类货币权力依靠的是法律义务和强制力。相应地,伦理信任的含义也发生了变化,因为现在我们已经不再处于自发社会秩序的模式中了。制度体系围绕获得货币的问题,对由此产生的冲突进行调节,并促进了利益和解,这种和解是货币作为协调者所必需的。除非货币游戏建立起的规则具有合法性,所谓合法性,即这种规则对于价值和标准来说是恰当的,否则处于这种制度化体系中的等级信任实际上不可能

---

① 正如 Andreau(2001)所描述的古罗马与债务相关的支付危机所展现的那样。

被经济主体接纳。因此，价值和标准构筑了经济主体对社会全部的服从（这里的社会全部是指计量社群和支付社群结合起来构成的主权形式）。伦理信任也从中获得了超货币的维度，确切地说就是货币的历史和文化维度。

### （二）客化态货币：客体货币、支付方式

客化形态表明，对货币的信任只是货币协调经济主体间行为的前提条件。为了让货币交易发展起来，不仅需要有质量、有保障的支付方式存在，支付方式的数量也必须充足，以此保证债务能够被结清。为了研究货币客化态，钱币学家和人类学家将目光集中到了货币工具、支付方式和流通货币上，它们是最能纯粹表达出货币客化态的方式。这里所说的客化态不能再从单一语言的角度去理解，它想要表达的是客观物体体系的媒介。在这一层面上，货币（而非支付工具）的真实本质问题被提出来，针对"货币是或应该是什么"这一问题的经济学分析，历史上多次出现的"左"的观点再次集中涌现（通货学派/银行学派；单本位制/双本位制；金银本位主义/美元本位主义；自由银行制度/集中制；货币学派/凯恩斯学派）。人类学家基思·哈特（Keith Hart）用货币（或者银行纸币）的两面来打比方，目的是让大家注意到让货币理论突破单线定义的壁垒是非常必要的，就像要同时考

## 第七章 货币的"三态"——货币现象的跨学科观点

虑到货币拥有两面一样①:

在带有人像的一面,政治权力机构的象征被印在了硬币上;而在反面,则明确地印有这枚硬币在交换支付中价值几何。一面提醒了我们是国家在印制的过程中给货币加上了印记,而且货币自始至终都是社会中人与人之间关系的体现……另一面则意味着货币作为独立于参与者的一种数量比例,能够融入其他事物之中并与之建立的明确关系,无论这些关系是何种特殊的交易。从这个角度来说,货币就如同一种商品,它遵循的逻辑就是匿名市场的逻辑。……大多数的货币理论都会优先看到一个面,而忽略另一个面。……但是硬币由两面组成,就很好地证明了这两种关系是缺一不可的。与此同时,货币也是人与人之间关系的一种反映,但又脱离于人(Hart, 1986: 638-639)。

但我们难道不应该再前进一步,发现硬币实际上不只包含正反两个面,而是三个维度吗?硬币同样还有一层厚度,没有这层厚度它就还是完全抽象的概念。这种厚度赋予了硬币物质感和重量,此二者在很长一段时间内都起到了让它背面标注的价值合法化的作用,同时标明了硬币的信用度,也

---

① Hart 认为参照硬币是具有隐喻意义的,两面的对立对于"原始"社会也同样有参照意义,就像 Trobriands 社会中 kula 和 gimwali 之间的对立一样,也就是说,人们之间仪式性的捐赠交换,其中政治权力——威望——也发挥了作用,当然,经济学性质和商业性质的个体之间实用物品的交换也体现了货币的两面对立(1986:647)。

就是说，保证了硬币的官方价值，允许统一的权力机构将人与人之间的关系印在了硬币正面。换言之，对一枚硬币而言，支付方式的厚度象征了货币的第三重一般属性，即铸币的属性，铸币属性让以计量单位表现的价值应用到了所有的支付方式中。这就意味着不存在没有印发规则和流通规则的支付方式，即不存在没有制度维度的货币。因此，套用基思·哈特的话，我们可以说货币由三个面组成，这很好地证明了这三个维度是缺一不可的："货币同时也是人类关系的反映""是脱离于人的存在"，同时也是一种连接人与物的制度形式，一种让"事物脱离于人"的制度规则，它被选出来为的是展现出赋予它合法性的人与人之间的关系。

### （三）制度态货币：铸币与调节

上述分析为我们引入了货币的第三态，也就是其专有的社会形态——制度态。在制度态下，货币作为支付社群的政治形式出现。支付社群是货币形式下的社会群体，我们可以将支付社群详细定义为社会的货币化表达，它首先在一种特殊的计量体系（或计量单位）中脱颖而出：当一个群体围绕着一种数量化的价值记账方式统一起来（这里指的是一种纯数量化的基数计数，或者将数量计算并入质量计算的序数计数），所有条件都会聚合起来，以便这个群体形成支付社群，在支付社群中不同的支付工具都可以相互兑换。在社群内部，

## 第七章 货币的"三态"——货币现象的跨学科观点

不同的社会权利和义务,无论其起源是商业交换、捐赠(人与人之间或人与主权权力之间)、补偿、贡税还是担保,都可以被数量化,采用同质的债权与债务形式,由共同的基准和相同的标准框架呈现出来。社会的形式就变成了一张由债务编织成的关系网,首先是靠计量体系织成①,之后又要靠支付方式的流通来编织。

在最本质的交易中,债务的起源表现为多重支付方式,每个交易范围都先验性地被认为拥有自己的支付方式,这些支付方式有效性和质量的信任源泉都是在各自交易范围内的;每种支付方式根据起源不同都有各自的生效空间,生效空间与交易范围和货币使用网相关,在有效的空间内该支付方式被接受,并且在逻辑信任的基础上顺利流通。

因此,支付社群也是一种社会,在其内部流通着一系列的支付方式,这些支付方式依托计量体系连接起来(例如,由于这些方式被写明,则可以按照固定比率兑换成一种共同的计量单位,这就是最简单的纯基数化计数,然后演变成了当代社会的标准),这一系列支付方式形成的全部(即实际货币)与抽象体系(即想象货币)构成了支付社群特有货币

---

① 通常我们将计量体系简化成计量单位,但这会让计量体系建立在计量单位上的关系变得隐晦,即该体系对我们而言是"自然的",因为西方货币的发展轨迹所依靠的运算法则是唯一的,这些运算法则又支配着计数的基础。由于存在着不受这一体系支配的货币,应当承认社会之间的差异不仅仅体现在计量单位上,更广义来看是体现在计量体系上,计量体系会赋予每个社会特有的客观物体——货币间的连接关系。

的两个基本面。因此，货币被社会承认，社会也借助于货币给予个人、事物、符号、行为、权利和义务一种数量化的价值。作为计量体系，货币让社会变成了均质化分配价值的空间，当然要排除社会中断的情形，它也是社会全部和社会从属的表达。而作为全部支付方式，货币又让价值借交易的机会完成分配，这样就将社会成员连接起来，当然这需要借助被社会承认和有效的支付行为，所以这也等同于承认并强化了社会从属。

总结来说，为了要让货币成为社会全部的真正代表，并且能够操控社会从属，也为了让货币成为社会全部再生媒介，货币自身就必须能够永存，而且必须要采取一种制度化的形式，以此确保其单一计量形式与多重支付形式之间的矛盾能够得到调节。因此，甘思曼所言是有道理的，他认为：

只有当经济主体按照规则使用货币时，货币才真正存在。货币的使用规则对货币来说是具有建设性的，这并不是客观事物的本质［为了使用货币被挑选出来］，而是遵从货币所订立下的游戏规则（Ganssmann, 2001: 141-142）。

并由此引出了如下观点：

货币关系的分析……其首要任务就是定义制度规则体系，定义规则体系同时与计量单位的定义和支付工具的定义相关。……这些规则就是在连接计量和支付的必要过程中起到决定性作用的铸币规则（Boyer - Xambeu. Deleplace et Gillard,

1990：35）。

因此，这些规则是所有货币自身制度化维度的核心。

被货币体制所控制的货币组成了计量和支付社群，因此如同信任（融入态货币）和支付方式（客化态货币）一样拥有了三角结构，表现为：一是货币发行者之间的冲突（支付方式的竞争）；二是当货币发行者处于相同的计量体系时，发行者之间的合作——调配（暗示了支付方式之间的兑换）；三是诞生于冲突的秩序（货币发行者之间的和解）与通过铸币规则稳定调配的集体性行为。因此，货币的概念可以由交易和继续经营（going concern）的公式来表达，这要归功于约翰·罗杰斯·康芒斯（1934）(Théret, 2001：105)。图7-2展示了货币的横向、纵向、个体之间以及个体—集体间的不同维度。

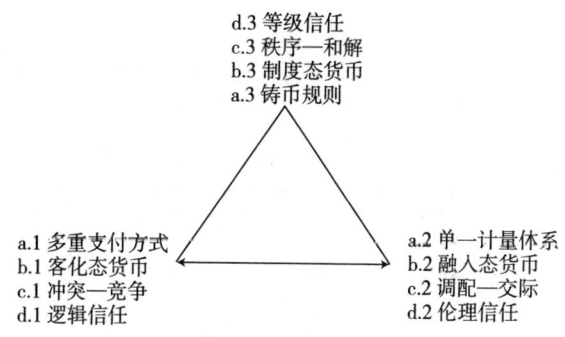

图7-2 作为计量和支付社群代表的货币三角结构

## 四、货币——全部的社会现象

从前面的分析中可以看出,货币既是特殊的语言符号(计量体系),又是客观物体(支付工具),也是一种制度(铸币规则)。它不仅仅是客观物体、一种商业交换的一般商品,虽然这是经济学对它最广义的定义;它也不能简化为一种简单的交际语言,虽然某些社会学家推崇这一观点;它也不仅仅是一种制度、一种规则体系,虽然制度经济学通常这样认为。它是全部的社会事实,同时拥有三个维度,所以货币现象同时是符号性、经济性和政治性的①。

### (一) 多重形式和形态之外的货币现象单一性

作为社会全部现象的货币以多重形态展开:它出现在心

---

① "一枚货币由国家轧制,是经济产物,也是政治产物。人们对其信任,它有了信仰和信用,所以既是经济学现象又是思想现象,甚至是心理的、习惯的和传统的现象。每个社会都因其思想、技术和经济等方面而有不同的货币。政治、思想和经济仅仅是社会艺术的元素,即共同生活的艺术"(Mauss,引述自 Tarot, 1999:658)。说到社会全部现象,就回到了"承认人类参与的所有事实的符号维度,人也是其中起决定作用的一部分。对这些事实的认识,仅取决于视觉对焦的变化。我们可以在企业中只看到经济现象,并且仅从这个单一的视角去分析它。但是由于这个现象中包含了许多其他现象,我们也可以不将经济现象从社会组织中完全剥离出来,我们可以发现这些经济现象反映的是价值事实,而从意识形态的角度来看则是权力现象,它们会加强、使用强制力或者再生。…… 社会全部现象是对过度抽象的修正,因为过度抽象可能有悖于科学,也可能对意识形态产生危害,社会全部现象是单一具体性对所有可能性的压制,是用发展中或进行时描述事物的意愿,因为科学只是服务于现实,而我们却没有现实的科学。…… 因此,全部社会现象的观点就是对社会相当集中,甚至单一角度去分析社会的结果。如果我们将这种分析延伸得尽可能远,科学就会受到限制,将它曾经认为应该排除在外的东西再度引入,因为现实强迫它这样做"(Tarot, 1999:658)。

## 第七章 货币的"三态"——货币现象的跨学科观点

理层面,出现在物质世界,也出现在社会领域,在每个领域都以特殊的形式出现。但是在每种形态中,我们都能发现三种功能形式——计量、铸币以及支付,这些形式让货币以社会形式永久地运行和不断再生。在货币的所有态中,能够再生的都具有相同的内在结构。这就让货币现象有了单一性,货币的每种功能形式都是它的一种形态的烙印,也因此这些形式之间被永久连接了起来(见表7-1)。

然而,在货币的每种形态下,处于等级制上位的功能形式都有所不同,所以我们可以将每种形态与一种主导的功能形式相对应。

表7-1 货币的内部结构

| | 货币态 | 功能形式 | | |
| --- | --- | --- | --- | --- |
| | | 计量 | 铸币 | 支付 |
| 以"社会信仰"原则建立起的象征(符号)体系 | 融入态 | **伦理信任**<br>与权力机构规定的价值相关 | 等级信任<br>与不同货币发行者的垂直货币权力合法性相关 | 逻辑信任<br>与支付方式的价值稳定性相关 |
| | 心理模式 | 计划 | 策略 | 惯例 |
| 主权框架下建立的行为主体(政治)体系 | 制度态 | 通过计量体系在货币领土内建立符号统一 | **货币制度的建设性政治和解** | 债务异质化,支付方式发行者多重化 |
| | 集体行为 | 长期(结构上) | 中期(局势上) | 短期(事件上) |

续表

|  | 货币态 | 功能形式 | | |
| --- | --- | --- | --- | --- |
|  |  | 计量 | 铸币 | 支付 |
| 促进债务流通—更新的客观事物（经济）体系 | 客化态 | 正面：计量社群内部主权当局的象征 | 厚度：铸币质量"锚定"的制度性保障 | 背面：支付方式计数的票面价值 |
|  | 估值原则 | 印章、签字 | 金属重量、汇兑 | 名义原则 |

尽管计量体系首先属于制度建设行为，但这并不会影响它作为货币融入形式的语言符号，因为这一功能将支付体系置于伦理信任的基础地位，而伦理信任又是开启融入过程穹顶的钥匙。至于客化态的货币，它首先和支付联系起来，是首要功能形式货币工具的数量化价值。最后，铸币是货币制度化的母体形式，它作为社会力量的政治和解而出现，是具有根本性的。对于这些社会力量而言，单一计量，即主权形式，与多重支付（表现为债务的社会连接异质化）是不同社会关切的载体，当然这要在二者不处于对立关系时才能实现。对于它们的时间性而言，长期的是规划，中期的是策略，而运行是即时性的。

所以货币同时是精神现象和社会现象，是个人现象和集体现象，亦是理想现象和物质现象。其本质是经济的（支付方式流通的广义经济学）、政治的（冲突与和解制度围绕着：影响计量体系和命名计量单位的权力；针对支付方式发行—毁坏的法律调节），也是符号的（计量体系、计量单位的表现,以及作为社会全部现象的某些支付方式;社会从属价值中货币游戏规则的伦理基础)。

从社会学的角度解析,货币可以被看成一种"文化资本"。关于这里"资本"的含义,我们沿用皮埃尔·布尔迪厄(Pierre Bourdieu, 1977)的观点,认为它是一种符号性的资源。一方面,这种资源出现在持续的时间中(所以也出现在主权的时间性中);另一方面,它是有融入性和建设性的,在可延续性商品中具有客观性,并且以组织建设规则的形式实现制度化。通过三种形态,货币倾向于被赋予存续性,变成发明或引入货币的社会的文化遗产[1]。

## (二)价值论中性与支配客观化之间的货币

从货币社会学的特点出发,一方面,可以推断出,我们只有在领土概念的背景下才会给予货币价值,领土领域中货币实际上作为文化资本运行(如果不是这样,货币就只是公认的空壳形式,却没有价值);另一方面,我们也可以看出,由于货币具有普遍抽象的特点,它成为一种可以用来掩盖社

---

[1] 这明显地表现出"计量单位的命名在相当长的时期都具有很强的稳定性,而其中的现实包括与其相关的货币和支付工具,它们在本质、数量和质量方面却经受了多重且巨大的变化"(Servet, 1998:296,这里将分析目标对准了前殖民时期的非洲货币)。与我们更贴近的例子是,"当我们谈论法郎,谈论英镑或者谈论美元时,我们指的是抽象的空想实体,其最显著的特点就是能够长期存续,而这些抽象实体具有概念网络,在这个网络中,国家、民族、领土和主权的概念相互交错,这就令我们总能联想到政治"(Piron, 1992:9)。

会关系的符号形式,这些社会关系被货币用面纱遮住,而反过来在实际情况下给予货币实在的内容,那就是在每个社会中的货币铸币制度与货币的特殊通途。因为一种货币同时也是具有代表性的权力资源(此处的代表即社会全部的象征以及在交易中具有实用性的符号),当一切似乎良好地运行时,我们便不会承认货币分配是不平等的。由于货币运行时没有直接和明显的物理暴力(自从诞生于献祭,它甚至成为暴力的替代品),通过集体支配代表的内化,或者逻辑信任和伦理信任的从属,或者排除支付社群,货币可能会变成符号暴力最复杂的形式之一。也正因如此,它曾经能够,如今有时也仍然能够由国家操控,代替物理暴力的合法垄断,就如同美拉尼西亚社会的情况(de Coppet, 1998;Breton, 2002)。同样因为如此,在货币社会中人的生活不能离开货币,当一种货币被摧毁时,更多的新货币会如雨后春笋般出现。

　　认为货币是一种符号和文化资本的观点有两种非常重要的意义。第一,作为普遍的形式,货币成为用来表达多重用途的恰当语言,也能掩盖住差异化巨大的社会关系,包括从最平等的社会关系到等级制最森严的社会关系。因此我们不应陷入"货币的假设"中(Cartelier, 2004)。诚然,货币本身内部蕴含着等级制原则,等级制的秩序对货币的存续是必要的,具体表现为在部分货币中产生了集体行动的原则;货币也是一种符号发明,它让人类社会的生与死分隔开,也让人

## 第七章 货币的"三态"——货币现象的跨学科观点

类社会收回了部分形式的主权。第二,作为全部的权力形式,货币将权力赋予能够垄断、控制它的人,但这并不意味着它自己一定要转化为支配权。货币可以只充当一种工具,通过其固有的能力来掩盖社会关系,但它也完全可以平均分配权力。这完全取决于它的体系,甚至其铸币制度。无论是货币体系还是铸币制度,这些都属于集体行动的形式,它们明显不是独立于社会关系的。因此,恰如莫里斯·布洛克(M. Bloch)和乔纳森·帕里(J. Parry)(1989:22)的观点,货币自身一般不带有任何的意义和精神价值,而是从它充当媒介的社会关系中借用意义和价值,当然这一切要在它作为文化资本运行的社会环境中进行[1]。否则我们不能理解平均主义的集体社会与传统和现代的不平等社会都使用货币来表现自身的社会总和。

但是货币不只是一种掩藏社会关系和建立社会联系的特殊语言。货币是一种将异质化试图同质化的形式、可能保证分隔的社会事物相接连的形式、可能让不可比较的事物进行对比的形式,货币确保了社会结构的持续性,因此也有助于引入甚至掩藏社会划分。通过调动数字的力量,货币适合于将阶级的斗争变成名次的竞争,也适合于将社会对抗和状态差异置换成统一局面下的不平等。因此,它具有内在天然的掩藏或模糊能力,甚至对于它充当媒介作用的社会关系,货

---

[1] 同样地,海伦·科黛尔(Helen Codere)认为"货币作为象征符号,有着与所有从属于符号和技术世界的物体一样的精神中立性"(1968:note 2,576)。

币也可以掩盖或模糊化。在这里我们可以看到与马克思货币拜物教理论相吻合的观点，马克思的这一理论源于部分人类学家的观点，但也可以扩展到资本主义出现之前的经济学范畴，因为"在资本主义社会里，交换物品也可能被物化崇拜"（Bloch，Parry，1989：1）。因此，货币拜物教不只关系到在实际商品或象征商品（劳动力）交换中的有效的资本主义金钱，这些金钱以等价交换的形式掩盖了支配关系的事实。尽管与等价交换的形式相反，但原始货币在贩卖人口或交易人权的时候也掩盖了支配关系，美拉尼西亚人形货币就是非常好的例子（Rospabé，1995；Breton，2002）。

所以只有在发生货币危机的时候，被货币隐藏的支配关系才会逐渐浮现出来，也就是说，在社会或领土范围内，铸币制度的控制形式可能暗含了分配关系，这种权力是超出社会参与者共有权力的，可以在社会中掌控货币的创造和分配。在危机中，被单一货币体制和其运行制度隐藏起来的冲突全部再次出现：货币发行者之间的冲突。货币权力与货币社会使用者之间的冲突来源于社会内部占主导地位控制方式的分配冲突，以及主权与货币之间的冲突。

在一种货币被赋予价值的货币空间里，如果我们不考虑各种社会和领土冲突的调控方式，我们便无法预言这种货币的未来。

## 参考文献

Aglietta, Michel (1988).《L'ambivalence de l'argent》, *Revue française d'économie*, 3(3), p. 87 – 133.

Aglietta, Michel et Orléan, André (dir.) (1998). *La monnaie souveraine*, Paris, Odile Jacob.

Aglietta, Michel et Orléan, André (2002). *La monnaie entre violence et confiance*, Paris, Odile Jacob.

Akin, Joel & Robbins, David (eds) (1999). *Money and Modernity. State and Local Currencies in Melanesia*, Pittsburg, University of Pittsburg Press.

Andreau, Jean (2001). *Banques et affaires dans le monde romain. IV$^e$ siècle av. J. – C. – III$^e$ siècle ap. J. – C.*, Paris, Seuil.

Appleby, Joyce o. (1976), "*Locke, Liberalism and the natural Law of Money*", *Past and Present*, 71, May, p. 43 – 69.

Benetti, Carlo & Cartelier, Jean (1980), *Marchands, salariat et capitalistes*, Paris, François Maspéro.

Bensa, Alban (1992).《Présentation de Genèse et nature de la monnaie, de Bernhard Laum》, *Genèses*, N° 8, p. 60 – 64.

Blanc, Jérôme (2000). *Les monnaies parallèles. Unité et diversité du fait monétaire.* Paris, L'Harmattan.

Bloch, Maurice (1989). "The symbolism of money in Imerina." in J. Parry & M. Bloch (eds), *Money and the Morality of Exchange*, Cambridge,

UK, Cambridge University Press, p. 165 – 190.

Bloch, Maurice & Parry, Jonathan (1989). "Introduction : money and the morality of exchange", *in* J. Parry & M. Bloch (eds), *Money and the Morality of Exchange*, Cambridge, UK, Cambridge University Press, p. 1 – 32.

Bohannan, Paul (1959). "The Impact of Money on an African Subsistence Economy." *Journal of Economic History*, 19(4), p. 491 – 503.

Bourdieu, Pierre (1979). 《Les trois états du capital culturel》, *Actes de la recherche en sciences sociales*, 30, 3 – 6.

Bourdieu, Pierre (1995). 《L'État et la concentration du capital symbolique》, *in* B. Théret (dir.), *L'État, la finance et le social. Souveraineté nationale et construction européenne*, Paris, La Découverte, p. 73 – 96.

Boyer – Xambeu, Marie – Thérèse, Deleplace, Ghislain et Gillard, Lucien (1986). *Monnaie privée et pouvoir des princes*, Paris, FNSP – Éditions du CNRS.

Boyer – Xambeu, Marie – Thérèse, Deleplace, Ghislain et Gillard, Lucien (1990). 《Vers une typologie des régimes monétaires》, *Cahiers d'économie politique*, N° 18, p. 31 – 60.

Breton, Stéphane (2002). 《Tuer, manger, payer. L'alliance monétaire des Wodani de Papouasie occidentale》, *L'Homme. Revue française d'anthropologie*, N° 162, p. 197 – 232.

Caffentzis, C. George (1989). *Clipped Coins, Abused Words and Civil Government: John Locke's Philosophy of Money*, Brooklyn, N.Y., Autonomedia.

Carré, Guillaume (2007), 《Stratagèmes monétaires. Les crises du numéraire en métal précieux dans le Japon du XVIII$^e$ siècle》, *in* B. Théret (dir.), *La monnaie dévoilée par ses crises*, Paris, Éditions de l'EHESS, Vol. 1, p. 233 – 264.

Carrié, Jean – Michel (2007), 《Les crises monétaires de l'Empire romain tardif (274 – 360 ap. J. – C. )》, *in* B. Théret (dir.), *La monnaie dévoilée par ses crises*, Paris, Éditions de l'EHESS, Vol. 1, p. 131 – 164.

Cartelier, Jean (2007), "The Hypostasis of money: An Economic Point of View", *Cambridge Journal of Economics*, 31(2), p. 217 – 233.

Codere, Helen (1968), 《Money – exchange Systems and a Theory of Money》, *Man*, New Series, 3(4), p. 557 – 577.

Commons, John R. (1934), *Institutional economics*. New Brunswick, Transaction Books, 1990.

de Coppet, Daniel (1970), 《La monnaie : présence des morts et mesure du temps.》 *L'Homme*, X(1), p. 17 – 39.

de Coppet, Daniel (1998), 《Une monnaie pour une communauté mélanésienne comparée à la nôtre pour l'individu des sociétés européennes》, *in* M. Aglietta et A. Orléan (dir.), *La monnaie souveraine*, Paris, Odile Jacob, p. 159 – 211.

Courbis Bernard, Froment Éric et Servet Jean – Michel (1990). 《À propos du concept de monnaie》, *Cahiers d'économie politique*, N° 18, p. 5 – 29.

Crump, Thomas (1978). "Money and number: The Trojan Horse of Language", *Man*, New Series, 13(4), p. 503 – 518.

Dalton, George (1965). "Primitive Money", *American Anthropologist*,

67(1), p. 44 – 65.

Dang, Ai – Thu (1997), 《Monnaie, libéralisme et cohésion sociale : autour de John Locke》, *Revue économique*, 48(3), p. 761 – 771.

Davies, Glyn (2002). A History of Money. *From Ancient Times to the Present Day*, Cardiff, University of Wales Press.

Desmedt, Ludovic (2007), 《Les fondements monétaires de la "révolution financière" anglaise : le tournant de 1696》, *in* B. Théret (dir.), *La monnaie dévoilée par ses crises*, Paris, Éditions de l'EHESS, Vol. 1, p. 311 – 338.

Després, Laure (2007), 《La crise monétaire de la première transition russe, 1918 – 1924》, *in* B. Théret (dir.), *La monnaie dévoilée par ses crises*, Paris, Éditions de l'EHESS, Vol. 2, p. 51 – 80.

Diatkine, Daniel (1988), 《La monnaie dans la philosophie poli – tique de John Locke》, *Économie et Sociétés*, série Œconomia, 3, p. 3 – 16.

Fay, C. R. (1933), "Locke versus Lowndes", *Cambridge Historical Journal*, 4(2), p. 143 – 155.

Fetter, Frank W. (1932). "Some neglected Aspects of Gresham's Law", *Quarterly Journal of Economics*, 46(3), p. 480 – 495.

Ganssmann, Heiner (1988). "Money: a symbolically generalized medium of communication? on the concept of money in recent sociology", *Economy and Society*, 17(3), p. 285 – 316.

Ganssmann, Heiner (2001). 《La monnaie comme fait social》, *Sciences de la société*, N° 52, p. 137 – 157.

Giacometti, Jacques (1984),《Langage et monnaie chez Locke et Turgot》, Œconomia – Économies et Sociétés, PE (1), XVIII (3), p. 119 – 137.

Giffen, Robert (1891), "The Gresham Law", Economic Journal, 1 (2), p. 304 – 306.

Graeber, David (1996), "Beads and Money: notes toward a Theory of Wealth and Power", American Ethnologist, 23(1), p. 4 – 24.

Hart, Keith (1986). "Heads or Tails? Two sides of the coin", Man, 21(4), p. 637 – 656.

Hart, Keith (2007). "If money talks, what language does it speak?", in S. Gudeman & A. Klammer (eds), Persuasion in Economic Life, Oxford and New York, Berghahn Books.

Hénaff, Marcel, (2002). Le prix de la vérité. Le don, l'argent, la philosophie. Paris, Seuil.

Ingham, Geoffrey (1999). "Capitalism, money and banking: a critique of recent historical sociology", British Journal of Sociology, 50(1), p. 77 – 96.

Ingham, Geoffrey (2002). "New monetary spaces?" in The Future of Money, Paris, OCDE, p. 123 – 145.

Iotti, Laurence (1990),《Contribution à la théorie du monnayage : "Money and Trade" de John Law》, Cahiers d'économie politique, N° 18, p. 63 – 79.

Jevons, Stanley (1876), Money and the Mecanism of Exchange, D. Appleton and Co., New York.

Kleer, Richard A. (2004), "'The ruine of their Diana': Lowndes,

Locke, and the bankers", *History of Political Economy*, 36(3), p. 533 – 556.

Kuroda, Akinobu (2005), "The Collapse of the Chinese Imperial Monetary System", *in* K. Sugihara (ed.), *Japan, China, and the Growth of the Asian International Economy*, 1850 – 1949, Oxford, Oxford University Press, p. 103 – 126.

Lagueux, Maurice (1990), 《À propos de Montesquieu et de Turgot : Peut – on encore parler de la monnaie comme d'un "signe"》, *Cahiers d'économie politique*, N° 18, p. 81 – 96.

Lamouroux, Christian (2007), 《Bureaucratie et monnaie dans la chine du xie siècle : les désordres monétaires au Shaanxi》, *in* B. Théret (dir.), *La monnaie dévoilée par ses crises*, Paris, Éditions de l'EHESS, vol. 1, p. 171 – 204.

Larkin, Charles (2006), *The Great Recoinage of* 1696. *Developments in Monetary Theory*, Working Paper, Department of Economics & Institute for International Integration Studies, Trinity College, Dublin.

Laum, Bernhard (1992). 《Genèse et nature de la monnaie》, (chapitre 5 d'*Argent sacré. Analyse historique de l'origine sacrée de l'argent*), *Genèses*, N° 8, p. 65 – 85.

Le Maux, Laurent, 2001. 《Le prêt en dernier ressort. Les chambres de compensation aux États – Unis durant le XIX$^e$ siècle》, *Annales HSS*, 6, p. 1223 – 1251.

Le Maux, Laurent, et Laurence Scialom (2007), 《Antagonismes monétaires et constitution d'une banque centrale au États – Unis (1865 –

1935)》, *in* B. Théret ( dir. ), *La monnaie dévoilée par ses crises*, Paris, Éditions de l'EHESS, Vol. 1, p. 339 – 368.

Lombard, Maurice (1971). *Monnaie et histoire d'Alexandre à Mahomet*, Paris, Éditions de l'EHESS, 2001.

Marques Pereira, Jaime et Bruno Théret (2007), 《Dualité monétaire et souveraineté à cuba ( 1989 – 2001 )》, *in* B. Théret ( dir. ), *La monnaie dévoilée par ses crises*, Paris, Éditions de l'EHESS, Vol. 1, p. 429 – 460.

Motamed – Nejad, Ramine (2007), 《Ordre monétaire, pouvoir patrimonial et crises de paiement en Russie post – socialiste, 1992 – 1998》, *in* B. Théret ( dir. ), *La monnaie dévoilée par ses crises*, Paris, Éditions de l'EHESS, Vol. 2, p. 117 – 151.

Orléan, André (2007), 《L'hyperinflation allemande des années 1920》, *in* B. Théret ( dir. ), *La monnaie dévoilée par ses crises*, Paris, Éditions de l'EHESS, Vol. 2, p. 187 – 219.

Parry, Jonathan & Bloch, Maurice ( eds ) (1989), *Money and the Morality of Exchange*, Cambridge, UK, Cambridge University Press.

Piron, Sylvain (1992), *L'abstraction monétaire et la première construction des monnaies nationales ( $XIII^e - XIV^e$ siècles )*, mémoire de DEA, EHESS.

Robbins, David & Akin, Joel (1999). "An Introduction to Melanesian currencies. Agency, Identity, and Social Reproduction", *in* Akin, J. & Robbins, D. ( eds ). *Money and Modernity. State and Local Currencies in Melanesia.* Pittsburg, University of Pittsburg Press, p. 1 – 40.

Rolnick, Arthur J. & Weber, Warren E. (1986), "Gresham's Law or Gresham's Fallacy?", *Journal of Political Economy*, 94(1), p. 185–199.

Rosier, Michel (1990), 《Les marchandises et le signe : Turgot versus Montesquieu》, *Cahiers d'économie politique*, N° 18, p. 97–107.

Rospabé, Philippe (1995). *La dette de vie. Aux origines de la monnaie sauvage*, Paris, La découverte/MAUSS.

Sallnow, Mike (1989). "Precious metals in the Andean moral economy." in J. Parry & M. Bloch (eds.), *Money and the Morality of Exchange*, Cambridge, UK, Cambridge University Press, p. 209–231.

Sapir, Jacques (2007), 《Crises et désordres monétaires dans le système soviétique》, *in* B. Théret (dir.), *La monnaie dévoilée par ses crises*, Paris, Éditions de l'EHESS, Vol. 2, p. 81–115.

Scubla, Lucien (1985). *Logiques de la réciprocité*, cahiers du CREA, N° 6, Septembre, Paris.

Selgin, George (1996), "Salvaging Gresham's Law: The Good, the Bad, and the Illegal", *Journal of Money, Credit and Banking*, 28(4), Part 1, p. 637–649.

Servet, Jean-Michel (1993). 《L'institution monétaire de la société selon Karl Polanyi》, *Revue économique*, 44(6), p. 1127–1149.

Servet, Jean-Michel (1998). 《Démonétarisation et remonétarisation en Afrique occidentale et Équatoriale (XIX$^e$–XX$^e$ siècles)》, *in* Aglietta, M. & Orléan, A. (dir.), *La monnaie souveraine*. Paris, Odile Jacob, p. 289–324.

Sgard, Jérôme (2007), 《Hyperinflation et reconstruction de la monnaie nationale : une comparaison de l'Argentine et du Brésil, 1990 - 2002》, in B. Théret (dir.), *La monnaie dévoilée par ses crises*, Paris, Éditions de l'EHESS, Vol. 1, p. 461 - 488.

Simiand, François (1934). 《La monnaie réalité sociale》, *Les annales sociologiques*, série D, no. fasc. 1, p. 1 - 58.

Tarot, Camille (1999), *De Durkheim à Mauss, l'invention du symbolique. Sociologie et sciences des religions*, Paris, La Découverte/ MAUSS.

Testart, Alain (2002), 《Moyen d'échange/moyen de paiement. Des monnaies en général et plus particulièrement des primitives》, *in* Testart, A. (sld) *Aux origines de la monnaie*, Paris, Errance, p. 11 - 60.

Théret, Bruno (1990). *Croissance et crises de l'État. Essai sur l'économie de l'État français depuis l'Ancien Régime jusqu'à la crise des années 1930*. Paris, Éditions de l'IRIS.

Théret, Bruno (1998), 《De la dualité des dettes et de la monnaie dans les sociétés salariales》, *in* M. Aglietta et A. Orléan (dir.), *La monnaie souveraine*, Paris, Odile Jacob, p. 253 - 287.

Théret, Bruno (1999), 《The Socio - Political Dimensions of the currency : Implications for the Transition to the Euro》, *Journal of Consumer Policy*, 22(1 - 2), p. 51 - 79.

Théret, Bruno (2001), 《Saisir les faits économiques : la méthode commons》, *Cahiers d'économie politique*, N° 40 - 41, p. 79 - 137.

Théret, Bruno et Zanabria, Miguel (2006), 《L'expérience argentine des monnaies fiscales provinciales dans la crise de la convertibilité : une comparaison de leurs succès et échecs visant à mettre à jour les conditions de viabilité d'un régime de monnayage véri - tablement fédéral》, Seminario Internacional Escenarios de salida de crisis y estrategias de desarollo para Argentina, Universidad de Buenos Aires, 18 - 20 avril.

Théret, Bruno ( dir. ) ( 2007 ). *La monnaie dévoilée par ses crises*, Paris, Éditions de l'EHESS.

Thierry, François ( 1993 ). 《De la nature fiduciaire de la monnaie chinoise》, *Bulletin du cercle d'études numismatiques*, 30( 1 ), p. 1 - 11.

Von Glahn, Richard ( 1996 ). *Fountain of Fortune. Money and Monetary Policy in China*, 1000 - 1700, Berkeley, University of California Press.

Von Mises, Ludwig ( 1981 ). *The Theory of Money and Credit*, Indianapolis, Liberty Fund.

Weiman David ( ed. ) ( 2006 ), "The formation of an American monetary union", N° spécial de la *Financial History Review*, 13( 1 ).

Wennerlind, Carl ( 2001 ). "Money talks, but what is it saying? Semiotics of money and social control", *Journal of Economic Issues*, 35( 3 ), p. 557 - 574.

# 附 录 | APPENDIX

## 附录 I  核心概念及术语翻译索引

**A**

ambivalence de l'argent 货币双重性（ch4）

ancrage immuable 恒定锚（ch7）

ancrage monétaire 货币锚（ch7）

ancrage nominal 名义锚（ch6）

apparence réelle 真实表象（ch3）

approche individualiste des institutions 制度个人主义学派（ch3）

approche institutionnaliste de la monnaie 货币制度学派（ch1）

approche instrumentale de la monnaie 货币工具学派（ch1）

approche substantiviste de l'anthropologie économique 人类经济学实用主义学派（ch5）

Aré-aré 阿雷阿雷（人）（社会）（ch3）（ch6）

autonomie de l'économie 经济自主性（ch3）

autonomie de la croyance 信仰自主性（ch1）

autorité morale 精神权威（ch1）

## B

banque concurrentielle 竞争性银行（ch6）

bien réel 实体产品（ch7）

bien symbolique 符号产品（ch7）

billet de banque 银行券（ch4）

bon d'emploi 好用之物（ch1）

## C

capital de vie 生命资产（ch7）

centralisation monétaire 货币集中化（ch7）

chambre de compensation 票据交易所（ch3）

chartalisme 名目主义（ch5）

clôture des comptes 闭账（ch6）

cohésion sociale 社会凝聚（ch6）

commensurabilité 可公度性（ch3）

communauté de compte 计量社群（ch7）

communauté de paiement 支付社群（ch5）（ch7）

compromis sociaux 社会和解（ch7）

comportement de groupe 群体行为（ch2）

composition mimétique des désirs 模拟欲望集合（ch1）

confiance éthique 伦理信任（ch7）

confiance hiérarchique 等级信任（ch7）

confiance méthodique 逻辑信任（ch5）（ch7）

confiance monétaire 货币信任（ch1）

confrontation coloniale 殖民对抗（ch5）

contagion sociale 社会传导（ch2）

contamination mimétique 模拟传染（ch2）

convergence mimétique 模拟趋同（ch2）

croyance collective 集体信仰（ch1）（ch5）

croyance monétaire 货币信仰（ch1）

croyance sociale 社会信仰（ch1）

## D

déficit de socialisation 社会化赤字（ch2）

déméfiance 不质疑（ch3）

dette de vie 生命负债（ch4）（ch7）

dette primordiale 原始债务（ch3）

dette sociale 社会债务（ch3）

désutilité 负效用（ch3）

différenciation 差异化（ch2）

différenciation monétaire 货币分化（ch2）

dotation initiale 原始配置（ch6）

dualité individu - société 个体—社会二元性（ch6）

dualisation de l'unité de compte 计量单位两极化（ch5）

E

économie décentralisée 分权经济（ch6）

économie de crédit 信用经济（ch6）

effet *bootstrap* 靴带效应（ch6）

effet de seuil 门槛效应（ch2）

élément supra - individuel 超个体事件（ch6）

entropie 熵增

espace monétaire 货币空间（ch7）

état de la monnaie 货币态（ch7）

état incorporé 融入态（ch7）

état institutionnalisé 制度态（ch7）

état objectivé 客化态（ch7）

être social 社会本质（ch6）

évolution explosive 爆发式发展（ch2）

évolution implosive 闭合式发展（ch2）

F

fait monétaire 货币现象（ch5）（ch7）

fait social total 社会总现象（ch4）（ch7）

fiat monnaies 法定货币（法币）(ch1)

foi sociale 社会信仰（ch5）

foi socio – psychologique, quasi religieuse 近似宗教的社会心理信仰（ch5）

fonction monétaire 货币功能（ch7）

fongibilité générale 一般可兑换性（ch5）

forme fonctionnelle monétaire 货币功能形式（ch7）

## G

Great Recoinage 大重铸时代（ch7）

## H

Hôtel des Monnaies 铸币所（ch6）

hypothèse intermédiaire 中阶假设（ch6）

hiérarchie de la valeur 价值等级制（ch3）（ch6）

## I

illusion monétaire 货币幻觉（ch2）

imbrications de la dette et de la monnaie 货币与债务的嵌套（ch6）

indexation 指数化（效应）（ch2）

indifférenciation 去差异化（ch2）

inertie réelle 实际惯性（ch2）

## L

lettre de change domestique 境内汇票（ch4）

lien social 社会联结（ch3）（ch4）（ch5）（ch6）（ch7）

livre – sou – denier 利弗尔—苏—旦尼尔（ch6）

loi du reflux 潮汐定律（ch6）

## M

matrice des paiements 支付矩阵（ch6）

marchand d'argent 金银商人（ch4）

mentalité de club 俱乐部精神（ch3）

modèle à générations imbriquées 代际交叠模型（ch1）

modèle de prospection monétaire 法定货币模型（ch1）

monétisation de créance 债权货币化（ch4）

monétisation du capital 资本货币化（ch6）

monnaie bancaire 银行货币（ch4）

monnaie capitaliste 资本货币（ch7）

monnaie centrale 中央货币（ch2）

monnaie cérémonielle 仪式货币（ch5）

monnaie de compte 计量货币（ch4）

monnaie fiduciaire 信贷货币（ch4）

monnaie fiscale 财税货币（ch7）

monnaie imaginaire 想象货币（ch4）

monnaie marchande/monnaie – marchandise（moderne）（现代）商业货币（ch4）（ch5）

monnaie sauvage 原始货币（ch5）

monnaie scripturale 代表货币（ch3）（ch4）（ch5）

monnaie – signe 符号货币（ch4）

monnaie territoriale 领土货币（ch5）

monopole de monnayage 铸币垄断（ch4）

moyen de paiement 支付方式（ch7）

## N

néo – chartalisme 新名目主义（ch5）

## O

objet de spéculation 投机标的（ch6）

objet économique 经济客体（ch3）

objet – monnaie 货币客体（ch5）

objet spéculatif 投机标的物（ch2）

octroi de crédits 授信（ch6）

ordo – libéralisme 奥尔多自由主义（ch3）（ch6）

ordre monétaire 货币秩序（ch3）

outsiders 鱼腩部队（ch3）

**P**

paiement sacrificiel 献祭支付（ch5）

paiement par écriture 手书支付（ch4）

paléomonnaie 古币（ch4）（ch5）

phénomène de nucléation 核化现象（ch2）

polarisation mimétique 模拟极化（ch2）

pouvoir de la monnaie 货币权力（ch1）

pratique monétaire 货币实践（ch5）

représentation monétaire 货币表现（ch1）

prêteur en dernier 最终贷款人（ch3）

principe de monnayage 铸币原则（ch6）

principe de règlement des soldes 差额结算原则（ch6）

propriétaire privé 私有物权（ch3）

propriété générique 一般属性（ch7）

puissance morale de la société 社会道德力量（ch1）

puissance de la monnaie 货币力量（ch1）

**R**

rapport social 社会关系（ch7）

réalité sociale 社会现实（ch7）

reconnaissance des symboles 符号认同（ch6）

réductionnisme économiste 经济还原论（ch2）

reformulation du rapport monétaire 货币关系重构（ch2）

régime d'accumulation 积累体制（ch2）

Rentenmark 地产抵押马克（ch1）

représentation de la monnaie 货币表现（ch5）

retournement de la violence 暴力倒转（ch2）

## S

sanction du marché 市场惩罚（ch6）

sociation 社群（ch5）

société primitive 原始社会（ch7）

société pré-industrielle 前工业化社会（ch7）

soldes non nuls 非零差额（ch6）

solvabilité 债务偿付能力（ch6）

souveraineté monétaire 货币主权（ch2）

spéculation auto-réalitrice 自我实现式投机（ch2）

spéculation autovalidante 自我生效式动机（ch2）

stratification financière 融资生层（ch2）

stratification monétaire 货币生层（ch2）

substantialisme de la valeur 价值实体论（ch2）

support de monnayage 铸币材料（ch6）

système à monnayage – capital 铸币—资本体系（ch6）

système attique et éginète 雅典—埃伊纳体系（ch7）

système de paiement 支付体系（ch6）

système florin – gros 弗罗林—厚币体系（ch4）

système hiérarchisé 等级制（货币）体系（ch2）

système métallique avec crédit 有信贷金属铸币体系（ch6）

système métallique sans crédit 无信贷金属铸币体系（ch6）

# T

talent – mine – statère 塔兰、米那、斯塔特（ch7）

tendance centralisatrice（货币）集中式倾向（ch2）

tendance fractionnante（货币）分裂式倾向（ch2）

tendance monétaire 货币倾向（ch2）

titre de créance 债权证（ch4）

totalité sociale 社会全体（性）（ch3）（ch7）

totalisation sociale 社会加总（ch6）

tout social 社会全部（ch3）（ch6）（ch7）

transfert de l'impureté 不纯转让（ch2）

# U

unité de compte 计量单位（ch7）

unité de compte commun 共同计量单位（ch6）

usage monétaire 货币用途（ch7）

usage non monétaire 非货币用途（ch7）

usage non proprement monétaire 非货币独立性用途（ch7）

## V

valeur proprement asociale 纯粹非社会价值（ch3）

valeur ultime de la société 最高社会价值（ch3）

valoir contre 被动价值（ch5）

valoir pour 使动价值（ch5）

violence essentielle 固有暴力（ch2）

violence fondatrice 原始暴力（ch2）

violence réciproque 逆向暴力（ch2）

violence unanime 全员性暴力（ch2）

voltairien 伏尔泰学派的（ch1）

## 附录 Ⅱ　主要人名翻译索引

Alain Caillé 阿兰·迦耶

Alain Testart 阿兰·泰斯塔尔

André Orléan 安德烈·奥尔良

Bernard Courbis 贝尔纳·库尔比斯

Bernard Schmitt 贝尔纳·施米特

Bruno Théret 布律诺·泰雷

Carlo Benetti 卡洛·贝内蒂

Charles Malamoud 夏尔·马拉穆

Charles P. Kindleberger 查尔斯·P. 金德尔伯格

Claude Lévi-Strauss 克洛德·列维-斯特劳斯

Christian Palloix 克里斯蒂安·帕卢瓦

Daniel de Coppet 丹尼尔·德科佩

Edward Nell 爱德华·内尔

Éric Froment 埃里克·弗罗芒

Fernand Braudel 费尔南·布罗代尔

François Simiand 弗朗索瓦·西米昂

Geoffrey Ingham 杰弗里·英厄姆

Georg Friedrich Knapp 格奥尔格·弗里德里希·克纳普

Ghislain Deleplace 吉兰·德莱普拉斯

附 录

Helen Codere 海伦·科黛尔

Jacques Birouste 雅克·比鲁斯特

Jean Andreau 让·安德罗

Jean Cartelier 让·卡尔特利耶

Jean-François Ponsot 让-弗朗索瓦·蓬索

Jean-Marie Thiveaud 让-玛丽·蒂沃

Jean-Michel Carrié 让-米歇尔·卡里耶

Jean-Michel Servet 让-米歇尔·塞尔韦

Jean-Yves Grenier 让-伊夫·格勒尼耶

Jérôme Blanc 热罗姆·勃朗

Johan Palmstruch 约翰·帕姆斯丘奇

Jonathan Parry 乔纳森·帕里

Laurent Lemaux 洛朗·勒莫

Lucien Gillard 吕西安·吉拉尔

Ludovic Desmedt 卢多维克·德梅特

Marcel Hénaff 马塞尔·埃纳夫

Marie Cuillerai 玛丽·屈耶雷

Marie-Thérèse Boyer-Xambeu 玛丽-泰蕾兹·布瓦耶-格赞布

Mark Anspach 马克·安斯帕克

Matthieu Montalban 马蒂厄·蒙塔尔邦

Maurice Bloch 莫里斯·布洛克

Michel Aglietta 米歇尔·阿格列塔

Pepita Ould–Ahmed 佩皮塔·伍尔德-艾哈迈德

Pierre Alary 皮埃尔·阿拉里

Stéphane Breton 斯特凡·布勒东

Suzanne de Brunhoff 苏珊·德布吕诺夫

Thomas Crump 托马斯·克伦普

Zeynep Yildirim 泽内普·伊乐迪丽姆